首都体育学院科技强校支持计划

递增负荷测试在赛艇运动训练实践中的应用研究

毕学翠 著

中央民族大学出版社
China Minzu University Press

图书在版编目（CIP）数据

递增负荷测试在赛艇运动训练实践中的应用研究 / 毕学翠著 . -- 北京：中央民族大学出版社，2025.7.
ISBN 978-7-5660-2471-8

Ⅰ . G861.42

中国国家版本馆 CIP 数据核字第 2025BN9548 号

递增负荷测试在赛艇运动训练实践中的应用研究
DIZENG FUHE CESHI ZAI SAITING YUNDONG XUNLIAN SHIJIANZHONG DE YINGYONG YANJIU

著　　　者	毕学翠
策划编辑	赵秀琴
责任编辑	高明富
封面设计	舒刚卫
出版发行	中央民族大学出版社
	北京市海淀区中关村南大街27号　邮编：100081
	电话：（010）68472815（发行部）　传真：（010）68933757（发行部）
	（010）68932218（总编室）　　　　（010）68932447（办公室）
经 销 者	全国各地新华书店
印 刷 厂	北京鑫宇图源印刷科技有限公司
开　　本	787×1092　1/16　印张：14.75
字　　数	224千字
版　　次	2025年7月第1版　2025年7月第1次印刷
书　　号	ISBN 978-7-5660-2471-8
定　　价	86.00元

版权所有　翻印必究

摘 要

研究目的

赛艇运动训练实践中经常采用赛艇测功仪递增负荷测试来评价运动员在不同训练阶段有氧能力的变化。我国不同省市赛艇队采用的递增负荷测试方案各不相同，学界和教练员对不同递增负荷测试方案的应用特点及适用范围认识不足，所采用的常用测试指标仅能反映运动员全身整体性有氧能力的变化，这些问题的存在降低了递增负荷测试对赛艇运动员有氧能力变化监控的针对性和有效性，影响了递增负荷测试在赛艇运动训练实践中的应用价值。为此，本文通过研究递增负荷测试在赛艇运动训练实践中的应用，揭示三种主要递增负荷测试方案在赛艇运动训练实践中的应用特点及适用范围，以进一步丰富和完善赛艇测功仪递增负荷测试指标，提高递增负荷测试在赛艇训练实际应用中的有效性和准确性，为教练员训练计划的制定提供更有针对性的参考。

研究方法

本文采用文献法、运动训练现场实验法和数理统计法依次递进地对赛艇测功仪不同递增负荷测试方案与常用测试指标应用、赛艇测功仪递增负荷测试SMO_2变化特征及与常用指标的关系和赛艇测功仪递增负荷测试运动员关键环节肌肉iEMG%的变化特征及与SMO_2变化的关系进行研究。

研究结论

递增负荷测试三种方案在赛艇训练实际应用中体现出各自不同的特点。两种4min递增负荷测试方案既能评估运动员有氧能力变化情况，又能评估运动员最大冲刺能力。8min递增负荷测试方案只能评估运动员有氧能力变化情况。

递增负荷测试的常用指标在赛艇训练实际应用中敏感性和有效性存在一定程度的差异。P_4指标能较好地反映运动员有氧能力变化情况，训练实践中应用P_4指标作为赛艇递增负荷测试评价运动员有氧能力变化的首选监控指标是合适的。P_{peak}指标整体敏感程度低于P_4，且其对运动员刺激强度较大，赛前调整阶段应慎重采用。血乳酸在4mmol/L附近每级负荷的BLA和HR的变化可以作为评价运动员有氧能力变化的一个参考指标。赛艇训练监控实践中，应综合考虑测试的经济性、敏感性、有效性及不同训练阶段（准备期、竞赛期）来合理选择递增负荷测试方案及测试指标。

赛艇递增负荷测试中不同水平运动员均呈现出随着负荷增加SMO_2逐级下降的趋势。不同水平运动员三个关键环节主要肌肉SMO_2变化呈现一定程度的差异：相同负荷下，水平越高的运动员腿部股内侧肌SMO_2越低、手臂肱二头肌次之，躯干竖脊肌最高；水平越高的运动员腿部股内侧肌SMO_2变化幅度越大；SMO_2变化率、HR变化率和BLA变化率相对越小；运动员SMO_2"拐点"与"乳酸阈拐点"相一致，运动员水平越高"拐点"越向右移。SMO_2"拐点"后，水平高的运动员BLA与SMO_2变化趋势相反，即BLA变化幅度增大而SMO_2变化幅度减小。水平低的运动员在SMO_2"拐点"之后，BLA与SMO_2变化趋势相同，均逐级增加；相同BLA下，水平高的运动员SMO_2变化幅度较大，水平低的运动员SMO_2变化幅度较小。

赛艇递增负荷测试时运动员水平越高腿部股内侧肌iEMG%越高，手臂肱二头肌次之，躯干竖脊肌最低，且上下肢iEMG%差值越低；运动员水平越高下肢环节用力占比越高，上下肢用力分配较为均衡，技术动作较为合理。

赛艇递增负荷测试时运动员iEMG%和SMO_2的变化具有较高的一致性，通过对运动员局部关键环节主要肌肉iEMG%和SMO_2联合测试与分析，能够较为准确地评估运动员三个关键环节局部肌群用力分配和有氧能力的变化。在赛艇递增负荷测试中加入iEMG%和SMO_2指标，既能评估运动员整体有氧能力变化情况，又能评估运动员局部关键环节肌群用力分配及有氧能力变化情况，从而可以提高递增负荷测试在赛艇运动训练监控应用中的针对性和有效性。

关键词：赛艇；运动训练；递增负荷测试；测功仪

ABSTRACT

Object

Rowing ergometer incremental load test is often used in rowing training practice to evaluate the changes of aerobic capacity of athletes in different training stages. The incremental load testing schemes adopted by rowing teams in different provinces and cities in my country are different. Academics and coaches have insufficient understanding of the application characteristics and application scope of different incremental load testing schemes. The commonly used test indicators can only reflect the overall integrity of athletes. Changes in aerobic capacity, the existence of these problems reduce the pertinence and effectiveness of incremental load testing in monitoring changes in aerobic capacity of rowers, and affects the application value of incremental load testing in rowing training practice. Therefore, by studying the application of incremental load test in rowing sports training practice, this thesis reveals the application characteristics and applicable scope of three main incremental load testing schemes in rowing sports training practice, and further enriches and improves rowing dynamometer. The incremental load test index improves the effectiveness and accuracy of the incremental load test in the practical application of rowing training, and provides a more targeted reference for the formulation of coaches' training plans.

Method

The literature method, the field experiment method of sports training and the mathematical statistics method are used to sequentially and progressively test the different incremental load test schemes of rowing ergometer and the application of common test indicators, and the incremental load of rowing ergometer to test SMO_2. The change characteristics and the relationship with the commonly used indicators and the change characteristics of iEMG% of the athletes in the key link of the rowing dynamometer incremental load test and the relationship with the change of SMO_2 were studied, and the following conclusions were obtained.

Conclusion

Three incremental load test show their different characteristics in the practical application of rowing training. Two 4 minute incremental load testing protocols can assess both changes in athlete's aerobic capacity and maximal sprint ability. The 8 min incremental load testing protocol can only assess changes in athlete's aerobic capacity.

There is a certain degree of difference in the sensitivity and effectiveness of the commonly used indicators of incremental load testing in the practical application of rowing training. P_4 index can better reflect the changes of aerobic capacity of athletes. It is appropriate to use the P_4 index as the first-choice monitoring index to evaluate the changes of aerobic capacity of athletes in the rowing incremental load test in training practice. The overall sensitivity of P_{peak} index is lower than that of P_4, and its stimulation intensity to athletes is greater, so it should be used with caution in the pre-match adjustment stage. The changes of BLA and HR at each level of load around 4mmol/L can be used as a reference index to evaluate the changes of aerobic capacity of athletes. In the practice of rowing training monitoring, the economy, sensitivity, effectiveness of the test, and different training stages (preparation period, competition period) and conditions should be comprehensively considered to reasonably select the incremental load test plan and test indicators.

Athletes of different levels all showed a downward trend in SMO_2 with the increase of load in the rowing incremental load test. The changes of SMO_2 of the main muscles in the three key links of athletes of different levels showed a certain degree of difference: under the same load, the higher the level of the athletes, the lower the SMO_2 of the thigh medial muscle, the arm biceps, and the trunk erector spinae the highest; The higher the athlete's leg, the greater the SMO_2 change of the vastus medialis muscle; the smaller the change rate of SMO_2, HR and BLA; the "inflection point" of the athlete's SMO_2 is consistent with the "inflection point of lactate threshold", the higher the athlete's level, the more the "inflection point" moves to the right. After the "inflection point", athletes with high levels of BLA and SMO_2 tended to change in opposite directions, that is, the change range of BLA increased while the change range of SMO_2 decreased. After the "inflection point" of athletes with low levels, the change trend of BLA and SMO_2 is the same, and both still increase step by step; under the same BLA, athletes with high levels of SMO_2 change more, and athletes with low levels of SMO_2 change less.

During the rowing incremental load test, the higher the level of the athlete, the higher iEMG% of the vastus medialis muscle of the leg, followed by the biceps of the arm, and the erector spinae of the trunk, and the higher the iEMG% difference between the upper and lower limbs. The results of this study suggest that the higher the level of the athlete, the higher the proportion of lower limb force, the more balanced the distribution of upper and lower limb force, and the more reasonable technical movements.

The changes of the athlete's iEMG% and SMO_2 during the rowing incremental load test have a high consistency. It can more accurately evaluate the changes of local muscle group force distribution and aerobic capacity in the three key links of athletes. Adding iEMG% and SMO_2 indicators to the rowing incremental load test can not only evaluate the overall aerobic capacity change of athletes, but also evaluate the force distribution and aerobic capacity changes of local key links of the athletes, so as to improve the incremental load test in the Targeting and effectiveness in rowing training monitoring applications.

Key Words: Rowing; Sports training; Incremental load test; Evgometer

目 录

1 引言 ·· 1
1.1 问题的提出 ·· 1
1.2 研究的目的与意义 ·· 7
1.2.1 研究目的 ··· 7
1.2.2 研究意义 ··· 7
1.2.3 研究的理论价值与应用价值 ···································· 8

2 文献综述 ··· 9
2.1 赛艇运动项目概述 ·· 9
2.2 赛艇测功仪训练研究 ··· 11
2.2.1 测功仪的设计发展 ·· 11
2.2.2 赛艇测功仪训练及测试手段研究 ··························· 11
2.3 递增负荷测试的界定 ··· 13
2.4 递增负荷测试在不同运动项目中的应用研究 ············· 14
2.4.1 跑步 ·· 14
2.4.2 自行车 ··· 17
2.5 赛艇项目递增负荷测试研究现状 ······························· 19
2.6 赛艇运动有氧能力监控指标的研究 ··························· 22
2.6.1 最大摄氧量 ·· 22
2.6.2 血乳酸 ··· 23
2.6.3 心率 ·· 25
2.6.4 峰值功率 ··· 25

2.6.5 肌氧饱和度 ⋯⋯⋯⋯⋯⋯⋯⋯⋯⋯⋯⋯⋯⋯⋯⋯⋯⋯⋯⋯⋯⋯⋯ 26

2.7 赛艇技术动作及肌电应用研究 ⋯⋯⋯⋯⋯⋯⋯⋯⋯⋯⋯⋯⋯⋯⋯⋯ 27

2.8 文献综述评述 ⋯⋯⋯⋯⋯⋯⋯⋯⋯⋯⋯⋯⋯⋯⋯⋯⋯⋯⋯⋯⋯⋯⋯ 29

3 研究设计 ⋯⋯⋯⋯⋯⋯⋯⋯⋯⋯⋯⋯⋯⋯⋯⋯⋯⋯⋯⋯⋯⋯⋯⋯⋯⋯⋯ 32

3.1 研究对象、方法和技术路线 ⋯⋯⋯⋯⋯⋯⋯⋯⋯⋯⋯⋯⋯⋯⋯⋯⋯ 32

3.1.1 研究对象 ⋯⋯⋯⋯⋯⋯⋯⋯⋯⋯⋯⋯⋯⋯⋯⋯⋯⋯⋯⋯⋯⋯ 32

3.1.2 研究方法 ⋯⋯⋯⋯⋯⋯⋯⋯⋯⋯⋯⋯⋯⋯⋯⋯⋯⋯⋯⋯⋯⋯ 32

3.1.3 技术路线 ⋯⋯⋯⋯⋯⋯⋯⋯⋯⋯⋯⋯⋯⋯⋯⋯⋯⋯⋯⋯⋯⋯ 34

3.2 研究重点、难点和创新点 ⋯⋯⋯⋯⋯⋯⋯⋯⋯⋯⋯⋯⋯⋯⋯⋯⋯⋯ 36

3.2.1 研究重点 ⋯⋯⋯⋯⋯⋯⋯⋯⋯⋯⋯⋯⋯⋯⋯⋯⋯⋯⋯⋯⋯⋯ 36

3.2.2 研究难点 ⋯⋯⋯⋯⋯⋯⋯⋯⋯⋯⋯⋯⋯⋯⋯⋯⋯⋯⋯⋯⋯⋯ 36

3.2.3 研究创新点 ⋯⋯⋯⋯⋯⋯⋯⋯⋯⋯⋯⋯⋯⋯⋯⋯⋯⋯⋯⋯⋯ 37

4 研究过程与分析 ⋯⋯⋯⋯⋯⋯⋯⋯⋯⋯⋯⋯⋯⋯⋯⋯⋯⋯⋯⋯⋯⋯⋯ 38

4.1 不同递增负荷测试方案与常用测试指标应用研究 ⋯⋯⋯⋯⋯⋯⋯⋯ 38

4.1.1 目的 ⋯⋯⋯⋯⋯⋯⋯⋯⋯⋯⋯⋯⋯⋯⋯⋯⋯⋯⋯⋯⋯⋯⋯⋯ 38

4.1.2 实验方法 ⋯⋯⋯⋯⋯⋯⋯⋯⋯⋯⋯⋯⋯⋯⋯⋯⋯⋯⋯⋯⋯⋯ 42

4.1.3 研究结果 ⋯⋯⋯⋯⋯⋯⋯⋯⋯⋯⋯⋯⋯⋯⋯⋯⋯⋯⋯⋯⋯⋯ 50

4.1.4 分析与讨论 ⋯⋯⋯⋯⋯⋯⋯⋯⋯⋯⋯⋯⋯⋯⋯⋯⋯⋯⋯⋯⋯ 98

4.1.5 小结 ⋯⋯⋯⋯⋯⋯⋯⋯⋯⋯⋯⋯⋯⋯⋯⋯⋯⋯⋯⋯⋯⋯⋯⋯ 112

4.2 递增负荷测试时运动员肌氧饱和度变化特征及其与常用测试指标的关系 ⋯ 114

4.2.1 目的 ⋯⋯⋯⋯⋯⋯⋯⋯⋯⋯⋯⋯⋯⋯⋯⋯⋯⋯⋯⋯⋯⋯⋯⋯ 114

4.2.2 实验方法 ⋯⋯⋯⋯⋯⋯⋯⋯⋯⋯⋯⋯⋯⋯⋯⋯⋯⋯⋯⋯⋯⋯ 116

4.2.3 研究结果 ⋯⋯⋯⋯⋯⋯⋯⋯⋯⋯⋯⋯⋯⋯⋯⋯⋯⋯⋯⋯⋯⋯ 118

4.2.4 讨论与分析 ⋯⋯⋯⋯⋯⋯⋯⋯⋯⋯⋯⋯⋯⋯⋯⋯⋯⋯⋯⋯⋯ 142

4.2.5 小结 ⋯⋯⋯⋯⋯⋯⋯⋯⋯⋯⋯⋯⋯⋯⋯⋯⋯⋯⋯⋯⋯⋯⋯⋯ 159

4.3 递增负荷测试时运动员关键环节肌肉积分肌电百分比（iEMG%）的变化特征 …… 161
4.3.1 目的 …… 161
4.3.2 实验方法 …… 162
4.3.3 研究结果 …… 164
4.3.4 讨论与分析 …… 174
4.3.5 小结 …… 181

5 研究结论与建议 …… 183
5.1 研究结论 …… 183
5.2 研究建议 …… 185

主要参考文献 …… 186

附录 …… 217
附录A：4min起始变化功率递增负荷测试方案记录表 …… 217
附录B：8min递增负荷测试方案记录表 …… 218
附录C：4min起始固定功率递增负荷测试方案记录表 …… 219

1 引言

1.1 问题的提出

赛艇项目于1900年出现在第二届奥运会比赛中，并正式成为世界竞技体育项目。赛艇项目在奥运会比赛中金牌较多，2021年东京奥运会赛艇比赛共设了14个项目，其中有女子7项，男子7项。目前，绝大部分国家都有专业的赛艇运动员，且各自都有独特的赛艇训练理论与实践体系。历经百年发展的赛艇运动，从运动员的选材、训练、技术、战术包括赛艇设备器材等都达到了相当高的水平，取得了很大的进步。特别是随着训练监控对运动训练实践的介入，赛艇训练科学化进程有了快速的发展，极大地提高了运动训练的针对性和有效性。当今世界竞技水平高速发展，先进科学的训练监控方法越来越受到教练员、运动员及相关人员的重视。科学准确的训练监控能够最大限度提高运动员的竞技能力，使得良好的竞技状态能够在比赛中表现出来，因而是实现科学训练的重要手段之一[①]。

赛艇项目是有氧供能为主的周期性耐力性项目，比赛全程有氧供能比例高达82.1%，无氧无乳酸和无氧乳酸供能比例分别为5.9%和11.7%[②]。生物力学、环境、营养和心理因素都会潜在地影响耐力运动员的竞技表

---

① 郑晓鸿.运动训练监控释义及其目的意义与内容的理论探析[J].吉林体育学院学报，2008，24（5）：39-41.

② 黎涌明.世界赛艇科学的德国流[J].体育科学，2013，33（6）：77-84.

现[1][2]。在赛艇训练实践中教练员可以定期对每个运动员进行水上划船测试以获取此阶段运动员划船做功变化信息。但水上测试存在测试器材昂贵、安装耗时，且损坏风险大的缺点。同时，测试环境条件也是重要的限制因素，特别是对精英赛艇运动员，在相同比赛场地条件下，风向和风速对运动员表现有较大影响，逆风条件下，运动员的运动表现会不尽如人意，侧风时对不同道次运动员的影响也有差异[3]，水上测试还容易受到风速、水质以及天气的影响[4]。随着测功仪设备的研发和改进，2000m测功仪成绩成为衡量运动员竞技表现的重要指标之一，大量研究文献证明，2000m测功仪成绩与运动员水上成绩显著相关[5][6][7][8][9]，这与训练实践中教练员常

---

[1] HARGREAVES M, HAWLEY J A, JEUKENDRUP A, et al. Pre-exercise carbohydrate and fat ingestion: effects on metabolism and performance[J]. Journal of sports sciences, 2004, 22(1): 31-39.

[2] DEREK KAY, FRANK E MARINO. Fluid ingestion and exercise hyperthermia: implications for performance, thermoregulation, metabolism and the development of fatigue[J]. Journal of sports sciences, 2000, 18(2): 71-82.

[3] SMITH, TIAKI BRETT, HOPKINS, et al.Variability and predictability of finals times of elite rowers[J]. Medicine & science in sports & exercise,2011, 43(11): 2155-2162.

[4] SMITH D, HOPKINS W G. Measures of rowing performance[J]. Sports medicine, 2012, 42(4): 343-358.

[5] IZQUIERDO-GABARREN M, RGDT EXPÓSITO, VILLARREAL E, et al. Physiological factors to predict on traditional rowing performance[J]. European journal of applied physiology, 2010, 108(1): 83-92.

[6] JRIME, MESTU, JAREK, et al.Prediction of rowing performance on single sculls from metabolic and anthropometric variables[J]. Journal of human movement studies, 2000, 38(3): 123-136.

[7] PAVLE MIKULIC, TOMISLAV SMOLJANOVI, IVAN BOJANI, et al. Relationship between 2000-m rowing ergometer performance times and World Rowing Championships rankings in elite-standard rowers[J].Journal of sports sciences, 2009, 27(9): 907-913.

[8] PAVLE MIKULIC, TOMISLAV, IVAN BOJANIC. Does 2000m rowing ergometer performance time correlate with final rankings at the World Junior Rowing Championship: a case study of 398 elite junior rowers[J]. Journal of sports sciences, 2009, 27(4): 361-366.

[9] VOGLER A J, RICE A J, GORE C J. physiological responses to ergometer and on-water incremental rowing tests[J]. International journal of sports physiology & performance, 2010, 5(3): 342-351.

说的"水上成绩好的赛艇运动员测功仪成绩一定好"不谋而合。

在赛艇训练中教练员通过大量生理指标的变化监控训练过程和检验训练效果，常用的指标有乳酸阈、最大摄氧量、心率（Heart Rate，简称"HR"）、峰值功率（Peak Power，简称"P_{peak}"）、最大乳酸稳态等，这些重要的生理指标一般是从递增负荷测试中获取。递增负荷方案的设计包括起始负荷、每级负荷持续时间、递增量度等基本内容，研究发现不同的递增负荷测试方案直接影响生理指标的准确性。Baldwin等发现在递增负荷测试时，测试对象根据训练水平的不同其代谢指标的反应亦不同[1]。Bentley等发现分别采用8min和3min自行车递增负荷测试时，所测乳酸阈值差异性显著[2]。Weltman等对比了10min和3min递增负荷测试中血乳酸（Blood Lactate Acid，简称"BLA"）值分别为2 mmol/L、2.5 mmol/L、4mmol/L时所对应的VO_2（摄氧量）、速度和HR指标变化。他们发现优秀的跑步运动员的速度、摄氧量与BLA之间关系在不同的测试方案中没有差异。但是10min递增负荷的VO_2和速度在2mmol/L的强度下明显增高[3]。但Foxdal等的研究结果正好相反，他发现4—6min的递增负荷测试方案并不能出现乳酸浓度稳态，建议如果要找到运动员的血乳酸堆积点（Onset of Blood Lactate Accumulation，简称"OBLA"），应该使用8min的

---

[1] BALDWIN J, SNOW R J, FEBBRAIO M A. Effect of training status and relative exercise intensity on physiological responses in men[J]. Medicine & science in sports & exercise, 2000, 32(9): 1648–1655.

[2] BENTLEY D, MCNAUGHTON L, BATTERHAM A. Prolonged stage duration during incremental cycle exercise: effects on the lactate threshold and onset of blood lactate accumulation[J]. European journal of applied physiology, 2001, 85(3-4): 351–357.

[3] WELTMAN A, SNEAD D, STEIN P, et al. Reliability and validity of a continuous incremental treadmill protocol for the determination of lactate threshold, fixed blood lactate concentrations, and VO_2max[J]. International journal of sports medicine, 1990, 11(1): 26–32.

递增负荷方案[1]。查阅国内外文献后，发现有关赛艇测功仪不同递增负荷测试方案的相关理论研究较少，2007—2021年相关国内文献仅有7篇，国外文献50篇，研究方向集中在递增负荷测试指标在赛艇训练中的应用，并没有就递增负荷方案本身进行分析。

在赛艇训练实践中，常用的递增负荷测试方案有三种：第一种是由德国的Mader和Hartman制定的8min递增负荷测试方案（每级持续8min，强度分别为2000m最大功率的55%、65%和75%）；第二种是由德国、澳大利亚和新西兰等国家赛艇协会推荐的4min起始变化功率递增负荷测试方案；第三种是国内部分省市队伍常用的4min起始固定功率递增负荷测试方案，即间歇30s的递增负荷测试方案（每级负荷持续4min，每级递增50W，间歇30s）。目前，这三种测试方案在我国不同的运动队分别采用，三种测试方案所测试指标的准确性如何，哪种更加适合赛艇专项，特别是适合我国赛艇运动员的训练一直是一个争议的话题。

在竞技体育中，随着科学技术的进步，训练监控内容已从整体监控发展到整体与局部精准监控相结合，通过不同测试内容和测试指标反馈、明确运动员机体存在的具体问题。在递增负荷测试中常用指标有BLA、HR和功率（Power，简称"P"）等。近年来，近红外光谱技术的发展，使人们及时监测运动过程中人体局部骨骼肌的氧代谢状况成为可能。近红外光谱监测技术（Near-Infrared Spectroscopy，简称"NIRS"）是利用骨骼肌组织内氧合血红蛋白（HbO_2）和脱氧血红蛋白（Hb）吸收光谱波长不同的特点[2]，动态监测骨骼肌组织中血红蛋白的光学参数的变化，进而

---

[1] FOXDAL P, SJÖDIN B, SJÖDIN A, et al. The validity and accuracy of blood lactate measurements for prediction of maximal endurance running capacity: dependency of analyzed blood media in combination with different designs of the exercise test[J]. International journal of sports medicine, 1994, 15(2): 89–95.

[2] JOBSIS F F. Noninvasive, infrared monitoring of cerebral and myocardial oxygen sufficiency and circulatory parameters[J]. Science, 1977, 198(4323): 1264–1269.

了解骨骼肌组织内氧气供应和消耗的动态平衡。目前，NIRS 被认为是运动生物医学监控中极具发展潜力的检测手段[1]，在运动生理学领域已被广泛运用于评价肌肉氧化代谢功能。在运动训练领域，相关研究业已证明，NIRS 可以监测运动过程中肌肉组织有氧、无氧代谢的状态[2]。肌氧饱和度（Muscle Oxygen Saturation, 简称"SMO_2"）因而成为继 HR、BLA 之后，监控运动负荷大小及恢复程度的又一重要指标。相关研究表明，运动过程中不同运动负荷刺激下 SMO_2 与 BLA 和 HR 等指标均有十分密切的关系[3][4][5]，SMO_2 作为新型局部指标在我国训练实践中的应用研究较为少见，将 SMO_2 指标和传统指标相结合共同监控递增负荷测试，分析 SMO_2 在赛艇测功仪递增负荷测试时的变化特征，发现局部肌群薄弱环节，为下一步训练提供更为准确具体的科学依据也是赛艇训练实践中的重要议题。

赛艇运动是周期性重复率高且以运动技术为主的项目，需要运动员协调上下肢和躯干肌群共同完成拉桨动作。赛艇技术动作的合理性与能耗经济性有关[6]。在目前的赛艇训练监控实践中，赛艇测功仪递增负荷测试关注焦点在运动员拉桨完成额定功率输出时身体内部所产生的全身生理生化反应，或者在固定"拐点"运动员的整体运动表现，忽略了运动员技术差

---

[1] MCCULLY K K, HAMAOKA T. Near-infrared spectroscopy: what can it tell us about oxygen saturation in skeletal muscle?[J]. Exercise & sport sciences reviews, 2000, 28(3): 123-127.

[2] CHANCE B. Metabolic heterogeneities in rapidly metabolizing tissues[J]. Appl. Cardiol, 1989, 52（4）: 207-221.

[3] 沈友清，王建珍，徐国栋.肌氧含量的相对有效下降值与最大摄氧量的对比研究[J].武汉体育学院学报，2007，41（1）：58-60.

[4] 徐国栋，高辛琳，刘明，等.用近红外光谱学技术无损监测气体交换率的新途径探讨[J].武汉体育学院学报，2004，38（4）：46-49.

[5] 张立，宋高晴.划船运动员静力及动力性肌肉运动疲劳时肌氧含量的变化特征及对 EMG 参数的影响[J].体育科学，2006，26（3）：53-57.

[6] 毕学翠，詹建国.高强间歇运动恢复期肌氧饱和度与心率、血乳酸变化关系的研究[J].成都体育学院学报，2019，45（4）：105-112.

异（如腿部、躯干、手臂三个局部关键环节用力程度的变化）对局部有氧代谢的影响及其与整体有氧能力变化的关系，从而影响了递增负荷测试在赛艇训练监控实践中的有效性和准确性，降低了递增负荷测试对赛艇训练实践指导的针对性和应用价值。德国著名赛艇专家Hartmann曾说过："如果没有赛艇技术，超乎常人的身体能力和完美的身体形态也毫无用处。"运动技术是将身体素质、体能转化为专项能力的载体。在运动员身体机能未出现可预见的大幅度提高的情况下，专项运动水平的提高主要取决于技术的不断改进和完善[①]。因此，训练实践中教练员在分析运动员递增负荷传统常用测试指标变化时还应同时考虑不同运动员运用测功仪的技术因素。

综上所述，根据递增负荷测试在赛艇运动训练监控实践中存在的问题，本研究拟将我国不同赛艇运动队采用不同递增负荷方案测试指标的变化与运动成绩进行相关性分析，分析不同递增负荷测试方案应用特点，比较训练实践中递增负荷测试常用指标变化特征和预测运动成绩的有效性；在现有递增负荷测试方案优化的基础上加入反映局部肌肉氧代谢指标SMO_2，分析不同水平运动员腿部、躯干、手臂三个主要发力环节SMO_2指标在递增负荷测试中的变化特征；应用表面肌电技术分析运动员在递增负荷测试时腿部、躯干、手臂三个主要环节的用力贡献比例及其与HR、BLA、SMO_2变化的关系。从而进一步完善赛艇测功仪递增负荷测试方案和测试指标，探求赛艇测功仪递增负荷测试实际应用中运动员全身整体性指标与三个关键局部环节指标变化的关系，提高递增负荷测试在赛艇训练实际应用中的有效性和准确性，为教练员后期训练计划的制定提供更有针对性的参考。

---

① 徐开胜，徐开娟.赛艇技术研究进展[J].上海体育学院学报，2017，41（2）：83-90.

1.2 研究的目的与意义

1.2.1 研究目的

本研究将我国赛艇训练实践常用的三种递增负荷测试方案进行比较，分析不同递增负荷测试方案在训练实践中的特点。在方案比较的基础上，分析递增负荷测试指标变化特征，比较常用指标预测运动表现的有效性。在常用测试指标的基础上，加入反应局部肌肉氧代谢的指标肌氧饱和度和反应技术因素的积分肌电百分比两个指标，分析不同运动员不同肌群在递增负荷测试中有氧变化情况和引起变化的技术因素，综合分析运动员在递增负荷时整体指标和局部指标变化，丰富赛艇递增负荷测试的指标体系，增强递增负荷测试在赛艇训练监控实践中的有效性和针对性。

1.2.2 研究意义

在分析我国赛艇运动员三种递增负荷测试方案及常用测试指标应用特点的基础上，优选有代表性的递增负荷测试方案并引入反应局部肌群氧代谢的肌氧饱和度和反应局部肌群用力分配率的积分肌电百分比指标，进一步完善赛艇测功仪递增负荷测试方案和测试指标，探求赛艇测功仪递增负荷测试实际应用中运动员全身整体性指标与三个关键局部环节指标变化的关系，提高递增负荷测试在赛艇训练实际应用中的有效性和准确性，为教练员后期训练计划的制定提供更有针对性的参考。

1.2.3 研究的理论价值与应用价值

本研究探讨了三种赛艇递增负荷测试方案及常用测试指标在实践应用中的特点及其局限性，引入肌氧饱和度及积分肌电百分比指标，丰富了赛艇递增负荷测试的指标体系及其理论内涵，增强了递增负荷测试在赛艇训练监控实践中的有效性和针对性。

2 文献综述

2.1 赛艇运动项目概述

赛艇运动起源于英国,是最早出现在奥运会上的竞技项目之一。奥运会赛艇项目共设14个小项,有14块金牌,属奥运赛场上的"金牌大户",其中男子项目7项,女子项目7项(见表2-1)。我国赛艇运动员在1988年世界赛艇锦标赛喜获第一枚赛艇项目金牌。随着赛艇运动在我国的不断发展,已取得较多世界认可的优异成绩,特别是2008年北京奥运会上我国运动员斩获第一枚奥运会赛艇金牌;2021年东京奥运会再次创造历史,获得1金2铜的好成绩,足以证明赛艇运动在我国的不断发展壮大。

表 2-1 2021年东京奥运会赛艇项目设项

男子项目		女子项目	
男子公开级	男子轻量级	女子公开级	女子轻量级
男子单人双桨	男轻双人双桨	女子单人双桨	女轻双人双桨
男子双人双桨	-	女子双人双桨	-
男子四人双桨	-	女子四人双桨	-
男子双人单桨	-	女子双人单桨	-

续表

男子项目		女子项目	
男子四人单桨	-	女子四人单桨	-
男子八人单桨有舵手	-	女子八人单桨有舵手	-

赛艇比赛全程2000m，比赛开始时，各艇在起航线后整齐排好。发令员发出命令后，各艇以最快速度划向终点，以到达终点的先后顺序排定比赛名次。赛艇是一项周期性运动项目，其技术动作具有周期性运动的特征，每一个划桨周期包括提桨入水阶段、拉桨阶段、按桨和推桨开始阶段、推桨阶段四个技术环节[①]。赛艇项目优异运动成绩的取得离不开运动员的有氧能力、无氧能力、肌肉力量耐力，良好的水上划船技术和队员之间的协调配合能力。赛艇比赛耗时6—8min，划桨210—280次，桨频为30—38桨/min，平均功率达450—550W，对运动员的力量和专项耐力均有较高要求。赛艇在全程2000m比赛中分为起航、途中划、冲刺三个阶段。在起航和冲刺阶段，运动员机体以无氧代谢为主供应能量；在途中划阶段，运动员机体能量供应以有氧代谢为主，此阶段能量消耗较大，是比赛全程的关键阶段。因此，赛艇运动是有氧代谢和无氧代谢混合供能的运动项目。全程比赛划桨过程中有氧供能比例高达82.1%，无氧无乳酸和无氧乳酸供能比例分别为5.9%和11.7%。

---

① 李爽.陕西省优秀女子赛艇运动员冬训期有氧、无氧训练效果的实验研究[D].西安：西安体育学院，2017.

2.2 赛艇测功仪训练研究

2.2.1 测功仪的设计发展

测功仪英文名称为"Ergometer",是测量做功能力的设备。随着赛艇运动的普及,人们开始设计赛艇训练器械,以模仿水上运动。最初赛艇测功仪主要是模拟划船运动,为运动员提供阻力训练。随着科技的进步,从19世纪中叶起,人们开始研发不同动力学的赛艇测功仪,目前最为成功的是1981年研发成功的CONCEPT 2测功仪,这款测功仪使用空气作为制动系统,能够模拟赛艇桨上水阻、测量每桨功率。测功仪的发明不仅为赛艇运动训练提供了新的训练手段,而且为运动员的机能评定提供了新的方法。测功仪可以在陆上模拟运动员水上专项运动的动作方式和能量代谢方式,是包含了力量、有氧能力和无氧能力的专项体能测试训练器材。Secher研究发现,赛艇测功仪测试数据可靠,尤其是在递增负荷测试中所测得的生理指标(特别是最大功率),对运动训练实践有着重要的意义[1]。目前,测功仪已是全世界赛艇运动的必备品,有专门的赛艇测功仪比赛。运动员在测功仪上模拟比赛成绩与水上专项运动成绩显著相关,赛艇测功仪测试成为世界上所有赛艇运动队最常用的训练与监控方法[2]。

2.2.2 赛艇测功仪训练及测试手段研究

目前,赛艇测功仪训练是赛艇运动训练的重要组成部分[3],很多对于

---

[1] SECHER N H. Physiological and biomechanical aspects of rowing[J]. Sports medicine, 1993, 15(1): 24–42.

[2] 叶国雄.划船运动概论[M].北京:人民体育出版社,2000:301-304.

[3] 卢冬华.赛艇测功仪的应用研究[J].学园,2014(23):199-200.

赛艇测功仪训练的研究关注测功仪与水上划船技术动作的对比，或测功仪训练与运动员生理刺激和水上划船训练的对比，以及测功仪成绩与水上成绩的相关性研究。Gillies研究发现，2000m测功仪成绩与身高、体重、最大摄氧量、上下肢力量等指标都相关。不同性别赛艇运动员在测功仪2000m运动测试时上下肢力量的相关性有差异，男子赛艇运动员上下肢力量与测功仪2000m成绩显著相关，女子不相关。在测功仪2000m运动测试中，男女运动员体能分配和动作各不相同[1]。Shaharudin等[2]以大学生赛艇运动员和普通人为实验对象，对比测功仪技术动作的变化，发现与普通人相比，赛艇运动员单桨功率较大，划船的经济性较好。赛艇运动员运动时肌肉协同作用明显优于普通人，赛艇运动时肌肉的协同作用与划船经济性显著相关。有关赛艇测功仪能量供应的研究发现：赛艇运动员采用测功仪进行2000m全力划过程中其有氧和无氧供能比例分别为85.0%和15.0%，且该比例不会因为训练年限和训练水平的高低而发生较大的变化[3]。不同距离或时间的测功仪全力运动能量代谢研究发现[4]：赛艇测功仪45s、90s、3.5min、5min和6.5min能量供应特征不一样。测功仪器械设计了不同的阻力模式，在训练时运动员可以根据自己的习惯和训练目的不同进行调试，Kane等[5]研究发现，测功仪不同阻力下测试结果不同，建议根

---

[1] E M GILLIES, G J BELL. The relationship of physical and physiological parameters to 2000m simulated rowing performance[J]. Sports medicine training & rehabilitation, 2000, 9(4): 277–288.

[2] SHAHARUDIN S, AGRAWAL S. Muscle synergies during incremental rowing VO$_2$max test of collegiate rowers and untrained subjects[J]. Journal of sports medicine & physical fitness, 2015, 56(9): 980–989.

[3] 资薇.女子赛艇2000m模拟比赛划过程中能量代谢和能效特点[J].北京体育大学学报，2015，38（9）：130–135.

[4] 黎涌明，资薇，陈小平.赛艇测功仪不同持续时间全力运动的能量供应特征研究[J].体育科学，2017，37（3）：51–57.

[5] KANE D A, JENSEN R L, WILLIAMS S E, et al. Effects of drag factor on physiological aspects of rowing[J]. International journal of sports medicine, 2008, 29(5): 390–396.

据测试者的最大功率确定测功仪阻力，这有利于摄氧量、心率和通气量指标的测试准确性。

2.3 递增负荷测试的界定

递增负荷测试（Incremental Load Tests，简称"ILT"）最早用于生理学研究（Graded Exercise Testing，简称"GXT"），又称心肺运动试验，是测试机体在运动过程中，随着运动强度的不断增加，机体需氧量逐渐增加时的各种反应(呼吸、血压、心率、气体代谢、临床症状和体征等）。递增负荷测试的主要功能是评定受试者在不同负荷运动时，完成不同做功水平时心、肺、肺/体循环、肌肉对氧气的摄取、运输和利用以及二氧化碳的排出情况，判断心、肺、骨骼肌等的储备功能或实际承受负荷能力，以及机体对运动耐受的实际能力。目前应用于呼吸系统、康复医学、职业医学、心脏病学以及需要对心肺功能进行研究及评定的领域。根据递增方式不同可以分为台阶式递增（Step-Wise）和线性递增（Ramp-Wise）两种方式。

递增负荷测试是测试最大和次最大强度运动中生理变化指标的标准程序。大量的科学研究和竞技表现诊断都在使用递增负荷测试。递增负荷方案的设计包括起始负荷、每级负荷持续时间、递增量度等基本内容，目前有关递增负荷测试获取次最大运动强度中生理指标的测试方案并没有一致性意见。Mcnaughton等[①]研究发现递增负荷测试被用于确定乳酸阈和相关

---

① MCNAUGHTON L R, ROBERTS S, BENTLEY D J. The relationship among peak power output, lactate threshold, and short-distance cycling performance: effects of incremental exercise test design[J]. Journal of strength & conditioning research, 2006, 20(1): 157-161.

的亚极量运动生理变量。峰值功率与其他亚极量生理变量组合，可以量化训练效果，预测耐力表现和制定训练计划。递增负荷测试方案设计的科学性非常重要，方案要易于控制，测试指标要科学有效。实际应用中，不同递增负荷测试方案所使用的测试生理指标得出的大多数测试结果变化趋势较为一致，但不同递增负荷测试方案也会导致峰值功率输出和乳酸阈等与耐力相关的指标变化特征出现差异。

2.4 递增负荷测试在不同运动项目中的应用研究

2.4.1 跑步

递增负荷测试以跑步形式最早被引入运动生理或医学实验中，由于实验条件的限制，开始是户外跑步测试，后来更多的是实验室跑台测试。在生理学试验中最重要的是测试最大摄氧量等心肺指标。Stamford[1] 以10名普通男子为实验对象，分别对比3min递增负荷和固定负荷2—8min的力竭性跑步测试最大摄氧量指标，实验发现两种运动方式最大摄氧量结果一致。

长距离耐力项目的运动成绩主要取决于运动员的有氧能力，决定有氧能力的测试指标一般是通过递增负荷测试方案获取。大量的研究发现，不同的递增负荷方案直接影响测试结果。递增负荷测试方案可以分为两种形

---

[1] STAMFORD B A. Step increment versus constant load tests for determination of maximal oxygen uptake[J]. European journal of applied physiology & occupational physiology, 1976, 35(2): 89–93.

式，一种是连续递增负荷测试，另外一种是间断性的递增负荷测试[①]。两种递增负荷测试方案测得的最大摄氧量指标没有差异，但连续递增负荷测试方案节约了测试时间。但也有研究持相反观点，Bruce等[②]基于运动时氧吸收在3min内达到稳定状态，设计了3min的递增负荷方案，Balke等[③]设计的是1min递增负荷连续测试方案。而Taylor等[④]设计了间断性的递增负荷测试方案。不同递增负荷方案在测试最大摄氧量时有明显差异。但在连续递增、不同持续时间的测试方案（每级运动1min、2min和3min）相关的有氧指标并没有明显差异[⑤]。我国学者[⑥]对比无累进递增负荷和有累进递增负荷测试方案乳酸阈值和心率变化，发现无累进递增负荷乳酸阈值明显推迟出现；进一步研究发现采用无累进递增负荷测定的乳酸阈值更能科学地反映机体的实际水平，能对评价运动员有氧耐力水平和指导运动训练提供更科学的依据。而有累进递增负荷测试没有考虑前一次负荷的效应会累进至下一次负荷中，各次负荷之间没有明显或足够的恢复期，使机体承受的实际负荷大于所给予的负荷，机体产生偏大的反应，如心率、乳酸阈心率都比前者明显升高，使心率和乳酸阈心率曲线出现偏移，使乳酸阈值提前出现。由此认为采用无累进递增负荷测试所测定的乳酸阈值更科学、

---

① MATSUO M. Inspiratory muscle endurance test : continuous versus discontinuous incremental threshold loading tests[J]. Journal of animal science, 1999, 30(6)：65-69.

② BRUCE R A, BLACKMON J R, JONES J W, et al. Exercising testing in adult normal subjects and cardiac patients[J]. Pediatrics, 1963, 32(3)：742-755.

③ BALKE B, WARE R W. An experimental study of physical fitness of Air Force personnel[J]. United States Armed Forces medical journal, 1959, 10(6)：675-688.

④ TAYLOR H L, BUSKIRK E, HENSCHEL A. Maximal oxygen intake as an objective measure of cardio-respiratory performance[J]. Journal of applied physiology, 1955, 8(1)：73-80.

⑤ ZHANG Y Y, ND J M, CHOW N, et al. Effect of exercise testing protocol on parameters of aerobic function[J]. Medicine & Science in Sports & Exercise, 1991, 23(5)：625-30

⑥ 李勤.无累进递增负荷与有累进递增负荷测定无氧阈结果的对比研究[J].体育学刊，2001，5（1）：56-57.

更能反映机体的真实水平。

有研究显示跑步递增负荷测试指标变化和运动成绩有预测关系，Machado[1]研究发现，递增负荷3分钟测试的峰值速度与公里数和10公里运动成绩显著相关，甚至可以预测5公里和10公里跑步成绩。

许多专家[2,3,4,5,6,7,8]研究发现，在跑步递增负荷测试中，最大速度是预测长跑成绩的最佳指标（除马拉松外）。对此，国内学者[9]研究发现，递增负荷运动导致中长跑运动员心率变异性（HRV）瞬时波动趋向减少，交感神经和迷走神经二者之间的平衡关系失衡，递增负荷测试中心率变异性可以作为运动训练的无创监控指标之一。

---

[1] MACHADO F A. Incremental test design, peak "aerobic" running speed and endurance performance in runners[J]. Journal of Science & Medicine in Sport, 2013, 16(6): 577–582.

[2] NOAKES T D, MYBURGH K H, SCHALL R. Peak treadmill running velocity during the VO_2max test predicts running performance[J]. Journal of Sports Sciences, 1990, 8(1): 35–45.

[3] FARRELL P A, WILMORE J H, COYLE E F, et al. Plasma lactate accumulation and distance running performance[J]. Medicine & science in sports & exercise, 1993, 25(10): 1091–1100.

[4] FÖHRENBACH R, MADER A, HOLLMANN W. Determination of endurance capacity and prediction of exercise intensities for training and competition in marathon runners[J]. International journal of sports medicine, 1987, 8(1): 11–18.

[5] LEHMANN M, BERG A, KAPP R, et al. Correlations between laboratory testing and distance running performance in marathoners of similar performance ability[J]. International journal of sports medicine, 1983, 4(4): 226–230.

[6] SJÖDIN B, JACOBS I. Onset of blood lactate accumulation and marathon running performance[J]. International journal of sports medicine, 1981, 2(1): 23–26.

[7] TANAKA K, MATSUURA Y. Marathon performance, anaerobic threshold, and onset of blood lactate accumulation[J]. Journal of applied physiology respiratory environmental & exercise physiology, 1984, 57(3): 640–643.

[8] YOSHIDA T, CHIDA M, ICHIOKA M, et al. Blood lactate parameters related to aerobic capacity and endurance performance[J]. European journal of applied physiology & occupational physiology, 1987, 56(1): 7–11.

[9] 宋淑华，刘坚，高春刚，等.递增负荷运动对中长跑运动员心率变异性的影响[J].山东体育学院学报，2010，26(10)：62–65.

2.4.2 自行车

有关自行车递增负荷测试的相关研究比较丰富。英国的Bentley[13]等对自行车递增负荷实验中每级递增时间进行了实验设计，两套方案分别为3min和8min递增组。结果显示，在BLA阈和OBLA起始点无论是负荷大小还是摄氧量，训练组均高于参与组。但是，对于有训练组，乳酸阈的负荷由3min方案得到的值显著高于8min方案，而参与组没有这样的变化。测定乳酸阈时，如果超过3min，就会导致负荷值偏大。Jeremiah等①对8名男子自行车运动员进行2组递增负荷实验，目的在于观测不同的负荷模式，对于最大摄氧量和最大功率，以及能达到的最短时间和最低负荷的影响。结果显示，两组负荷方式下最大摄氧量结果没有不同，但对最大功率和达到最大摄氧量的最短时间有显著影响，50W/组显著低于30W/组，且随着递增负荷实验每级负荷时间的延长，测试最大功率要比真实值小。Bentley等②以铁人三项运动员为实验对象，对比自行车两种不同递增负荷测试方案测试的$VO_{2\,peak}$、P_{peak}和通气阈的变化。其中短时测试方案，初始功率150W，60s递增30W，直至力竭。长时测试方案，初始功率是P_{peak}的50%，每3min递增5%。研究结果显示，短时测试方案的W_{peak}明显高于长时测试方案W_{peak}，但$VO_{2\,peak}$没有变化。$VO_{2\,peak}$和W_{peak}在60s递增方案中呈弱相关（$r=0.72$，$p < 0.05$），在长时3min测试（$r=0.52$）中不相关。通气阈所对应的心率、摄氧量没有差异性，但对应的功率输出有差异性。

---

① PEIFFER J J, QUINTANA R, PARKER D L. The influence of graded exercise test selection on P_{max} and a subsequent single interval bout[J].Journal of science, 2005, 8(3)：62–69.

② BENTLEY D J, MCNAUGHTON L R. Comparison of W(peak), VO₂(peak) and the ventilation threshold from two different incremental exercise tests：relationship to endurance performance[J]. Journal of science & medicine in sport, 2003, 6(4)：422–435.

李鹏飞等[1]采用递增负荷运动实验在功率自行车上进行有氧耐力测试，即间隔一定的时间增加固定的负荷或功率。经典递增负荷运动即3min递增法，瞬间的功率递增幅度较大，如每3min增加40—50W，如果心肺功能及代谢水平不能在瞬间动员适应外加负荷，则需要动用无氧糖酵解供能，这样易造成乳酸堆积。

有部分学者对自行车递增负荷测试指标与运动表现关系做了相关研究。Beneke等[2]认为最大乳酸稳态受运动模式的影响，他们通过递增负荷实验发现自行车峰值功率对应的负荷强度取决于运动时碳水化合物的氧化情况（如呼吸商为1），与踏蹬频率无关。Balmer和Bishop研究发现，递增负荷运动测试中的P_{peak}与长距离自行车成绩高度相关[3][4]，Mcnaughton和Bentley的研究显示，递增负荷运动每级持续时间影响P_{peak}和运动成绩[5]，3min递增负荷方案测试的P_{peak}与90min自行车计时赛的平均功率显著相关（$r=0.94$，$p<0.01$），与1分钟递增负荷方案不相关（$r=0.54$，$p>0.05$）。Mcnaughton研究发现，自行车30min计时赛中，骑行平均功率与自行车递增负荷3min或5min方案测试的P_{peak}显著相关（$r=0.96$，

---

[1] 李鹏飞，冯葆欣，尚文元，等.自行车运动员进行功率自行车3种递增负荷运动实验比较有氧耐力研究[J].中国体育科技，2010，46(02)：123-125.

[2] BENEKE R, LEITHÄUSER R M. Maximal lactate steady state depends on cycling cadence[J]. International journal of sports physiology & performance, 2016, 12(9)：1-15.

[3] BALMER J, DAVISON R C, BIRD S R. Peak power predicts performance power during an outdoor[J]. Medicine & science in sports & exercise, 2000, 32(8)：1485-1490.

[4] BISHOP D, JENKINS D G, MACKINNON L T. The relationship between plasma lactate parameters, W_{peak} and 1-h cycling performance in women[J]. Medicine & science in sports & exercise, 1998, 30(8)：1270-1279.

[5] BENTLEY D J, MCNAUGHTON L R. Comparison of W_{peak}, $VO_{2\ peak}$ and the ventilation threshold from two different incremental exercise tests[J]. Journal of science & medicine in sport, 2004, 6(4)：422-435.

$p < 0.01$）。Hawley和Noakes[1] 研究了100名自行车运动员在递增负荷测试时P_{peak}变化，发现P_{peak}与自行车20公里运动成绩显著相关。Dekerle等[2] 以10名自行车运动员为实验对象，对比递增负荷和亚极量持续运动两种方案下运动员的运动疲劳主观感觉，发现递增负荷的运动疲劳主观感觉分数高于亚极量持续运动。Stockhausen等[3] 研究发现，递增负荷测试的生理指标可以作为制定耐力训练强度的依据。不同递增负荷方案测试生理指标值没有变化，但个体乳酸阈值有差异。研究发现，每分钟递增40—50w的递增负荷测试方案测试点较多，乳酸变化曲线较详细，有利于BLA曲线的形成和乳酸阈值的计算。

2.5 赛艇项目递增负荷测试研究现状

在20世纪60年代到70年代，最大摄氧量是唯一用来评价赛艇运动员有氧能力的指标，在德国，最大摄氧量甚至被作为国家运动员选拔标准。鉴于无氧阈的发现及BLA4mmol阈值的提出，Mader等人致力于找出赛艇项目最佳递增负荷测试方法。开始在Gjessing测功仪进行二级测试，即在此前的6min最大测试前增加一个8min的次最大强度（对应为有氧—无氧

---

[1] HAWLEY J A, NOAKES T D. Peak power output predicts maximal oxygen uptake and performance time in trained cyclists[J]. European journal of applied physiology &occupational physiology, 1992, 65(1): 79-83.

[2] DEKERLE J, BARON B, DUPONT L, et al. Effect of incremental and submaximal constant load tests: protocol on perceived exertion (CR10) values[J]. Perceptual & motor skills, 2003, 96(3): 896-901.

[3] STOCKHAUSEN W, GRATHWOHL D, BÜRKLIN C, et al. Stage duration and increase of work load in incremental testing on a cycle ergometer[J]. European journal of applied physiology & occupational physiology, 1997, 76(4): 295-301.

阈强度）的持续强度测试，然后利用内插法算出P_4（4mmol对应的功率）。与此同时，德国在赛艇训练过程中还采用赛艇测功仪的多级测试（2min和3min）。在20世纪90年代赛艇多级测试的每级持续时间被延长为4—5min，而Mader和Hartman也将二级测试进一步完善为三级测试（每级8min，强度分别为2000 m最大划功率的55%、65%和75%）。赛艇有氧能力测试方法在过去40年的演变见图2-1，以Mader为代表的德国学者通过大量研究奠定了目前世界上赛艇多级递增负荷测试的理论基础。

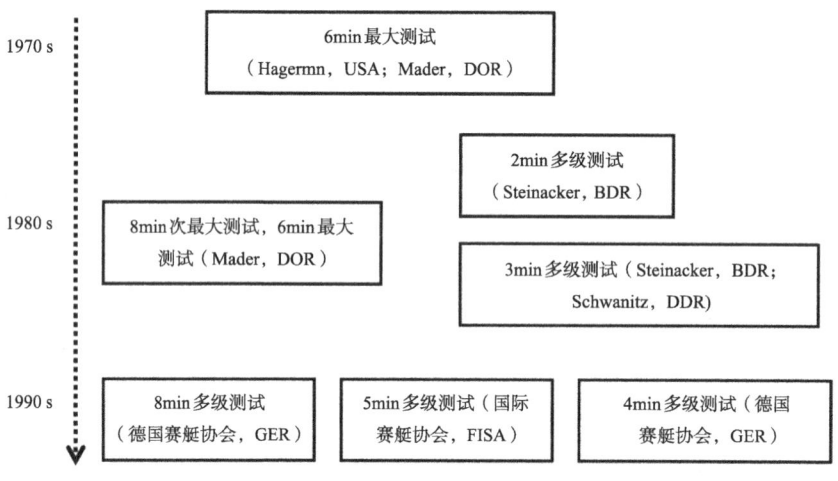

图2-1 赛艇有氧能力测试方法演变示意图

有部分国内外学者对不同递增负荷测试方案在赛艇项目中应用进行了比较研究。Ingham等[1]对比4min 5级递增负荷测试方案（5级递增，每级持续4min，增加25W或增加2桨/min，每级间歇30s采集乳酸，最后一级之前休息150s，冲刺至力竭）和30s线性递增方案（每30s递增25W直至力竭，力竭标准是连续5次功率低于目标功率的10%）测试指标与2000m

---

[1] INGHAM S A, PRINGLE J S, HARDMAN S L, et al. Comparison of step-wise and ramp-wise incremental rowing exercise tests and 2000-m rowing ergometer performance[J]. International journal of sports physiology & performance, 2013, 8(2): 123-129.

测功仪成绩之间的关系。研究发现，两种递增负荷测试的P_{peak}与2000m测功仪成绩显著相关，可以作为训练监控的有效指标。研究显示，4min递增负荷测试方案和30s线性递增测试方案测试的最大摄氧量高度相关，这一发现与Pierce等[1]的研究一致。毕学翠等[2]根据赛艇训练中教练员常用方案和测试要求，制定了2个递增负荷运动方案（方案1：1min递增20W方案；方案2：3min递增50W），以17名高水平赛艇运动员为实验对象，进行对比测试，全程监控每桨功率、心率的变化指标和BLA指标。研究结果发现，两种递增负荷运动的总功率有显著性差异，共同做功时间内的总功量差异性显著，1min递增负荷运动方案的运动强度要高于3min递增负荷运动方案。做功量、HR、BLA等指标显示两种递增负荷方式在相同时间内，1min递增负荷运动方案的负荷强度大，但运动持续时间短，运动员运动至力竭后的各项指标没有3min递增负荷运动方案对机体的刺激效果好。

  对于递增负荷测试指标和运动表现的关系，研究发现，测功仪6公里作为次极限强度来评价高原训练效果，但容易受到运动员竞技状态等的影响。递增负荷测试可以评价不同程度的运动员有氧能力，但测试指标难以精确量化和前后对比，且易受测试设备如乳酸仪和心率表的影响。有学者认为，目前运动员的无氧阈与运动成绩相关性较低的原因是无氧阈测定中每级负荷持续时间（3min）太短，不能达到平衡所要求的时间。他们研究发现，当将运动员每级负荷的运动时间延长至6—8min时，所测得的无氧阈能很好地评定训练水平。有研究发现，利用无氧阈测定方法所测得

---

[1] PIERCE S J, HAHN A G, DAVIE A, et al. Prolonged incremental tests do not necessarily compromise VO₂ max in well-trained athletes[J]. Journal of science & medicine in sport, 1999, 2(4): 356-365.

[2] 毕学翠，郑晓鸿. 2种递增负荷运动对赛艇优秀运动员耐力训练效果的对比实验研究：以陕西省赛艇优秀运动员为例[J]. 中国学校体育（高等教育），2016，3（5）：77-81.

的无氧阈值，大多经不起BLA稳态实验的检验。Steinacker等[①]采用2min多级递增负荷方案（150W起始负荷，每2min递增50W直至力竭，级间间歇30s BLA）测试，以10名赛艇运动员和6名自行车运动员为实验对象，分别在赛艇测功仪和功率自行车上进行递增负荷测试。结果显示，赛艇测功仪测试的最大摄氧量高于功率自行车测试结果的2.6%，心率变化没有差异。

2.6 赛艇运动有氧能力监控指标的研究

2.6.1 最大摄氧量

最大摄氧量一直以来被看作是评价运动员有氧运动能力的指标。在赛艇递增负荷测试中有学者对不同递增负荷方案中最大摄氧量指标的影响进行了研究。王振等[②]通过比较多级递增负荷和线性递增负荷两种方法在直接测试最大摄氧量各生理指标变化特征的基础上，探讨线性递增负荷模式在测试最大摄氧量中的特点。研究发现，在相同平均递增负荷幅度下，两种负荷方案对不同峰值参数存在不同影响。线性递增负荷可作为直接测试最大摄氧量替代方案，并且所达到的峰值功率及时间较低、较短。但是，随着训练实践和科学监控的发展，最大摄氧量作为耐力能力监控指标的有效性受到质疑。在实际训练中，单纯地用相对最大摄氧量来设定运动训练

[①] STEINACKER J M, MARX T R, MARX U, et al. Oxygen consumption and metabolic strain in rowing ergometer exercise[J]. European journal of applied physiology & occupational physiology, 1986, 55(3): 240–247.

[②] 王振,冯魏,冯刚,等.不同数据处理及递增负荷模式对峰值摄氧量的影响[J].北京体育大学学报，2016，39（7）：59-65.

强度并不精确，甚至在最大摄氧量值相同的情况下，不同个体以相同的相对最大摄氧量进行训练其对运动的反应也都存在较大的差异。比如，65%最大摄氧量运动强度，对一些人来说可能高于他们的乳酸阈，而对另外一些人来说可能低于他们的乳酸阈。同样，85%最大摄氧量运动强度对一些人来说可能高于他们的最大乳酸稳态，而对另外一些人来说可能低于最大乳酸稳态。因此，对于不同个体，仅用相对最大摄氧量并不能标准化地定量运动强度，而通过测定亚极量运动中的阈值，则能够获得不同个体所对应的相互对等的运动强度[1]，另外，在训练过程中，亚极量阈值的提高，也是运动员有氧能力提高的标志。

2.6.2 血乳酸

乳酸阈是指在递增负荷运动中，乳酸浓度最初超过安静状态时的运动强度。在低于乳酸阈的恒定强度持续运动中，血乳酸没有明显升高，运动中心率和通气量达到最初的稳定状态，且受试者感觉轻松，乳酸阈下强度的运动能够持续数小时，如果在高于乳酸阈的恒定强度下运动，则BLA浓度升高，最终稳定在2—5mmol/L。乳酸阈强度是评价运动员耐力运动能力的有力指标，乳酸阈向更高运动强度方向移动是耐力训练计划较为成功的重要特征，是耐力水平提高的明显标志。

递增负荷测试方案的选择对于精确地测量乳酸阈是很重要的。首先测试的起始强度要非常低，这对测量乳酸基础值非常关键。为了提高测定精度，建议采用多级递增负荷，每级之间增量较小。乳酸阈对应的摄氧量与强度递增速率没有关系。黄红梅等[2]研究发现，500m耗时递增负荷测试

---

[1] 乔德才.运动人体科学研究进展与应用[M].北京：人民体育出版社，2008：296-297.
[2] 黄红梅，林家仕.公开级赛艇优秀男子运动员500m耗时递增负荷测试的实证性研究[J].北京体育大学学报，2010，33（12）：60-63，133.

可作为高水平男子公开级赛艇运动员进行个体乳酸阈测试的方案，个体乳酸阈较4mmol乳酸阈与训练实践关系更为密切。浦钧宗研究了四种无氧阈判别方法，发现通过BLA测试的拐点法所得无氧阈值与通气阈值差不多（5%以内）。而2mmol与4mmol所得的无氧阈值与前者相去甚远[①]。

最大乳酸稳态（Maximum Lactate Acid Steady State，简称"MLSS"）是BLA不随运动进程而增加的最高运动强度，这对某些运动项目的成功更为重要。当运动强度超过最大乳酸稳态时，在持续的运动中BLA会不断增加，因此，最大乳酸稳态是划分大强度和剧烈运动的界限，也是评价运动耐力水平的重要标准。最大乳酸稳态需要受试者进行多次恒定负荷的长时间运动，并连续多次测量乳酸。当运动强度超过最大乳酸稳态时，运动到力竭的时间主要受摄氧量增加并达到最大摄氧量的速率，以及BLA达到疲劳水平的快慢影响。因此，最大乳酸稳态是预测运动耐力的重要指标。

邰卫峰等[②]以10名男子公开级赛艇运动员为实验对象，结合赛艇专项运动特点，利用CONCEPT 2 赛艇测功仪对最大乳酸稳态测试进行改进，分别进行一次递增负荷测试和2—4次30min恒定负荷测试，在相应的负荷间歇测定BLA，并根据最大乳酸稳态测试判定赛艇运动员4mmol乳酸阈和个体乳酸阈无氧阈的有效性。研究发现，4mmol乳酸阈高估乳酸稳态强度达9.6%，表明4mmol乳酸阈不能有效指代赛艇运动员的无氧阈水平。个体乳酸阈与最大乳酸稳态发生时个体间的功率差异为4.7%—5.3%，建议IAT可以作为赛艇运动员无氧阈训练的有效负荷区间。

---

① 浦钧宗.通气阈、乳酸阈和血气变化的关系[J].中国运动医学杂志，1987，9（4）：203-208，254.

② 邰卫峰，莫少强，陈征，等.利用最大乳酸稳态测试判定赛艇运动员4mmol/L乳酸阈与个体乳酸阈有效性的研究[J].体育科学，2010，30（8）：85-91.

2.6.3 心率

心率作为赛艇训练监控的有效指标一直被广泛地应用在训练实践之中。Mikulic等[1]的研究发现，在赛艇递增负荷测试中通气阈HR和HR拐点与所有生理指标都显著相关，两种心率对应的功率输出、摄氧量、通气量、呼吸比率等没有差异，拐点心率明显高于通气阈HR。有训练的赛艇运动员可以通过HR拐点这一指标评价运动员的有氧耐力和训练效果。周东坡等[2]对18名中国优秀女子赛艇运动员在赛艇测功仪上用逐级间歇递增负荷法进行了动态遥测HR与BLA无氧阈之间关系的测试研究，发现其HR拐点的输出功率与BLA无氧阈输出功率呈线性关系。

2.6.4 峰值功率

峰值功率在递增负荷测试中是一个重要的测试指标，在自行车和跑步测试的研究中发现P_{peak}是一个很好的预测运动表现指标。有关赛艇P_{peak}的研究，目前主要是Smith等[3]研究发现赛艇2000m成绩预测中只有递增负荷运动时P_{peak}与成绩相关性强。Messonnier等[4]研究发现最大摄氧量和最大有氧功率也和赛艇运动表现相关。Mcnaughton研究发现，P_{peak}与其他亚极量生理变量组合，可以量化训练效果、预测耐力表现和为训练计划制定提供参考。

---

[1] MIKULIC P, VUCETIC V, SENTIJA D. Strong relationship between heart rate deflection point and ventilatory threshold in trained rowers[J]. Journal of strength & conditioning research, 2011, 25(2): 360–366.

[2] 周东坡，刘爱杰，黄杰明，等.对中国优秀女子赛艇运动员动态心率无氧阈的探讨[J]. 体育科学，1990（6）：56–58.

[3] SMITH T B, HOPKINS W G. Measures of rowing performance[J]. Sports medicine, 2012, 42(4): 343–359.

[4] MESSONNIER L, BOURDIN M, LACOUR J. Influence of age on different determining factors of performance on rowing ergometer[J]. Science & sports, 1998, 13(6): 293–294.

递增负荷测试方案不同会导致P_{peak}和乳酸阈等与耐力相关的指标变化。

2.6.5 肌氧饱和度

1977年，Frans Jobsis提出了采用近红外光谱测定技术测定活组织中的氧供与氧耗，随后一些学者对NIRS在运动中测试肌氧水平的可靠性与有效性进行了广泛的研究，并得到了证实[1][2][3]。李红燕等[4]对男子青少年赛艇运动员递增负荷过程中骨骼肌肌氧饱和度（SMO_2）进行了测试。研究发现，做递增负荷运动时，骨骼肌SMO_2含量呈阶梯状下降。负荷较低时SMO_2迅速下降，之后保持平衡或升高，负荷较高时SMO_2持续下降，运动停止后有超量恢复现象。SMO_2含量与摄氧量、HR和BLA呈负相关。赛艇运动员做递增负荷运动时SMO_2含量下降拐点与BLA拐点有一定的一致性，可考虑用SMO_2含量评定赛艇运动员有氧能力。丁攀[5]以18名武汉体育赛艇运动员为实验对象，应用NIRS技术无损监测赛艇运动员在递增负荷运动时SMO_2变化特点。研究发现，SMO_2相对变化精确反映了运动负荷的变化。同时检测到的气体代谢各指标的变化与运动负荷的递增相

---

[1] BAE S Y, HAMAOKA T, KATSUMURA T, et al. Comparison of muscle oxygen consumption measured by near infrared continuous wave spectroscopy during supramaximal and intermittent pedalling exercise[J]. International journal of sports medicine, 2000, 21(3): 168–174.

[2] HAMAOKA T, ALBANI C, CHANCE B, et al. A new method for the evaluation of muscle aerobic capacity in relation to physical activity measured by near-infrared spectroscopy[J]. Medicine & sportence, 2015, 24(5): 25–29.

[3] MANCINI D M, BOLINGER L, LI H, et al. Validation of near-infrared spectroscopy in humans[J]. Journal of applied physiology, 1994, 77(6): 2740–2747.

[4] 李红燕,张立,徐国栋,等.男子青少年赛艇运动员递增负荷运动时肌氧含量变化特点：肌氧评定个体有氧代谢能力的可行性探讨[J].中国运动医学杂志,2006,6（3）：351-354.

[5] 丁攀.近红外光谱技术监测赛艇运动员有氧代谢能力的研究[D].武汉：武汉体育学院,2008.

吻合。通过分析比较，SMO_2相对变化与摄氧量（$r=0.989$，$p<0.01$）和肺通气量（$r=-0.972$，$p<0.01$）的变化具有显著相关性；与HR曲线变化也显著相关（$r=0.926$，$p<0.05$）。但不同的是SMO_2出现拐点所对应的时间和强度都要稍先于气体代谢各指标。SMO_2的相对变化能准确反映出运动负荷的变化，而且表明在运动中SMO_2也存在一个临界值，即学者们常提及的"拐点"。此外，实验还发现，气体代谢的变化所对应的时间和运动负荷稍滞后于SMO_2的变化，而且SMO_2相对变化与气体代谢各指标显著相关。因此，通过NIRS技术无损伤性测定的SMO_2相对变化可以替代监测气体代谢状况，并可以评估骨骼肌有氧代谢能力。沈友青等[①]研究了赛艇项目中递增负荷运动后SMO_2和BLA的恢复特点及特征性指标的关联性，发现SMO_2与BLA的变化跟氧化代谢水平和恢复程度相对应。SMO_2和BLA的变化可以反映机体的恢复水平和氧化代谢能力。

2.7 赛艇技术动作及肌电应用研究

赛艇测功仪是赛艇运动员训练和测试的专用器材，现在已成为赛艇训练中控制负荷、评定机能和进行科学研究不可缺少的重要器材。赛艇测功仪的技术环节分为拉桨和回桨两部分。拉桨开始姿势为：桨手屈膝，身体前倾，手臂伸直，腿部向后。拉桨时，腿部蹬伸，手臂开始用力。拉桨过半时，手臂自然伸直，肩部放松。拉桨结束时，桨柄由手臂和肩拉到腹部，腿伸直，身体后仰。赛艇测功仪的风轮盘上有十个档位，可根据运动员的能力水平及不同的训练测试目的进行相应的设定。

---

① 沈友青，徐国栋. 递增负荷运动后肌氧含量和血乳酸的恢复研究[J].中国体育科技，2011，47（5）：73-77，85.

刘建红等[①]以湖南省水上运动训练基地12名训练3—5年的男子赛艇轻量级运动员为实验对象，观察他们在递增负荷运动中参与收缩的主要肌肉的肌电变化。研究发现，在递增负荷运动中，随着运动强度增加，股直肌、肱二头肌及背阔肌积分肌电值随运动强度的增加而增加，其相关系数分别为0.97、0.99和0.97；递增负荷运动中，股直肌和背阔肌iEMG在80%—90%运动强度时出现拐点，肱二头肌则无明显拐点，并呈线性增加；股直肌、肱二头肌及背阔肌iEMG所占三者总iEMG值的百分比中，背阔肌比例最大，股直肌最小；随着运动强度增加，股直肌所占比例逐渐增加，而肱二头肌和背阔肌则有所下降；在递增负荷运动中，不同肌肉的神经肌电活动的变化不完全一致。

有研究显示[②]，赛艇公开级运动员在测功仪上完成一个完整的技术动作周期中肌肉的发力顺序为：胫骨前肌、股四头肌内侧头、竖脊肌、背阔肌三角肌后束、肱二头肌；在一个完整的技术动作周期中，肱二头肌和三角肌用力比较大，其次是股四头肌内侧，胫骨前肌，最后是竖脊肌和背阔肌；在整个动作周期中股四头肌内侧发力持续时间最长。

有学者应用表面肌电技术和同步摄像方法，结合功能解剖学知识，对优秀男子单人双桨赛艇运动员水上与测功仪2000m测试中主要肌肉的活动特征进行研究[③]发现，运动员水上和测功仪拉桨的运动模式基本一致，但两者之间肌肉协调模式存在差别，水上拉桨时肌肉用力方式更为复杂，而测功仪训练作为重要的陆上专项模拟训练手段，应加强调技术的规范

---

① 刘建红，王奎，周志宏，等.赛艇运动员递增负荷运动中股直肌、肱二头肌和背阔肌积分肌电定量分析[J].中国运动医学杂志，2007，7（4）：472-474.

② 麻文慧.赛艇运动员不同负荷强度下主要肌群的表面肌电特征[D].北京：北京体育大学，2015.

③ 唐桥，郑晓鸿，毕学翠，等.优秀男子赛艇运动员水上和测功仪拉桨中肌肉活动特征的比较研究[J].中国体育科技，2017，53（4）：76-82.

性。Buckeridge等[①]对20名女子赛艇运动员测功仪递增负荷拉桨动作进行分析，发现随着桨频的增加第五腰椎（L5）/第一骶椎（S1）所受的剪切力和压缩力增加明显（$p < 0.05$）。因此，在较高桨频时运动员腰部负荷过大，容易导致技术变形和腰部损伤。

2.8 文献综述评述

递增负荷测试在运动训练中有着重要的理论意义和实践应用价值。科学的递增负荷测试方案及敏感有效的测试指标体系是运动训练监控科学化的重要保障。综述此前有关递增负荷测试在运动训练实践中的应用研究，不难发现存在以下不足。

递增负荷测试虽然很早就开始在运动训练中使用，但递增负荷测试方案花样百出，种类繁多，对于不同的运动项目及不同训练水平的运动员如何选用合适的递增负荷测试方案并没有相关研究给出明确的答案。而且常用的测试指标在各类递增负荷测试方案中的敏感性和有效性存在着较大差异。所有这些均反映出递增负荷测试的理论内涵存在一定瑕疵，使其在运动训练中的有效性和针对性也大打折扣，因而降低了递增负荷测试在运动训练实践中的应用价值。

赛艇项目作为奥运会大项之一，国内外有关递增负荷测试在赛艇运动训练中的应用研究却极为少见，据本文统计有关递增负荷测试在赛艇训练实践中的应用研究文献国内仅有6篇。研究内容上，大多数递增负荷测试

---

① BUCKERIDGE E M, BULL A M, MCGREGOR A H. Incremental training intensities increases loads on the lower back of elite female rowers[J]. Journal of sports sciences, 2016, 34(4): 369–378.

研究并没有结合运动训练实践需求。相关的研究大部分是一次性实验研究，没有纵向分析相同递增负荷测试方案的多次测试结果对比，因此在训练实践中的应用价值有限。目前，三种国际常用的递增负荷测试方案即4min起始变化功率递增负荷测试方案、8min递增负荷测试方案和4min起始固定功率递增负荷测试方案，在我国被不同的省市赛艇队所采用，但是，对于这三种使用广泛的递增负荷测试方案在训练实践中的应用效果如何，对运动训练监控实践的有效性、针对性如何，相关研究并没有涉及。

赛艇递增负荷测试常用指标有HR、BLA和P等，此前的研究表明这些常用指标均与赛艇运动员的整体运动表现相关，一定程度上能够预测运动员赛艇专项2000m的运动成绩。但是，这些常用指标均只能反映运动员全身整体性有氧能力变化情况，对于运动员局部关键环节肌群的有氧代谢变化情况的监控就显得无能为力。随着运动训练监控技术的发展，肌氧和肌电监控技术逐渐引入运动训练监控实践中来，使得对运动员局部关键环节肌肉做功用力情况和氧代谢情况的监控成为可能。但是，反映运动员局部肌肉氧代谢情况的SMO_2指标在赛艇训练递增负荷测试中与常用的反映运动员全身整体有氧能力的指标BLA、HR、P和运动成绩的关系如何，反映局部肌肉做功情况的肌电贡献率与同部位的肌氧指标关系如何，两者又与常用的整体性指标关系如何，研究也极为少见。

上述问题的存在降低了递增负荷测试在赛艇运动训练实践中的应用价值，为此，对我国不同赛艇运动队采用不同递增负荷方案测试指标的变化与运动成绩进行相关性分析，分析不同递增负荷测试方案应用特点，比较训练实践中递增负荷测试常用指标变化特征和预测运动成绩的有效性；在现有递增负荷测试方案优化的基础上加入反映局部肌肉代谢指标SMO_2，分析不同水平运动员腿部、躯干、手臂三个主要发力环节SMO_2指标在递增负荷测试中的变化特征；应用表面肌电技术分析运动员在递增负荷测试时腿部、躯干、手臂三个主要环节的贡献比例及与HR、BLA、SMO$_2$变化的关系，对于提高递增负荷测试在赛艇训练监控实际应用中的有效性和准确性就显得十分必要。

3 研究设计

3.1 研究对象、方法和技术路线

3.1.1 研究对象

本研究以递增负荷测试在赛艇训练中的实践应用为研究对象。

3.1.2 研究方法

3.1.2.1 文献资料法

在国家图书馆、北京体育大学图书馆、中国学术期刊网站以"赛艇""递增负荷""肌氧饱和度"和"训练监控"等进行组合检索；通过 web of science, EBSCO 体育学数据库, SCIE/SSCI/BP, www.google.com 等专业外文专业平台以 "increase load test" "ramp test" "stage increase test" "rowing" 等关键词进行检索，较为全面地了解了目前赛艇训练监控、递增负荷测试和赛艇技术等方面的研究进展，为本课题的研究奠定理论基础。

3.1.2.2 实验法
3.1.2.2.1 研究一：不同递增负荷测试方案与常用测试指标应用研究

分析三种常用的不同递增负荷测试方案的应用特点，比较训练实践（或该方案实施）时递增负荷常用测试指标变化特征、预测运动表现的有效性，以期为赛艇训练监控递增负荷测试方案的选用、相关测试指标评价的有效性提供参考。

（1）实验对象

4个省队优秀赛艇公开级运动员（所测运动员为国家健将级及一级运动员）。

（2）实验设备

CONCEPT 2测功仪、POLAR心率表、EKF台式血乳酸仪。

（3）测试指标及方法

测试前记录运动员基本情况，包括项目、性别、年龄、运动级别等。在测试过程中全程监控HR、BLA和每桨P。

3.1.2.2.2 研究二：递增负荷测试时运动员肌氧饱和度变化特征及其与常用测试指标的关系

分析赛艇测功仪递增负荷测试时运动员肌氧饱和度（SMO_2）变化特征及与HR、BLA、P等常用测试指标之间的关系。

（1）实验对象

某省队赛艇公开级运动员（所测运动员为国家健将级及一级运动员）。

（2）实验设备

CONCEPT 2测功仪POLAR心率表、EKF台式血乳酸仪和MOXY肌氧监测仪。

（3）测试指标及方法

测试前记录运动员基本情况，包括项目、性别、年龄、运动级别等。在测试过程中全程监控HR、BLA、每桨P和SMO_2。

3.1.2.2.3 研究三：递增负荷测试时运动员关键环节肌肉积分肌电百分比（iEMG%）的变化特征。

分析赛艇测功仪递增负荷测试时运动员腿部、躯干、手臂三个关键环节主要肌肉积分肌电百分比（iEMG%）的变化特征及其与HR、BLA、SMO_2变化的关系。

（1）实验对象

某省队赛艇公开级运动员（所测运动员为国家健将级及一级运动员）。

（2）实验设备

CONCEPT 2测功仪、POLAR 心率表、EKF台式血乳酸仪和Delsys Trigno无线表面肌电系统。

（3）测试指标及方法

测试前记录运动员基本情况，包括性别、年龄、运动级别等。在测试过程中全程监控HR、BLA、每桨P和iEMG%的变化。

3.1.2.3 数理统计法

所有数据使用Excel进行数据管理，以"平均数 ± 标准差"表示，运用Spss21.0软件进行统计分析，所有数据进行方差齐性检验（Levene's Test for Equality of Variances），数值所代表的意义见下文研究一、二和三。

3.1.3 技术路线

本研究实施过程中遵循提出问题 — 初步构思 — 文献阅读 — 调整和完善构思 — 确定研究方向等步骤，结合要研究的问题，通过实验测试、数理统计等方法，逐步深入开展相关研究。整个研究分为三个部分。

第一部分研究赛艇测功仪下不同递增负荷测试方案与常用测试指标应用，分析三种常用的递增负荷测试方案的应用特点，比较训练实践（或该方案实施）时递增负荷常用测试指标的变化特征和预测运动表现的有效性。

第二部分研究赛艇测功仪递增负荷测试时关键肌肉的肌氧饱和度（SMO_2）变化特征及其与常用测试指标的关系，分析赛艇测功仪递增负荷测试时受试者（即所选运动员）SMO_2变化特征及其与HR、BLA、P等常用测试指标之间的关系。

第三部分研究赛艇测功仪递增负荷测试时受试者关键环节肌肉积分肌电百分比的变化特征及其与HR、BLA、SMO_2变化的关系。分析赛艇测功仪递增负荷测试时受试者腿部、躯干、手臂三个关键环节主要肌肉积分肌电百分比的变化特征及与HR、BLA、SMO_2变化的关系。

三个部分的研究依次递进，从比较不同测试方案及常用测试指标到引入局部肌氧、肌电指标，从全身整体性测试到局部关键环节测试，全面分析数据，准确发现运动员在训练中存在的整体性问题和局部问题，力求做到准确监控，为赛艇教练员科学制定训练计划，为运动员科学训练提供针对性更科学的依据。见图3-1。

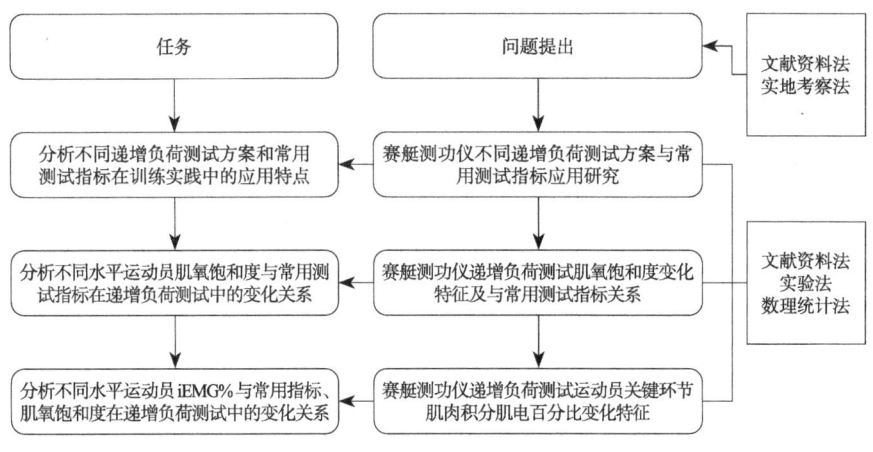

图3-1 本文研究路线

3.2 研究重点、难点和创新点

3.2.1 研究重点

本研究主要集中在以下三个方面。

赛艇递增负荷测试三种常用方案应用特点比较及常用测试指标敏感性、有效性比较。

赛艇递增负荷测试运动员关键环节肌肉肌氧饱和度变化特征及其与常用测试指标之间的关系。

赛艇递增负荷测试运动员关键环节肌肉积分肌电百分比变化特征及其与HR、BLA、SMO_2变化的关系。

3.2.2 研究难点

本研究递增负荷测试需要在不同省市运动队中进行，每种测试方案需要至少5次以上的测试数据，所需测试时间较长，需要与不同运动队的训练时间充分协调，对多个运动队数据的采集难度较大。因此，本研究从测试团队分工入手，多小组赴不同运动队完成数据测试采集任务。

不同的运动队有着不同的训练理念，不同的训练方法体系对递增负荷测试在赛艇项目中的实际应用程度及理解各不相同，研究实施过程中，研究者必须与教练员、运动员充分沟通，同时，将阶段性成果及时反馈给教练员、运动员，帮助他们针对性地解决训练中的实际问题。

3.2.3 研究创新点

本研究创新点主要体现在以下三个方面。

以实证的方式比较了三种常用赛艇测功仪递增负荷测试方案的应用特点及常用测试指标的敏感性、有效性，为赛艇训练监控实践中合理选用不同的递增负荷测试方案及解读常用测试指标的敏感性、有效性提供了科学实证参考。

在赛艇递增负荷测试实践中引入反映运动员局部关键环节肌肉氧代谢情况的肌氧饱和度指标和肌肉肌电贡献比例变化的积分肌电百分比指标，分析了肌氧饱和度变化特征及其与常用指标心率、血乳酸和功率变化的关系，分析了积分肌电百分比变化特征与肌氧饱和度变化的关系。为赛艇训练实践中准确监控运动员局部关键环节肌肉的用力比例分配和有氧能力变化提供了新的指标和方法。

本研究三种递增负荷测试方案及常用测试指标敏感性、有效性的比较研究，肌氧饱和度、积分肌电百分比指标的引入及测试分析方法的应用，丰富了赛艇递增负荷测试的指标体系，完善了递增负荷测试在赛艇训练监控中的应用模式，增强了递增负荷测试在赛艇训练监控中的有效性和针对性，提高了递增负荷测试在赛艇训练实践中的应用价值。

4 研究过程与分析

4.1 不同递增负荷测试方案与常用测试指标应用研究

4.1.1 目的

运动训练监控是通过记录、测量、测试等手段获取运动训练的反馈信息，以此评价运动训练安排与运动员现实状态的关系，进而对训练计划进行调整、修改，从而控制训练过程的活动。运动训练监控所采用的测试方案是否科学合理，测试指标的选用是否准确有效直接决定着训练监控的针对性和有效性。

递增负荷测试是周期性耐力项目训练监控的常用手段，递增负荷测试方案设计包括递增负荷测试的起始负荷、递增量度、每级负荷持续时间和间歇时间等基本内容[1]。20世纪80年代以来赛艇陆上测功仪逐渐成为赛艇训练的常用器材，它可以让运动员在陆上模拟水上的划船动作，同时还

---

[1] NUSAIR S. Interpreting the incremental cardiopulmonary exercise test[J]. American journal of cardiology, 2017, 119(3): 497–500.

可以完成运动员有氧能力和无氧能力的专项体能测试[①]。研究表明，运动员赛艇测功仪2000m模拟比赛成绩与水上专项2000m运动成绩高度相关，赛艇科研人员制定的赛艇测功仪2000m成绩与水上专项成绩标准换算表已经在运动实践中普遍推广（见表4-1）。随着赛艇测功仪在赛艇训练中的广泛应用，赛艇测功仪递增负荷测试也逐渐成为赛艇训练监控的常用手段[②]。目前，在赛艇运动训练监控实践中，教练员采用的赛艇测功仪递增负荷测试方案种类较多，常用的递增负荷测试方案有三种，一种是由德国、澳大利亚和新西兰等国家赛艇协会推荐的4min起始变化功率递增负荷测试方案；第二种是由德国的Mader和Hartman制定的8min递增负荷测试方案（每级持续8min，强度分别为2000m最大功率的55%、65%和75%）；第三种是国内部分省市队伍常用的4min起始固定功率递增负荷测试方案（每级负荷持续4min，每级递增50W，间歇30s）。目前这三种测试方案在我国不同的运动队分别采用，三种测试方案所测试指标的准确性如何，哪种更加适合赛艇专项，特别是适合我国赛艇运动员的训练一直是一个争议的话题。

表 4-1　男子公开级运动员赛艇测功仪 2000m 成绩与水上专项成绩标准换算表

赛艇测功仪2000m成绩		对应水上专项成绩/min·s			
时间	平均功率/W	89kg	91kg	93kg	95kg
6:14.0	428.2	7:26.6	7:28.4	7:30.3	7:32.1
6:15.0	424.8	7:27.8	7:29.6	7:31.5	7:33.3
6:16.0	421.4	7:29.0	7:28.9	7:30.7	7:32.5

[①] MELLO F, GRANGEIRO P, FRANCHINI E. Energy systems contributions in 2000m race simulation: acomparison among rowing ergometers and water[J]. European journal of applied physiology, 2009, 107(5): 615-623.

[②] SOUSA M, ANICETO R, NETO G, et al. Development and validation of an automated step ergometer[J]. Journal of human kinetics, 2014, 43(1): 113-124.

续表

赛艇测功仪2000m成绩		对应水上专项成绩/min·s			
时间	平均功率/W	89kg	91kg	93kg	95kg
6:17.0	418.0	7:27.3	7:29.2	7:31.0	7:32.8
6:18.0	414.7	7:27.6	7:29.4	7:31.2	7:33.0
6:19.0	411.5	7:32.6	7:34.4	7:36.3	7:38.1
6:20.0	408.2	7:33.8	7:35.6	7:37.5	7:39.3
6:21.0	405.0	7:35.0	7:36.8	7:38.7	7:40.5
6:22.0	401.8	7:36.2	7:38.0	7:39.9	7:41.7
6:23.0	398.7	7:37.3	7:39.2	7:41.1	7:42.9
6:24.0	395.6	7:38.5	7:40.4	7:42.3	7:44.1
6:25.0	392.5	7:39.7	7:41.6	7:43.5	7:45.5
6:26.0	389.5	7:40.9	7:42.8	7:44.7	7:46.6
6:27.0	386.5	7:42.1	7:44.0	7:45.9	7:47.8
6:28.0	383.5	7:43.3	7:45.2	7:47.1	7:49.0
6:29.0	380.5	7:44.5	7:46.4	7:48.3	7:50.2
6:30.0	377.6	7:45.7	7:47.6	7:49.5	7:51.4
6:31.0	374.7	7:46.9	7:48.8	7:50.7	7:52.6
6:32.0	371.9	7:48.1	7:50.0	7:51.9	7:53.8
6:33.0	369.0	7:49.3	7:51.2	7:53.1	7:55.0
6:34.0	366.2	7:50.5	7:52.4	7:54.3	7:56.2
6:35.0	363.5	7:51.7	7:53.6	7:55.5	7:57.4

递增负荷测试时，通常将心率（HR）、血乳酸（BLA）、功率（P）作为常用的基本测试指标，同时衍生出测试时持续1min的峰值功率（P_{peak}）、BLA 4mmol/L对应的功率（P_4）、测试过程中的峰值心率（HR_{peak}）及测试中能够达到的峰值BLA（BLA_{peak}）等测试指标。大量研究证实，

赛艇测功仪采用持续较长时间如3min以上的递增负荷测试时P_{peak}、HR_{peak}、BLA_{peak}等指标与赛艇测功仪2000m成绩具有相关关系[1][2][3][4][5][6]，而BLA 4mmol/L对应的功率P_4也可以从递增负荷测试数据中计算获取，利用这些测试指标的变化可以评价训练效果及预测运动员竞技能力水平及运动成绩。但是由于这些测试指标是在不同的递增负荷测试方案中获取的，因而分析发现，递增负荷测试方案设计的不同会直接影响测试指标的数值发生变化，进而影响到相关测试指标评价训练效果及预测竞技能力水平及运动成绩的准确性和有效性。由此不难看出，递增负荷测试方案不同，测试指标反映训练效果和预测运动员竞技能力水平发展和运动成绩的准确性和有效性也会产生相应的变化。因此，训练实践中设计科学合理的递增负荷测试方案和选用准确敏感的测试指标对于提高训练监控的准确性和有效性就显得尤为重要。

基于递增负荷测试在赛艇训练实践中存在的上述问题，本研究拟将我

---

[1] COSGROVE M J, WILLSON J, WATT D, et al. The relationship between selected physiological variables of rowers and rowing performance as determined by a 2000m ergometer test[J]. Journal of sports sciences, 1999, 17(11): 845–856.

[2] INGHAM S, WHYTE G P, JONES K, et al. Determinants of 2000m rowing ergometer performance in elite rowers[J]. European journal of applied physiology, 2002, 88(3): 243–246.

[3] NEVILL A, ALLEN S, INGHAM S. Modelling the determinants of 2000m rowing ergometer performance: a proportional, curvilinear allometric approach[J]. Scandinavian journal of medicine & science in sports, 2011, 21(1): 73–78.

[4] KENDALL K L, SMITH A E, FUKUDA D H, et al. Critical velocity: a predictor of 2000m rowing ergometer performance in NCAA D1 female collegiate rowers[J]. Journal of sports sciences, 2011, 29(9): 945–955.

[5] RUSSELL A, LE R, SPARROW W. Prediction of elite schoolboy 2000m rowing ergometer performance from metabolic, anthropometric and strength variables[J]. Journal of sports sciences, 1998, 16(8): 749–762.

[6] BENTLEY D, NEWELL J, BISHOP D. Incremental exercise test design and analysis: implications for performance diagnostics in endurance athletes[J]. Sports medicine, 2007, 37(7): 575–586.

国不同赛艇运动队采用不同递增负荷方案测试指标的变化和运动成绩进行相关性分析，分析不同递增负荷测试方案应用特点，比较递增负荷常用指标变化特征并预测运动表现有效性，以期为赛艇训练监控递增负荷测试方案的选用、合理评价相关测试指标的有效性提供参考。

4.1.2 实验方法

4.1.2.1 4min起始变化功率递增负荷测试方案实验安排

4.1.2.1.1 受试者

选取某省赛艇队男子运动员10名（见表4-2），分别于2017年和2018年完成5次递增负荷测试和5次赛艇测功仪2000m测试。测试前运动员熟知测试流程和测试要求，保证严格按照测试要求完成测试。

表4-2 4min起始变化功率递增负荷测试方案实验对象基本情况统计表

人数	年龄	身高/cm	体重/kg
10	25 ± 4	194.63 ± 4.6	92 ± 6

测试时间安排在训练计划的测试周进行，运动员在测试前24h未进行大负荷训练，具体测试时间和地点见表4-3。

表4-3 4min起始变化功率递增负荷测试方案实验情况汇总

时间	地点	海拔	温度	备注
2017年6月26日—28日	辽宁本溪	400m	20—25℃	训练馆
2017年7月17日—19日	辽宁本溪	400m	20—25℃	训练馆
2017年8月7日—9日	辽宁本溪	400m	20—25℃	训练馆
2018年4月13日—15日	陕西西安	460m	18—22℃	实验室
2018年6月18日—20日	陕西杨凌	400m	21—26℃	训练馆

4.1.2.1.2 实验方法和步骤

4.1.2.1.2.1 实验设备

CONCEPT 2赛艇测功仪（美国）、EKF台式血乳酸分析仪（德国）、POLAR 800cx心率表（芬兰）、笔记本电脑。

4.1.2.1.2.2 测试方法与步骤

（1）前期准备

测试人员测试前熟悉测试程序。运动员测试前24h避免高强度运动，餐后2h测试。打开心率表和CONCEPT 2测功仪监测器等设备进行设置等工作。测量受试者身高、体重、年龄和运动等级等基本信息。受试者进行运动热身后佩戴心率表，运动员第一天完成赛艇测功仪2000m测试，第二天调整恢复，第三天完成赛艇测功仪递增负荷测试。

（2）测试程序

递增负荷测试时间（起始时间）：2017年6月26日、2017年7月17日、2017年8月7日、2018年4月13日和2018年6月18日。

运动员热身10min后，佩戴心率表，心率恢复到100beats/min以下时，采耳血后将测功仪阻力调至习惯档位，开始进行4min间歇1min递增负荷测试，起始功率安排见表4-4，每4min间歇1min采耳血，直至力竭，运动结束即刻采血，全程监控运动员心率和每桨功率。

赛艇测功仪2000m测试时间：递增负荷测试结束后第三天。

运动员热身30min，佩戴心率表，心率恢复到100beats/min以下时，采耳血。将测功仪阻力调至习惯档位，开始进行全力测功仪专项2000m测试，记录成绩。

为行文和标注方便，下图、下表、下文中第1级递增负荷测试有时简化为"第1级递增""第1级负荷"或直接称为"第1级"。其他级别测试依此类推。

表 4-4　4min 起始变化功率递增负荷测试方案负荷安排

2000 m 测功仪成绩/min·s	<5:50.0	5:50.0—6:00.0	6:00.0—6:10.0	6:10.0—6:20.0	6:20.0—6:30.0	6:30.0—6:40.0	6:40.0—6:50.0	6:50.0—7:00.0	7:00.0—7:10.0	7:10.0—7:20.0	7:20.0—7:30.0	7:30.0—7:40.0	7:40.0—7:50.0
每级递增幅度/W	45	45	40	35	35	30	25	25	25	20	20	15	15
第1级负荷/W	200	170	170	160	140	140	150	130	115	125	110	120	110
第2级负荷/W	245	215	210	195	175	170	175	155	140	145	130	135	125
第3级负荷/W	290	260	250	230	210	200	200	180	165	165	150	150	140
第4级负荷/W	335	305	290	265	245	230	225	205	190	185	170	165	155
第5级负荷/W	380	350	330	300	280	260	250	230	215	205	190	180	170
第6级负荷/W	425	395	370	335	315	290	275	255	240	225	210	195	185
第7级负荷/W	最大	最大	最大	最大	最大	最大	最大	最大	最大	最大	最大	最大	最大

注：澳大利亚、新西兰、德国赛艇协会推荐的赛艇递增负荷测试方案

4.1.2.2 8min 递增负荷测试方案实验安排

4.1.2.2.1 受试者

选取某省赛艇队男子运动员10名（见表4-5），2017年完成5次递增负荷测试和5次赛艇测功仪2000m测试。测试前运动员熟知测试流程和测试要求，保证严格按照测试要求完成测试。

表 4-5　8min 递增负荷测试方案实验对象基本情况统计表

人数	年龄	身高/cm	体重/kg
10	26 ± 3	195.23 ± 4.6	91 ± 5

测试时间安排在训练计划的测试周进行，运动员在测试前24h未进行大负荷训练，具体测试时间和地点见表4-6。

表 4-6　8min 递增负荷测试方案实验情况汇总

时间	地点	海拔	温度	备注
2017年4月16日—18日	浙江千岛湖	200m	20—25℃	训练馆
2017年5月7日—9日	浙江千岛湖	200m	18—23℃	训练馆
2017年6月8日—10日	浙江千岛湖	200m	18—26℃	训练馆
2017年7月6日—8日	辽宁沈阳	417m	19—23℃	训练馆
2017年8月6日—8日	辽宁沈阳	417m	28—30℃	训练馆

4.1.2.2.2 实验方法和步骤

4.1.2.2.2.1 实验设备

CONCEPT 2赛艇测功仪（美国）、EKF台式血乳酸分析仪（德国）、POLAR 800cx心率表（芬兰）、笔记本电脑。

4.1.2.2.2.2 测试方法与步骤

（1）前期准备

测试人员测试前熟悉测试程序。运动员测试前24h避免高强度运动，餐后2h测试。打开心率表和CONCEPT 2测功仪监测器等设备，进行设置等工作。测量受试者身高、体重、年龄和运动等级等基本信息。受试者进行运动热身后，佩戴心率表，运动员第一天按照顺序完成赛艇测功仪递增负荷测试，第二天调整恢复，第三天完成赛艇测功仪2000m测试。

（2）测试程序

递增负荷测试时间（起始时间）：2017年4月16日、2017年5月7日、2017年6月8日、2017年7月6日和2017年8月6日。

运动员热身10min后，佩戴心率表，心率恢复到100beats/min以下时，采耳血后将测功仪阻力调至习惯档位，开始进行8min间歇1min递增负荷测试，起始功率为每个测试者2000m赛艇测功仪成绩的55%，第二级为2000m赛艇测功仪成绩的65%，第三级为2000m赛艇测功仪成绩的75%。每级负荷持续运动8min，间歇1min采耳血，全程监控运动员HR和每桨P。

赛艇测功仪2000m测试时间：递增负荷测试结束后第三天。

运动员热身30min，佩戴心率表，心率恢复到100beats/min以下时，采耳血。将测功仪阻力调至习惯档位，开始进行全力测功仪专项2000m测试，记录成绩。

4.1.2.3　4min起始固定功率递增负荷测试方案实验安排

4.1.2.3.1　受试者

选取某省赛艇队男子运动员10名（表4-7），分别于2014—2016年完成5次递增负荷测试和5次赛艇测功仪2000m测试。测试前运动员熟知测试流程和测试要求，保证严格按照测试要求完成测试。

表4-7　4min起始固定功率递增负荷测试方案实验对象基本情况统计表

人数	年龄	身高/cm	体重/kg
10	24 ± 4	191.78 ± 5.6	90 ± 4

测试时间安排在训练计划的测试周进行，运动员在测试前24h未进行大负荷训练，具体测试时间和地点见表4-8。

表4-8 4min起始固定功率递增负荷测试方案实验情况汇总

时间	地点	海拔	温度	备注
2014年5月15日—17日	陕西宝鸡	618m	20—25℃	训练馆
2014年11月25日—27日	陕西杨凌	400m	−5—1℃	训练馆
2015年2月10日—12日	陕西杨凌	400m	−2—4℃	训练馆
2016年1月11日—13日	陕西汉中	626m	1—3℃	训练馆
2016年4月12日—14日	陕西宝鸡	618m	10—15℃	训练馆

4.1.2.3.2 实验方法和步骤

4.1.2.3.2.1 实验设备

CONCEPT 2赛艇测功仪（美国）、EKF台式血乳酸分析仪（德国）、POLAR 800cx心率表（芬兰）、笔记本电脑。

4.1.2.3.2.2 测试方法与步骤

（1）前期准备

测试人员测试前熟悉测试程序。运动员测试前24h避免高强度运动，餐后2h测试。打开心率表和CONCEPT 2测功仪监测器等设备进行设置等工作。测量受试者身高、体重、年龄和运动等级等基本信息。受试者进行运动热身后佩戴心率表，运动员第一天按照顺序完成赛艇测功仪递增负荷测试，第二天调整恢复，第三天完成赛艇测功仪2000m测试。

（2）测试程序

递增负荷测试时间（起始时间）：2014年5月15日、2014年11月25日、2015年2月10日、2016年1月11日和2016年4月12日。

运动员热身10min后，佩戴心率表，心率恢复到100beats/min以下时，采耳血后将测功仪阻力调至习惯档位，开始进行4min间歇30s递增负荷测试，起始功率为每500m用时2min的速度（即功率203W），每级运动持续4min，每级递增25W（每500m用时减少5s），每4min间歇30s采耳血，直至力竭，运动结束即刻采血，全程监控运动员心率和每桨功率。

赛艇测功仪2000m测试时间：递增负荷测试结束后第三天。

运动员热身30min，佩戴心率表，心率恢复到100beats/min以下时，采耳血后将测功仪阻力调至习惯档位，开始进行全力测功仪专项2000m测试，记录成绩。

4.1.2.3.3 测试指标

三个递增负荷测试方案测试指标（下文将视需要用括注内的英文简写式代替）：峰值功率（P_{peak}）、平均功率（P_{mean}）、峰值心率（HR_{peak}）、峰值血乳酸（BLA_{peak}）、4mmol/L血乳酸功率（P_4）、心率（HR）、血乳酸（BLA）。

（1）P_4

P_4采用内插法计算4mmol/L血乳酸功率，计算公式为$y=[(y_2-y_1) \times (x-x_1/x_2-x_1)]+y_1$（见图4-1）。

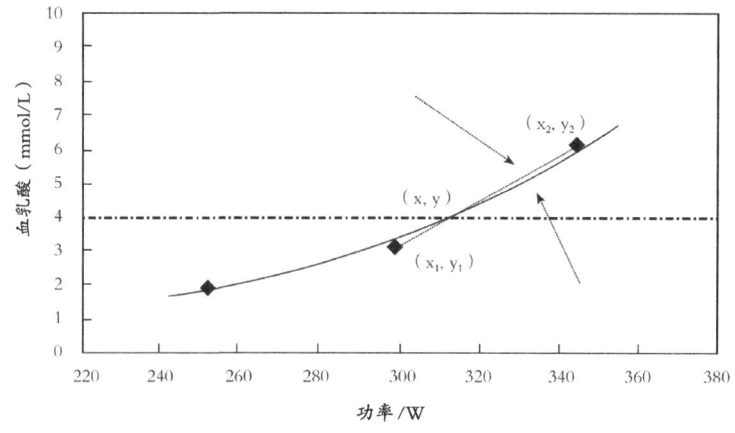

图4-1 内插法计算4mmol/L乳酸阈功率图

（2）P_peak

P$_{peak}$是在递增负荷测试中可以保持1min的最大功率，计算公式是：P$_{peak}$=P$_{complete}$+（Inc×t/T）[①]，其中P$_{complete}$是上一个完成阶段的运行功率，Inc是递增增量，t是最后力竭阶段持续时间，T是每级递增应持续时间（240s或480s）。

（3）HR$_{peak}$

受试者在每次运动测试过程中的最大心率值。

（4）BLA$_{peak}$

受试者在每次运动测试中最大血乳酸积累值。

4.1.2.4 数据处理

实验数据采用SPSS21.0软件处理。测试结果均用平均数±标准差表示，使用Shapiro-Wilk法检验数据的正态性，三个不同测试方案的差异性检验使用单因素方差分析，相同测试方案、相同指标每次测试之间的差异性使用配对样本 t 检验，不同递增负荷测试方案HR、BLA、P$_{peak}$、HR$_{peak}$、BLA$_{peak}$和P$_4$测试结果的对比使用双尾独立性检验，五次测试运动成绩的差异性检验采用重复测量的方差分析。对测试或对比结果，用 $p < 0.05$ 表示差异具有显著性，$p < 0.01$ 表示差异极具显著性，$p > 0.05$ 表示差异无显著性。三种测试方案各指标与测功仪专项2000m平均功率的相关性采用Pearson相关分析，$p < 0.05$ 表示具有（呈）相关性或相关，$p < 0.01$ 表示具有（呈）显著相关性或显著相关，$p > 0.05$ 表示无相关性或不相关。

[①] KUIPERS H, RIETJENS G F, SCHOENMAKERS H, et al. Effects of stage duration in incremental running tests on physiological variables[J]. International journal of sports medicine, 2003, 24(7): 486–491.

4.1.3 研究结果

4.1.3.1 4min起始变化功率递增负荷测试方案研究结果
4.1.3.1.1 4min起始变化功率递增负荷测试方案测试指标变化分析

4min起始变化功率递增负荷测试方案设计的起始负荷和每级递增负荷值根据运动员2000m测功仪成绩确定（见表4-1），在测试（下文为避免重复，有时会用"测试方案实施"代替"测试"）过程中选取使用相同起始负荷和每级递增负荷的运动员测试数据。4min起始变化功率递增负荷测试方案五次测试结果显示，第二次测试安排在赛后恢复期，测试对象的运动成绩呈现小幅度下降，随着训练调整随后测试运动成绩呈现上升趋势。递增负荷测试指标HR、BLA和P在每级运动时都有不同程度的变化（见表4-9）。

表4-9　4min起始变化功率递增负荷测试方案五次测试结果汇总（N=10）

日期	指标	安静	第1级	第2级	第3级	第4级	第5级	第6级	冲刺	运动成绩/W
第一次测试	HR（beats/min）	92.75±14.36	131.25±10.81##	144.25±11.32#	157.75±7.68#	169.75±8.66#	180.25±9.18#	188.25±9.14	189.02±3.14	398.65±13.43
	BLA（mmol/L）	1.53±0.48	1.81±0.41	1.91±0.67	2.21±0.57	3.18±0.64	4.52±0.95#	7.37±0.56##	9.37±0.45#	
	P/W	—	170±1.15	207±1.41##	247.5±1.73##	283.5±2.38##	326.25±2.75##	372.75±7.22##	402.75±5.18##	
第二次测试	HR（beats/min）	74.75±3.59	133.25±8.54##	148.25±8.18#	161±6.16#	172.75±6.99#	183.25±7.93#	190.25±7.89	191.36±2.34	371.51±9.94
	BLA（mmol/L）	1.56±0.27	1.68±0.34	1.52±0.15	2.04±0.28	3.01±0.20	4.51±1.21#	7.54±0.87##	9.43±0.65#	
	P/W	—	170.25±0.96	206.5±1.29##	246.75±2.06##	283.5±1.29##	324.75±3.1##	370.5±1.91##	397±5.63##	

续表

日期	指标	安静	第1级	第2级	第3级	第4级	第5级	第6级	冲刺	运动成绩/W
第三次测试	HR (beats/min)	72 ± 2.45	135 ± 6.16##	148.5 ± 6.45#	162 ± 9.49#	172 ± 9.42#	181 ± 9.83#	188.75 ± 10.75	190.56 ± 7.18	374.92 ± 15.32
	BLA (mmol/L)	1.48 ± 0.11	1.51 ± 0.13	1.65 ± 0.18	2.04 ± 0.17	2.83 ± 0.23	4.31 ± 0.48#	6.89 ± 0.65##	8.63 ± 0.32#	
	P/W	-	170.25 ± 0.95	206.25 ± 1.5##	248 ± 2.16##	283.75 ± 3.4##	326.25 ± 3.5##	371 ± 2.7##	386 ± 2.7##	
第四次测试	HR (beats/min)	68 ± 7.48	122 ± 7.03##	135.5 ± 9.89#	151 ± 4.08#	165 ± 5.72#	173.25 ± 7.5#	178 ± 10.86	182 ± 13.06	380.58 ± 20.64
	BLA (mmol/L)	1.05 ± 0.21	1.13 ± 0.16	1.03 ± 0.18	1.43 ± 0.37	1.86 ± 0.11	3.11 ± 0.43#	4.78 ± 0.83#	6.63 ± 0.96##	
	P/W	-	163.75 ± 5.57	198.5 ± 5.2##	233.25 ± 5.25##	268 ± 4.76##	302.75 ± 6.18##	337.25 ± 5.19##	384.65 ± 7.41##	
第五次测试	HR (beats/min)	73.25 ± 6.85	125.25 ± 6.71##	141.5 ± 12.07#	151.25 ± 10.97#	162.25 ± 13.84#	171 ± 13.74#	179.25 ± 8.69#	185.43 ± 9.62	400.53 ± 18.17
	BLA (mmol/L)	1.04 ± 0.75	1.29 ± 0.34	1.29 ± 0.64	2.12 ± 0.25	2.43 ± 0.32	3.87 ± 0.65#	5.59 ± 1.31##	7.32 ± 3.23##	
	P/W	-	163.25 ± 3.41	199.75 ± 7.54##	235.5 ± 9.71##	271 ± 12##	315.25 ± 16.48##	340 ± 21.78##	382 ± 23.91##	

注：##表示与上一级相同指标比较差异极具显著性（$p<0.01$），#表示与上一级相同指标比较差异具有显著性（$p<0.05$）

4.1.3.1.1.1 4min起始变化功率递增负荷测试方案HR变化分析

4min起始变化功率递增负荷测试方案实施中，每次递增负荷测试（下文视需要有时会简化为"测试"）HR$_{每级}$都与上一级HR数值有差异，五次递增负荷测试中HR$_{第1级}$均与HR$_{安静}$差异极具显著性（$p<0.01$），HR$_{第2级}$、HR$_{第3级}$、HR$_{第4级}$、HR$_{第5级}$均与上一级HR差异具有显著性（$p<0.05$），

第五次递增负荷测试HR$_{第6级}$与HR$_{第5级}$差异具有显著性（$p < 0.05$）。

横向比较五次测试每级HR变化曲线，第一次递增负荷测试HR$_{每级}$与第四次递增负荷测试HR$_{每级}$、第五次递增负荷测试HR$_{每级}$变化差异具有显著性（$p < 0.05$），第二次递增负荷测试HR$_{每级}$与第四次递增负荷测试HR$_{每级}$、第五次递增负荷测试HR$_{每级}$变化差异极具显著性（$p < 0.01$），第三次递增负荷测试HR$_{每级}$与第四次递增负荷测试HR$_{每级}$变化差异极具显著性（$p < 0.01$），与第五次递增负荷测试HR$_{每级}$变化差异具有显著性（$p < 0.05$），见图4-2。

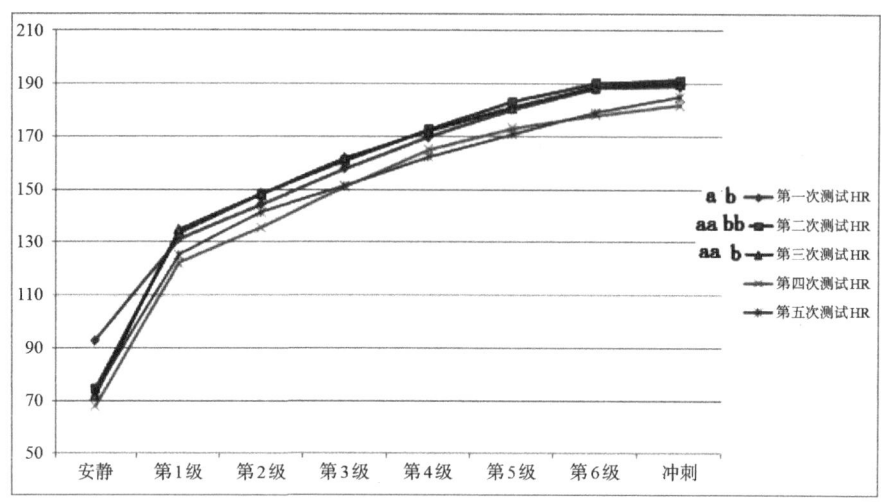

图4-2　4min起始变化功率递增负荷测试方案五次测试HR变化曲线图（N=10）

注：aa与第四次测试HR$_{每级}$变化差异极具显著性（$p < 0.01$），a与第四次测试HR$_{每级}$变化差异具有显著性（$p < 0.05$），bb与第五次测试HR$_{每级}$变化差异极具显著性（$p < 0.01$），b与第五次测试HR$_{每级}$变化差异具有显著性（$p < 0.05$）

4.1.3.1.1.2　4min起始变化功率递增负荷测试方案BLA变化分析

4min起始变化功率递增负荷测试方案实施中，每次测试BLA$_{每级}$数值与上一级BLA测试数值都有差异。统计学分析发现，五次测试的BLA$_{第1级}$、

BLA$_{第2级}$、BLA$_{第3级}$、BLA$_{第4级}$均与上一级BLA数值差异无显著性（$p > 0.05$），五次测试所有BLA$_{第5级}$均与BLA$_{第4级}$差异具有显著性（$p < 0.05$），第一次、第二次、第三次、第五次递增负荷测试BLA$_{第6级}$与BLA$_{第5级}$差异极具显著性（$p < 0.01$），第四次测试BLA$_{第6级}$与BLA$_{第5级}$差异具有显著性（$p < 0.05$）。第一次、第二次、第三次递增负荷测试BLA$_{冲刺}$与BLA$_{第6级}$差异具有显著性（$p < 0.05$），第四次、第五次递增负荷测试BLA冲刺与BLA第6级差异极具显著性（$p < 0.01$）。从BLA数值变化分析，极具显著性的差异一般出现在BLA数值大于4mmol/L时，见图4-3。

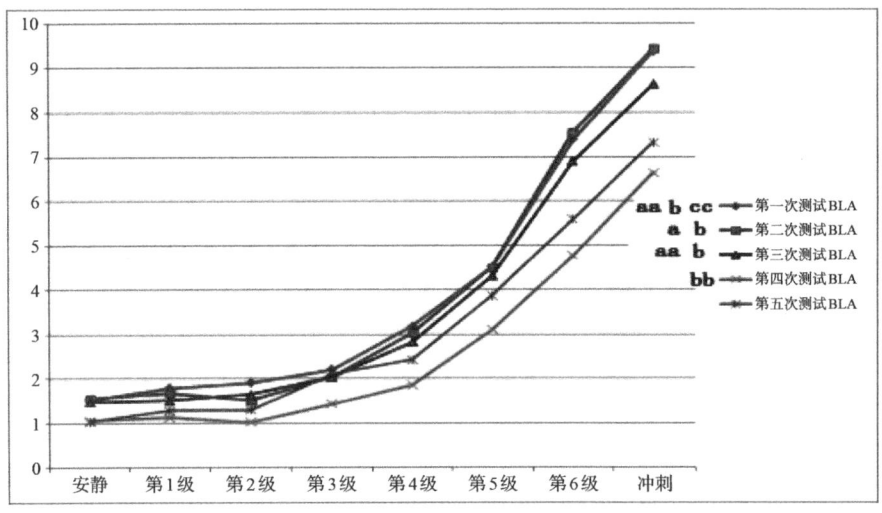

图4-3 4min起始变化功率递增负荷测试方案五次测试BLA变化曲线图（N=10）

注：aa与第四次测试BLA$_{每级}$变化差异极具显著性（$p < 0.01$），a与第四次测试BLA$_{每级}$变化差异具有显著性（$p < 0.05$），bb与第五次测试BLA$_{每级}$变化差异极具显著性（$p < 0.01$），b与第五次测试BLA$_{每级}$变化差异具有显著性（$p < 0.05$），cc与第三次测试BLA$_{每级}$变化差异极具显著性（$p < 0.01$）

4min起始变化功率递增负荷测试方案实施中，BLA指标在五次测试中其值彼此均有显著相关性（$r=0.89 - 0.92, p < 0.01$），第一次递增负荷测试BLA$_{每级}$变化与第四次和第五次递增负荷测试BLA$_{每级}$差异极

具显著性（$p < 0.01$），与第三次递增负荷测试BLA$_{每级}$差异具有显著性（$p < 0.05$）。第二次递增负荷测试BLA$_{每级}$与第四次、第五次递增负荷测试BLA$_{每级}$差异具有显著性（$p < 0.05$）。第三次递增负荷测试BLA$_{每级}$与第四次递增负荷测试BLA$_{每级}$差异极具显著性（$p < 0.01$），与第五次递增负荷测试BLA$_{每级}$差异具有显著性（$p < 0.05$）。第四次递增负荷测试BLA$_{每级}$与第五次递增负荷测试BLA$_{每级}$差异极具显著性（$p < 0.01$），见图4-3。

BLA$_{peak}$是递增负荷测试结束即刻BLA值，五次测试BLA$_{peak}$与P$_4$和P$_{peak}$均相关（$P > 0.05$），见图4-4。

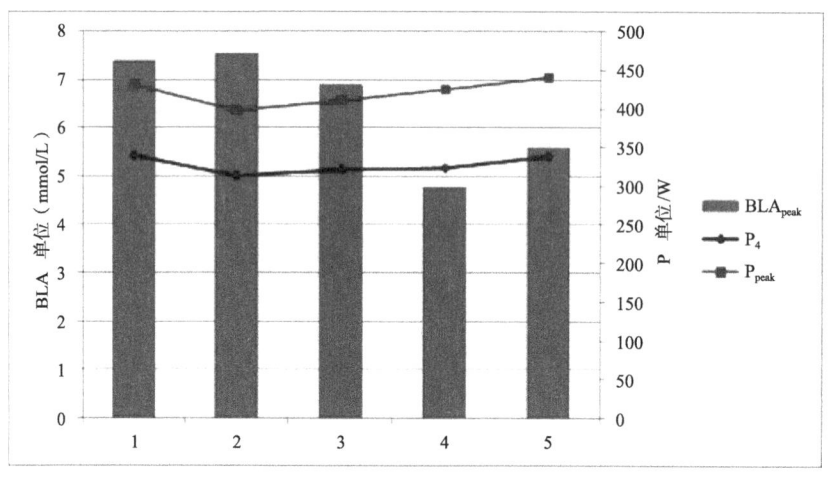

图4-4 4min起始变化功率递增负荷测试方案BLA$_{peak}$与P$_4$和P$_{peak}$变化图

注：横轴表示递增负荷测试次序

4.1.3.1.1.3 4min起始变化功率递增负荷测试方案P变化分析

在测试过程中，由于运动员的控桨能力和运动能力的变化，因而所测得的实际功率和额定功率有差异，数据显示五次测试中第四次P$_{每级}$变化与第三次测试P$_{每级}$差异具有显著性（$p < 0.05$），第五次P$_{每级}$变化与第四次测试P$_{每级}$差异具有显著性（$p < 0.05$），见图4-5。

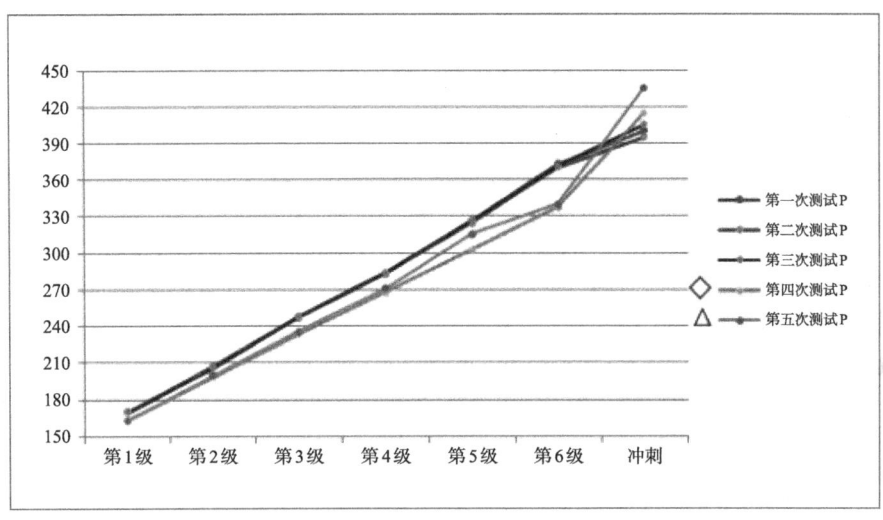

图 4-5　4min 起始变化功率递增负荷测试方案五次测试 P 变化曲线图

注：◇表示与第三次测试 P 差异具有显著性（$p<0.05$），△表示与第四次测试 P 差异具有显著性（$p<0.05$）

五次测试对比每级递增负荷测试 $P_{第2级}$、$P_{第3级}$、$P_{第4级}$、$P_{第5级}$、$P_{第6级}$ 和 $P_{冲刺}$ 都与上一级 P 指标的差异极具显著性（($p<0.01$）。五次递增负荷测试全程记录显示第一次测试、第二次测试和第三次测试 10 名运动员中有 8 名运动员的 P_4 出现在第 4 级递增负荷和第 5 级递增负荷之间，有 2 名运动员 P_4 出现在第 5 级递增负荷至第 6 级递增负荷之间。在第四次测试和第五次测试中 10 名运动员有 9 名运动员 P_4 出现在第 5 级递增负荷至第 6 级递增负荷之间，有 1 名运动员 P_4 出现在第 4 级递增负荷和第 5 级递增负荷之间。

关于 P_4 相互差异性检验，在不同时间完成的五次测试中，第一次测试 P_4 与第二、三、四次测试 P_4 差异具有显著性（$p<0.05$），第二次测试 P_4 与第四、五次测试 P_4 差异具有显著性（$p<0.05$），其他测试 P_4 之间差异无显著性（$p>0.05$），见图 4-6。

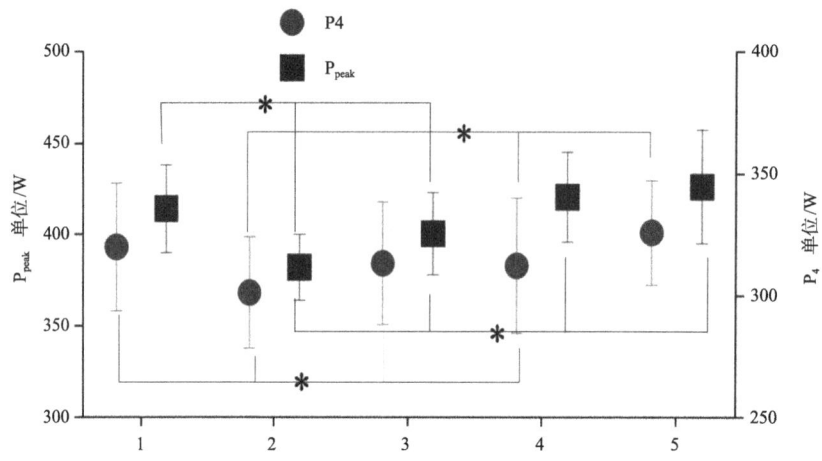

图 4-6　4min 起始变化功率递增负荷测试方案五次测试 P_4 和 P_{peak} 变化图

注：*表示差异具有显著性（P＜0.05）；横轴表示测试次数

P_{peak} 值是在递增负荷最后冲刺阶段获取的。在不同时间完成的五次递增负荷测试 P_{peak} 之间的变化显示，第一次测试 P_{peak} 与第二、三次差异具有显著性（$p < 0.05$），第二次 P_{peak} 与第三、四、五次差异具有显著性（$p < 0.05$），其他 P_{peak} 之间差异无显著性（$p > 0.05$），见图4-6。关于五次递增负荷测试 P_4 与 P_{peak} 两个指标相关性分析，第一次递增负荷测试和第五次递增负荷测试 P_4 与 P_{peak} 具有相关性（$r_{第一次}=0.9$，$r_{第五次}=0.93$，$p < 0.05$），第二次递增负荷测试、第三次递增负荷测试和第四次递增负荷测试的 P_4 与 P_{peak} 不相关（$p > 0.05$），见图4-6。

4.1.3.1.2 4min 起始变化功率递增负荷测试方案测试指标与 2000m 成绩相关分析

4.1.3.1.2.1 4min 起始变化功率递增负荷测试方案 HR 与 2000m 成绩

（1）4min 起始变化功率递增负荷测试方案 $HR_{每级}$ 与 2000m 成绩

4min 起始变化功率递增负荷五次测试结果显示，$HR_{第4级}$ 在第二次和第三次测试时与 2000m 测功仪成绩相关（$r_{第二次}=0.60$，$r_{第三次}=0.58$；$p < 0.05$），$HR_{第5级}$ 在第一、二、三次测试时与 2000m 测功仪成绩相关

（$r_{第一次}$=0.53，$r_{第二次}$=0.51，$r_{第三次}$=0.55；$p<0.05$），HR$_{第6级}$在第四次和第五次测试时与2000m测功仪成绩具有相关性（$r_{第四次}$=0.57，$r_{第五次}$=0.50；$p<0.05$），见图4-7。

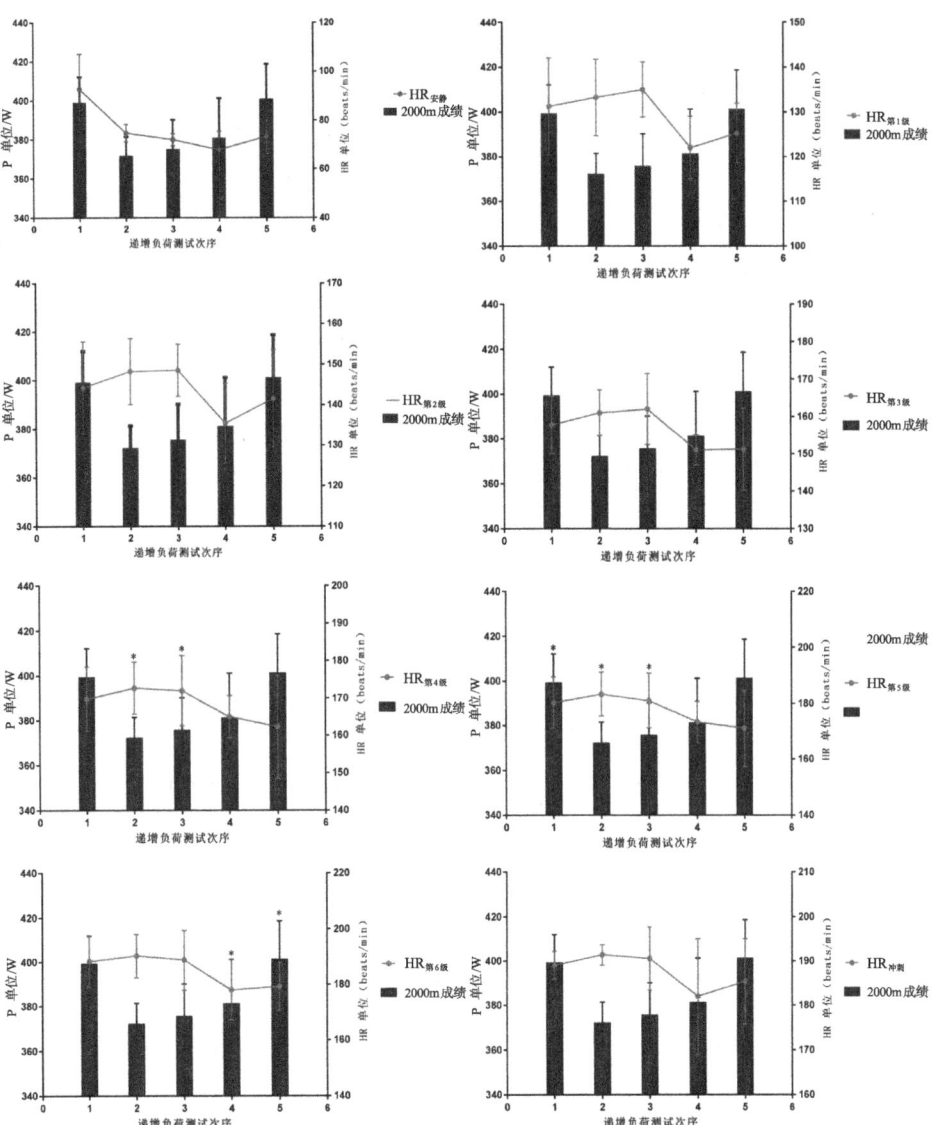

图4-7　4min起始变化功率递增负荷测试方案执行中每级HR与2000m成绩变化图

注：*表示相关或具有相关性（$P<0.05$）

（2）4min起始变化功率递增负荷测试方案HR$_{peak}$与2000m成绩

在4min起始固定功率递增负荷测试方案实施中，先后五次测得的HR$_{peak}$变化与2000m测功仪成绩均不相关，整体变化趋势和相关关系具有较强的随机性，HR$_{peak}$无法预测运动成绩变化（见图4-8）。

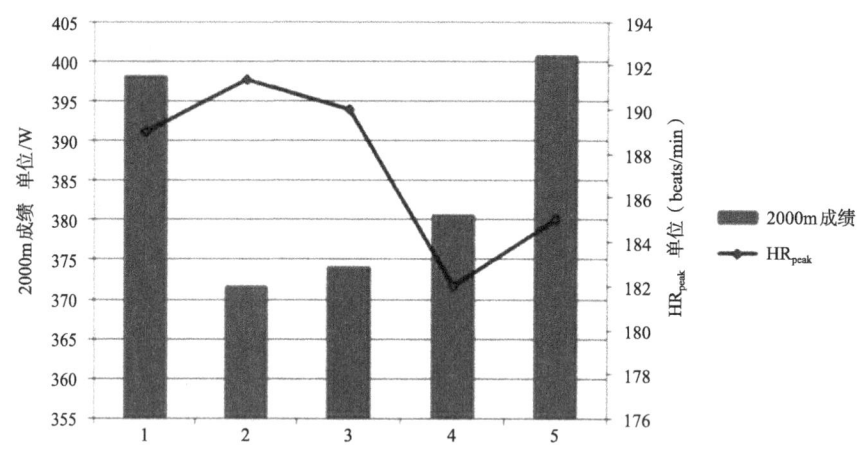

图4-8 4min起始变化功率递增负荷测试方案HR$_{peak}$与2000m成绩变化图

注：横轴表示递增负荷测试次序

4.1.3.1.2.2 4min起始变化功率递增负荷测试方案BLA与2000m成绩

（1）4min起始变化功率递增负荷测试方案BLA$_{每级}$与2000m成绩

在先后五次4min起始变化功率递增负荷测试方案的实施中，全程记录BLA$_{每级}$变化。BLA$_{第4级}$在第二次、第三次测试时与2000m测功仪成绩具有相关性（$r_{第二次}=-0.32$，$r_{第三次}=-0.37$，$p<0.05$），BLA$_{第5级}$在第二次、第三次测试时与2000m测功仪成绩相关（$r_{第二次}=-0.45$，$r_{第三次}=-0.50$，$p<0.05$），BLA$_{第6级}$在第四次、第五次测试时与2000m测功仪成绩相关（$r_{第四次}=-0.57$，$r_{第五次}=-0.38$，$p<0.05$），见图4-9。

4 研究过程与分析　　59

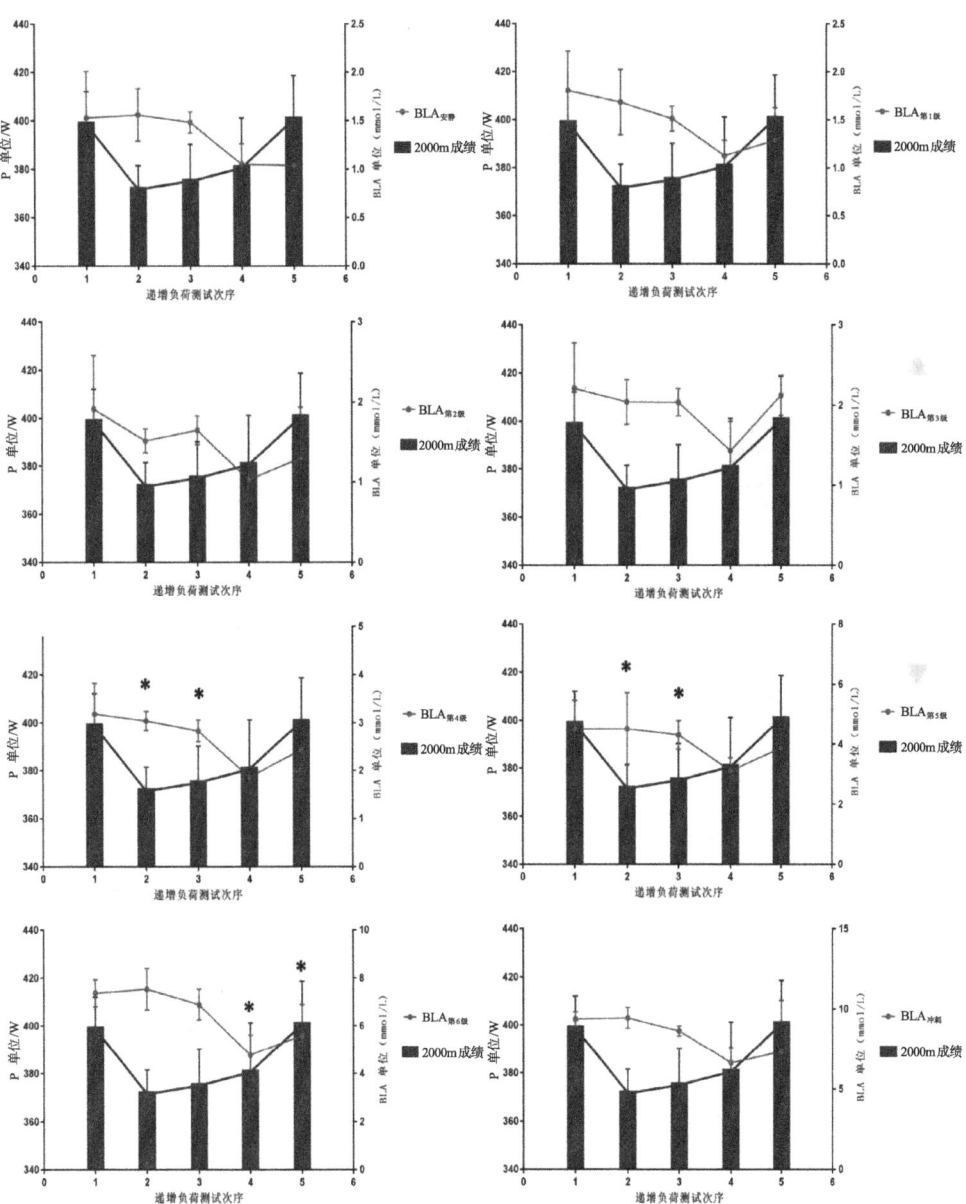

图 4-9　4min 起始变化功率递增负荷测试方案五次测试 BLA每级与 2000m 成绩变化图

注：*表示相关或具有相关性（$p < 0.05$）

（2）4min起始变化功率递增负荷测试方案BLA$_{peak}$与2000m成绩

先后五次4min起始变化功率递增负荷测试方案实施中，每次BLA$_{peak}$变化均与2000m成绩不相关（见图4-10）。

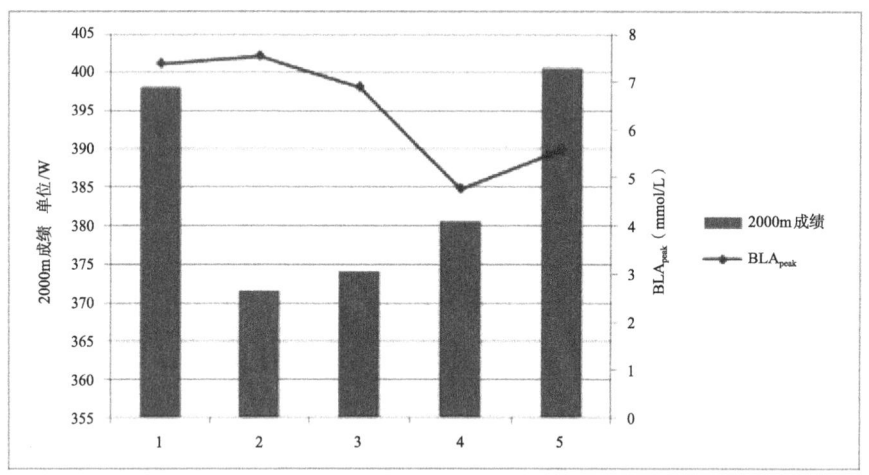

图4-10　4min起始变化功率递增负荷测试方案五次测试BLA$_{peak}$与2000m成绩变化图

注：横轴表示递增负荷测试次序

4.1.3.1.2.3　4min起始变化功率递增负荷测试方案P与2000m成绩

（1）4min起始变化功率递增负荷测试方案P$_{每级}$与2000m成绩

在4min起始变化功率递增负荷测试方案实施中，全程记录P$_{每级}$变化。发现五次测试的P$_{每级}$变化与2000m测功仪成绩均无相关性，整体变化趋势和相关关系具有较强的随机性，无法通过P$_{每级}$变化预测运动成绩变化（见图4-11）。

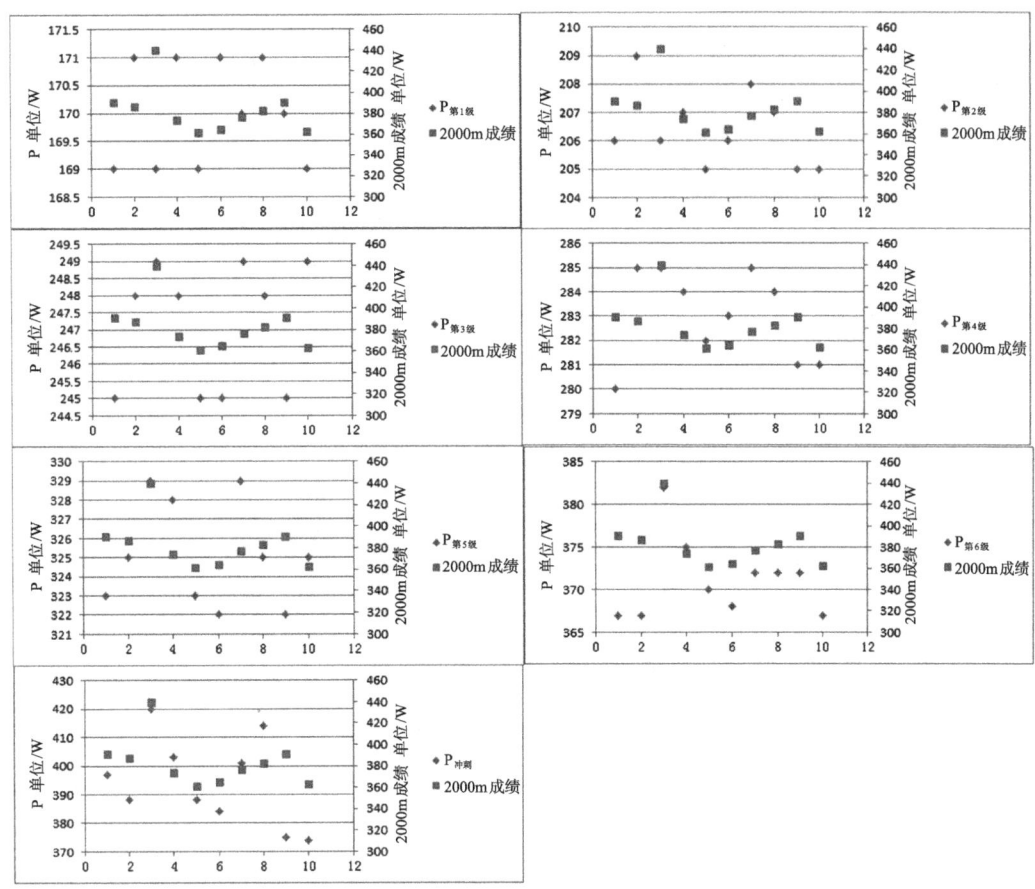

图 4-11 4min 起始变化功率递增负荷测试方案 P$_{每级}$ 与 2000m 成绩变化图

（2）4min 起始变化功率递增负荷测试方案 P$_4$ 与运动成绩关系

在先后五次 4min 起始变化功率递增负荷测试方案实施中发现，P$_4$ 与 2000m 成绩均有相关关系。第一次测试、第二次测试、第三次测试和第四次测试中，P$_4$ 与 2000m 成绩均显著相关（$r_{第一次}=0.9$，$r_{第二次}=0.78$，$r_{第三次}=0.83$，$r_{第四次}=0.92$，$p<0.01$）；第五次测试中，P$_4$ 与 2000m 成绩相关（$r_{第五次}=0.74$，$p<0.05$），见图 4-12。

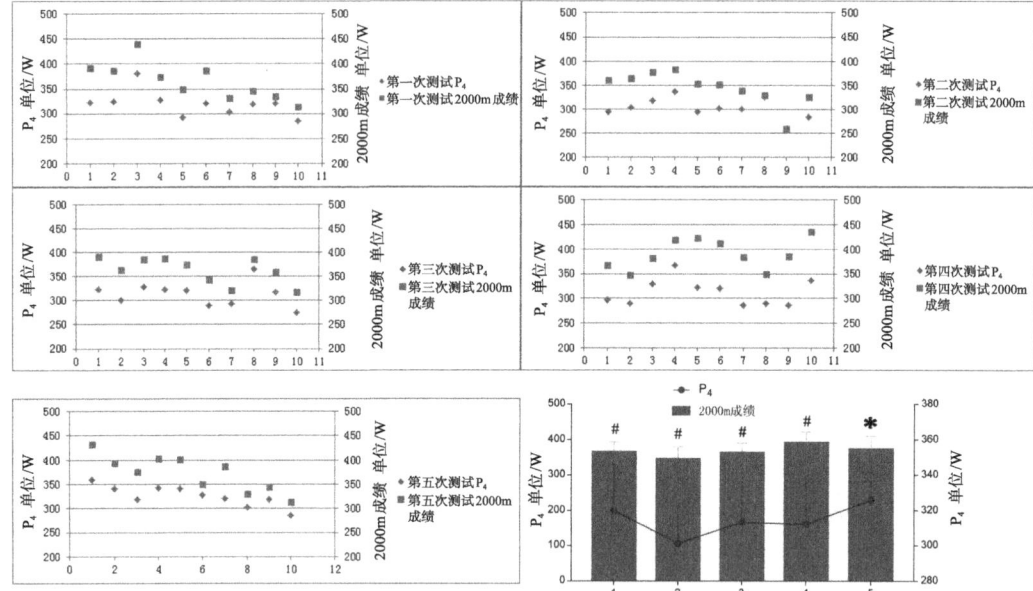

图 4-12 4min 起始变化功率递增负荷测试方案五次测试 P_4 与 2000m 成绩变化图

注：#表示具有显著相关性（$p<0.01$），*表示具有相关性（$p<0.05$）

（3）P_{peak} 与 2000m 运动成绩关系

在先后五次 4min 起始变化功率递增负荷测试中发现，P_{peak} 与 2000m 成绩均有相关关系。第一次递增负荷测试、第三次递增负荷测试和第四次递增负荷测试中，P_{peak} 与 2000m 成绩相关（$r_{第一次}=0.80$，$r_{第三次}=0.69$，$r_{第四次}=0.74$，$p<0.05$）；第二次递增负荷测试和第五次递增负荷测试中，P_{peak} 与 2000m 成绩显著相关（$r_{第二次}=0.89$，$r_{第五次}=0.86$，$p<0.01$），见图 4-13。

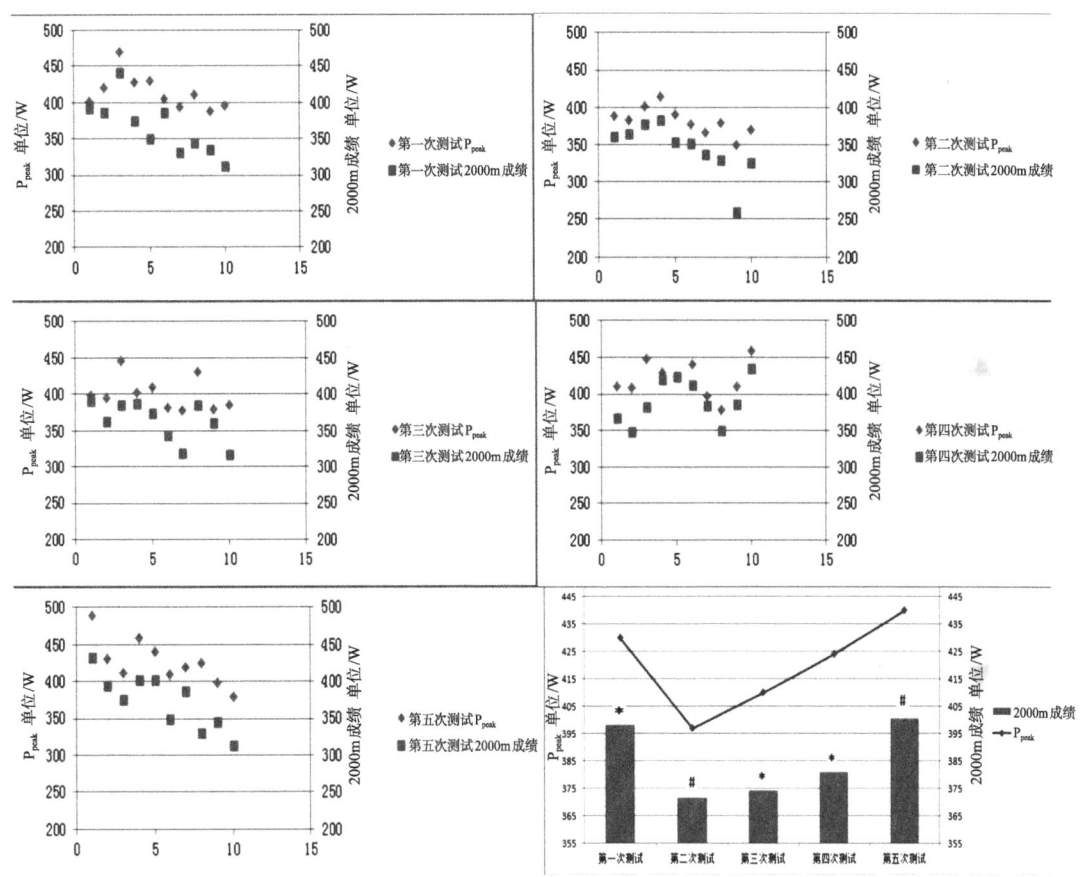

图 4-13 4min 起始变化功率递增负荷测试方案 P_{peak} 与 2000m 成绩变化图

注：#表示具有显著相关性（$p<0.01$），*表示具有相关性（$p<0.05$）

4.1.3.2 8min 递增负荷测试方案研究结果

4.1.3.2.1 8min 递增负荷测试方案测试指标变化分析

8min 递增负荷测试方案五次实施时间安排在2017年全运会赛前备战阶段，统计学分析五次测试2000m测功仪成绩差异均无显著性（$p>0.05$）。从运动成绩的数据变化发现，第二次运动员2000m测功仪测试成绩高于第一次测试成绩，第三次略有下降，赛前阶段运动员2000m成绩多有提高并呈现稳定状态。递增负荷测试指标HR、BLA和P在每级运动时有不同程度的变化（见表4-10）。

表 4-10 8min 递增负荷测试方案五次测试结果汇总（N=10）

	指标	安静	第1级	第2级	第3级	运动成绩/W
第一次测试	HR（beats/min）	70.45 ± 6.3	153.3 ± 13.2##	167.7 ± 8.98##	179 ± 6.98##	316.9 ± 21.16
	BLA（mmol/L）	1.32 ± 0.43	2.04 ± 0.53##	3.5 ± 0.95##	7.22 ± 1.79##	
	P/W	–	223.5 ± 5.76	260.8 ± 6.56##	299.2 ± 7.71##	
第二次测试	HR（beats/min）	69.32 ± 5.12	152.2 ± 8.27##	168.3 ± 9.06##	178.8 ± 8.27##	330.1 ± 14.93
	BLA（mmol/L）	1.23 ± 0.34	1.68 ± 0.49#	2.94 ± 0.56##	5.72 ± 1.15##	
	P/W	–	223.5 ± 5.76	261.1 ± 5.47##	298.4 ± 8.83##	
第三次测试	HR（beats/min）	71.67 ± 5.53	148.5 ± 7.24##	165.5 ± 7.04##	178.1 ± 6.75##	322.6 ± 10
	BLA（mmol/L）	1.26 ± 0.22	1.77 ± 0.29#	3.17 ± 0.56##	6.47 ± 1.68##	
	P/W	–	223.6 ± 7.31	260.8 ± 7.46##	301 ± 9.75##	
第四次测试	HR（beats/min）	68.21 ± 4.56	148.1 ± 8.43##	163.9 ± 6.17##	176.5 ± 7.38##	338.2 ± 22.54
	BLA（mmol/L）	1.16 ± 0.42	1.97 ± 0.39##	3.35 ± 1.05##	6.22 ± 1##	
	P/W	–	228.4 ± 15.3	264.1 ± 13.48##	306.2 ± 14.99##	
第五次测试	HR（beats/min）	72.65 ± 2.82	139.2 ± 12.74##	159.1 ± 8.75##	175.3 ± 7.79##	338.9 ± 27.57
	BLA（mmol/L）	1.34 ± 0.52	2.08 ± 0.64##	2.98 ± 0.75##	6.82 ± 1.8##	

续表

指标		安静	第1级	第2级	第3级	运动成绩/W
第五次测试	P/W	—	222.9 ± 7.45	261.1 ± 5.74##	308.8 ± 22.42##	338.9 ± 27.57

注：##表示与上一级相同指标比较差异极具显著性（$p < 0.01$），#表示与上一级相同指标比较差异具有显著性（$p < 0.05$）。

4.1.3.2.1.1 8min递增负荷测试方案HR变化分析

8min递增负荷测试方案实施中，每次$HR_{每级}$都与上一级HR数值有差异。差异性检验显示，五次递增负荷测试中$HR_{第1级}$、$HR_{第2级}$、$HR_{第3级}$与上一级HR差异均极具显著性（$p < 0.01$），见表4-10。

比较五次测试每级HR变化曲线可知，第二次测试$HR_{每级}$与第四次测试$HR_{每级}$变化差异具有显著性（$p < 0.05$），其他几次测试$HR_{每级}$变化之间差异均无显著性（$p > 0.05$），见图4-14。

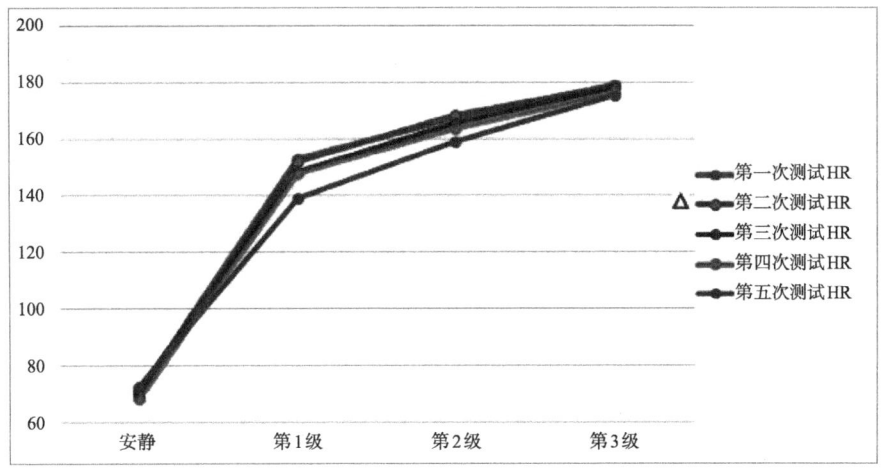

图4-14　8min递增负荷测试方案五次测试HR变化曲线图

注：△表示与第四次测试HR差异具有显著性（$p < 0.05$）

4.1.3.2.1.2 8min递增负荷测试方案BLA变化分析

8min递增负荷测试方案实施中，BLA$_{每级}$数值与上一级BLA测试数值都有差异。统计学分析发现，五次测试BLA$_{第1级}$、BLA$_{第2级}$、BLA$_{第3级}$均与上一级BLA数值极具显著性差异（$p < 0.01$）。8min递增负荷测试方案BLA指标在五次测试之间具有显著相关性（$p < 0.01$），对比五次递增负荷测试BLA$_{每级}$变化，每次测试相互之间差异均无显著性（$p > 0.05$），见图4-15。

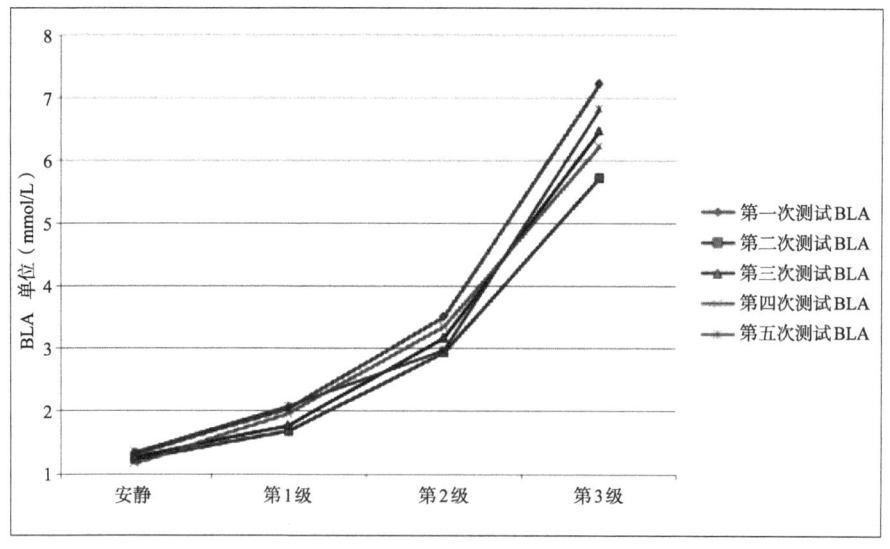

图4-15 8min递增负荷测试方案五次测试BLA变化曲线图

BLA$_{peak}$是递增负荷测试结束即刻BLA值，五次测试BLA$_{peak}$与P_4均不相关（$p > 0.05$），见图4-16。

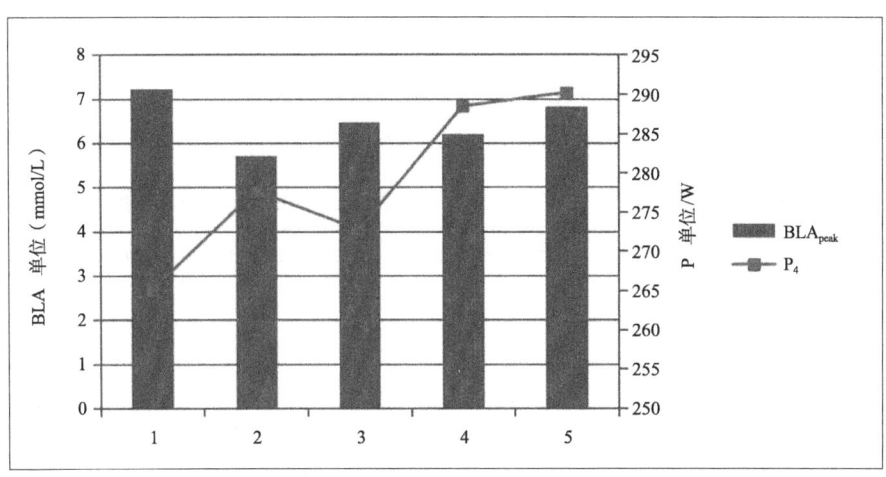

图 4-16 8min 递增负荷测试方案 BLA$_{peak}$ 与 P$_4$ 和 P$_{peak}$ 变化图

注：横轴表示递增负荷测试次序

4.1.3.2.1.3 8min 递增负荷测试方案 P 变化分析

由于运动员的控桨能力和运动能力的变化，在测试过程中实际功率和额定功率有差异。数据显示，五次测试中第四次 P$_{每级}$ 变化与第三次 P$_{每级}$ 差异具有显著性（$p < 0.05$），见图 4-17。

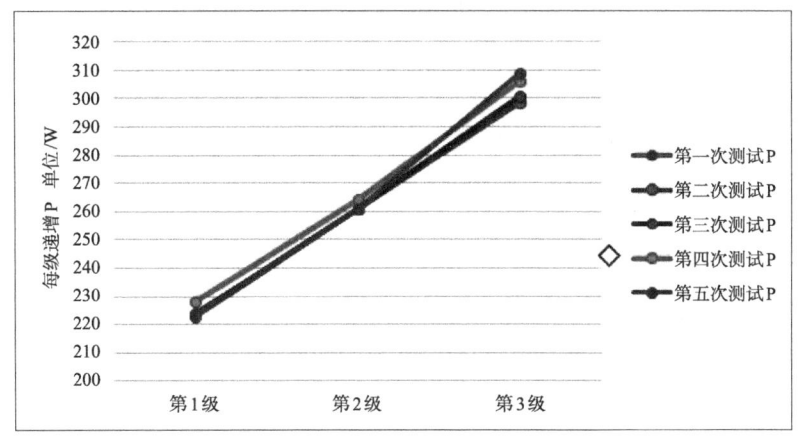

图 4-17 8min 递增负荷测试方案五次测试 P 变化曲线图

注：◇表示与第三次测试 P 差异具有显著性（$p < 0.05$）

五次测试中，$P_{第2级}$、$P_{第3级}$与上一级P指标的差异极具显著性（$p < 0.01$），见表4-10。五次递增负荷测试全程记录均显示10名测试运动员中的P_4出现在第2级递增负荷和第3级递增负荷之间。在不同时间完成的五次测试中，除第四次测试P_4与第五次测试P_4差异无显著性（$p > 0.05$）外，其他各次测试的P_4，彼此差异均具有显著性（$p < 0.05$），见图4-18。

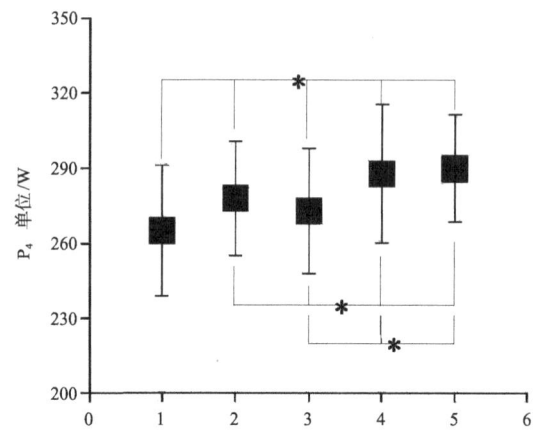

图4-18 8min递增负荷测试方案五次测试P_4变化图（N=10）

注：横轴表示递增负荷测试次序

4.1.3.2.2 8min 递增负荷测试方案测试指标与 2000m 成绩相关分析

4.1.3.2.2.1 8min递增负荷测试方案HR与2000m成绩

（1）8min递增负荷测试方案$HR_{每级}$与2000m成绩

8min递增负荷测试方案实施中，全程记录每级HR变化。先后五次测试的$HR_{每级}$变化与2000m测功仪成绩变化的相关统计显示，$HR_{第2级}$在第一次和第四次测试时与2000m测功仪成绩相关（$r_{第一次}=0.38$，$r_{第四次}=0.41$；$p < 0.05$），$HR_{第3级}$在第二次、第五次测试时与2000m测功仪成绩相关

（$r_{第一次}$=0.39，$r_{第五次}$=0.36；$p < 0.05$），见图 4-19。

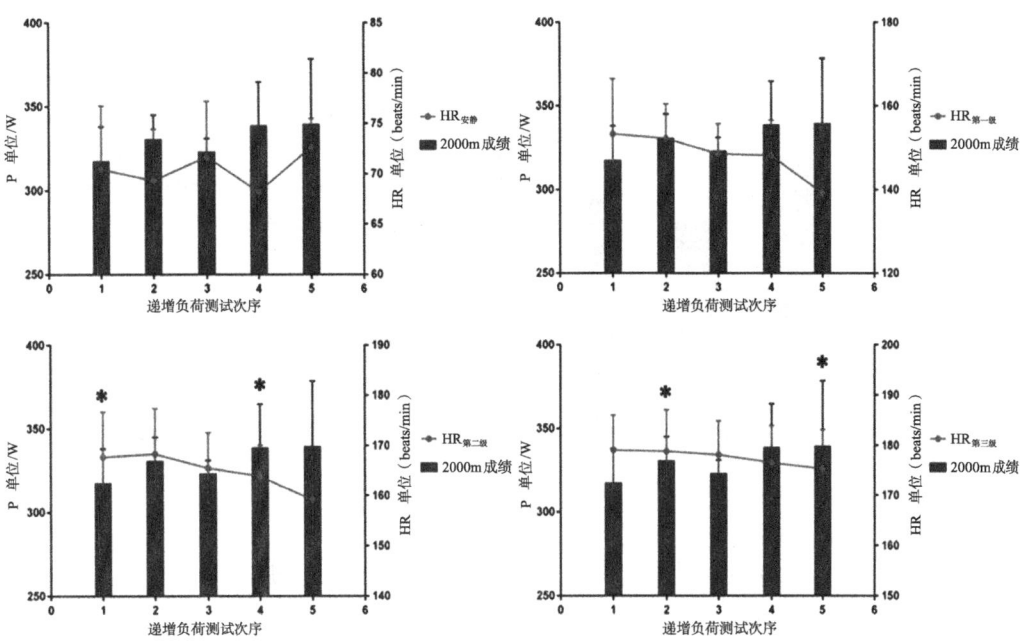

图 4-19　8min 递增负荷测试方案 HR$_{每级}$ 与 2000m 成绩变化图（N=10）

（2）8min 递增负荷测试方案 HR$_{peak}$ 与 2000m 成绩

8min 递增负荷测试方案实施中，先后五次测得的 HR$_{peak}$ 变化与 2000m 测功仪成绩均不相关，整体变化趋势和相关关系具有较强的随机性，HR$_{peak}$ 无法预测运动成绩变化（见图 4-20）。

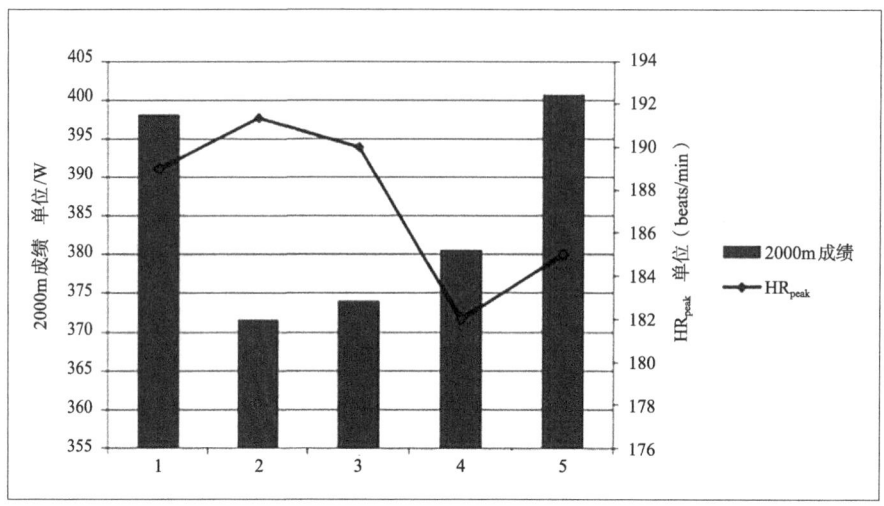

图 4-20 8min 递增负荷测试方案五次测试 HR_{peak} 与 2000m 成绩变化图

注：横轴表示递增负荷测试次序

4.1.3.2.2.2 8min 递增负荷测试方案 BLA 与 2000m 成绩

（1）8min 递增负荷测试方案 $BLA_{每级}$ 与 2000m 成绩

8min 递增负荷测试方案实施过程中，全程记录 $BLA_{每级}$ 变化。通过对五次测试中 $BLA_{每级}$ 变化与 2000m 测功仪成绩进行相关性统计分析，发现 $BLA_{第2级}$ 在第一次、第二次、第三次和第四次测试时与 2000m 测功仪成绩相关（$r_{第一次}=-0.68$，$r_{第二次}=-0.78$，$r_{第三次}=-0.75$，$r_{第四次}=-0.8$；$p<0.05$），$BLA_{第3级}$ 在第二次、第三次、第四次和第五次测试时与 2000m 测功仪成绩相关（$r_{第二次}=-0.80$，$r_{第三次}=-0.84$，$r_{第四次}=-0.92$，$r_{第五次}=-0.94$；$p<0.05$），见图 4-21。

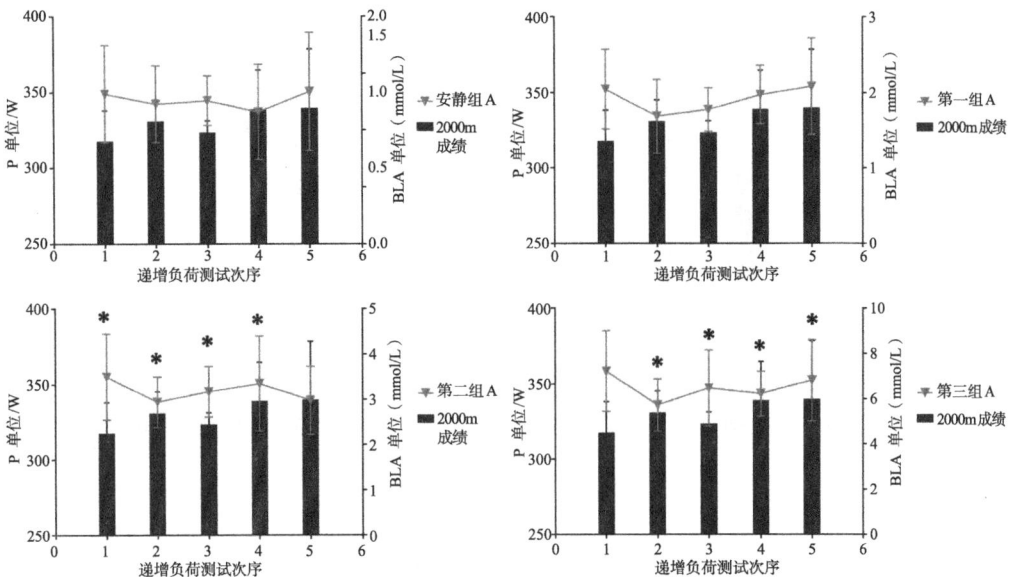

图 4-21 8min 递增负荷测试方案五次测试 BLA$_{每级}$ 与 2000m 成绩相关图

（2）8min 递增负荷测试方案 BLA$_{peak}$ 与 2000m 成绩

先后五次 8min 递增负荷测试方案实施中，BLA$_{peak}$ 在第二次、第三次、第四次和第五次测试时与 2000m 测功仪成绩相关（$r_{第二次}=-0.78$，$r_{第三次}=0.84$，$r_{第四次}=-0.92$，$r_{第五次}=-0.94$；$p<0.05$），见图 4-22。

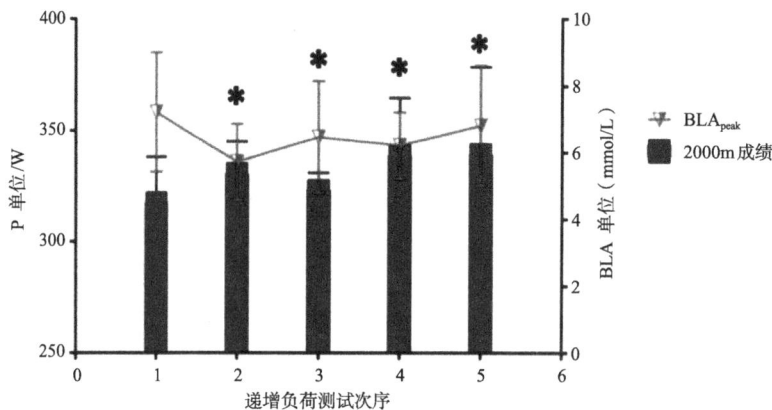

图 4-22　8min 递增负荷测试方案五次测试 BLA$_{peak}$ 与 2000m 成绩变化图

注：*表示具有显著相关性（$p < 0.05$）

4.1.3.2.2.3 8min 递增负荷测试方案 P 与 2000m 成绩

（1）8min 递增负荷测试方案 P$_{每级}$ 与 2000m 成绩

在 8min 递增负荷测试方案实施中，全程记录 P$_{每级}$ 变化。发现五次测试的 P$_{每级}$ 变化与 2000m 测功仪成绩均不相关，整体变化趋势和相关关系具有较强的随机性，无法通过 P$_{每级}$ 变化预测运动成绩变化（见图 4-23）。

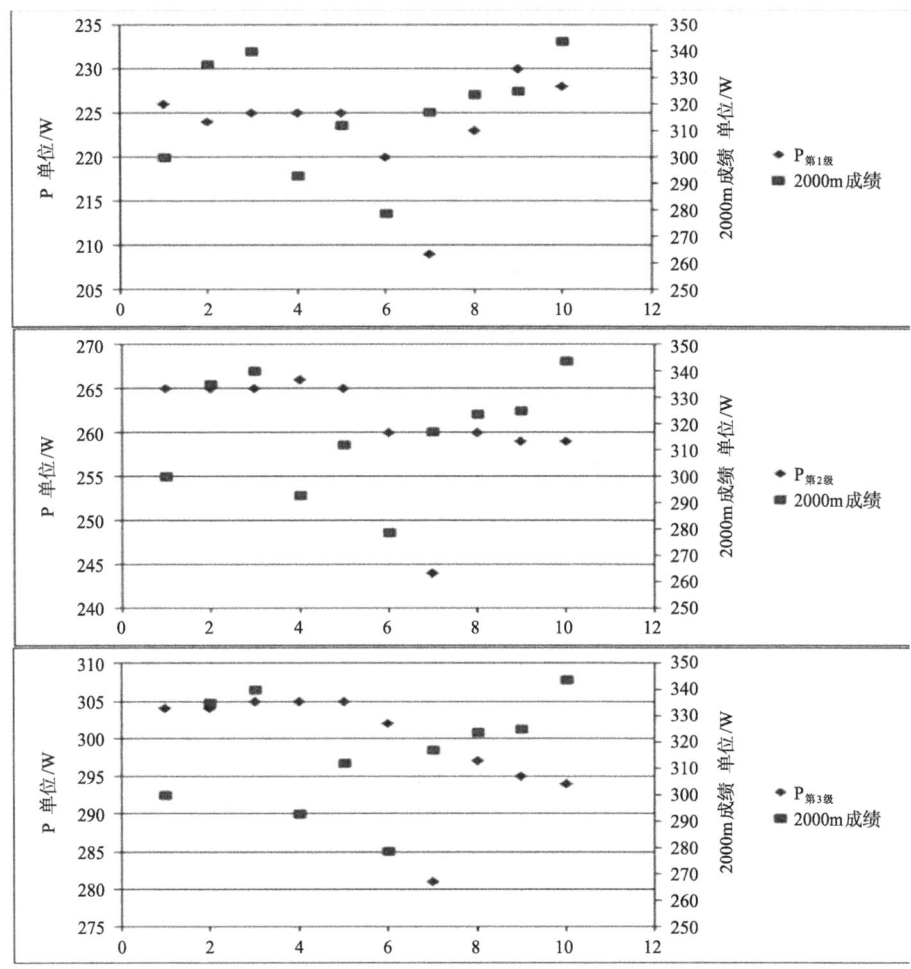

图4—23 8min递增负荷测试方案P_{每级}与2000m成绩变化图

注：横轴表示递增负荷测试时间

（2）8min递增负荷测试方案P_4与运动成绩

在先后五次8min递增负荷测试中，P_4与测功仪2000m成绩均有相关关系，第一次递增负荷测试、第二次递增负荷测试、第三次递增负荷测试和第五次递增负荷测试P_4与2000m成绩均具有相关性（$r_{第一次}$=0.83，

$r_{第二次}=0.75$,$r_{第三次}=0.81$,$r_{第四次}=0.73$,$r_{第五次}=0.85$;$p < 0.05$),见图4-24。

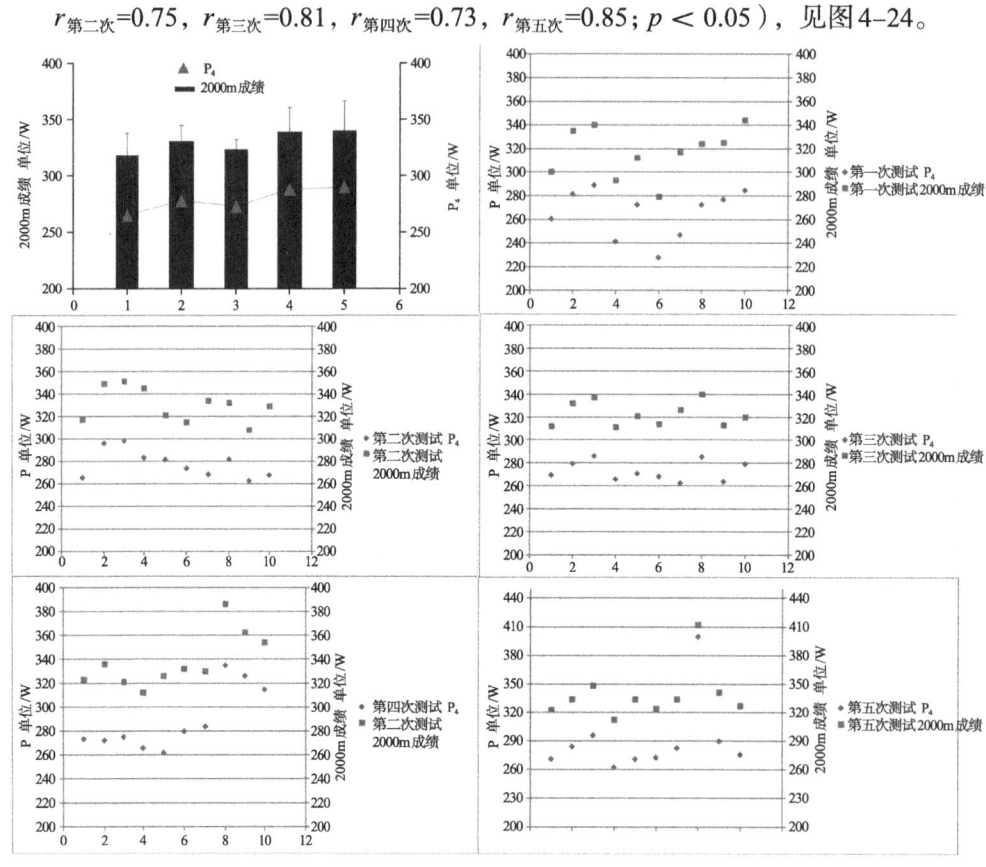

图4-24 8min递增负荷测试方案五次测试 P_4 与2000m测功仪成绩变化图

注：*表示具有相关性（$p < 0.05$）

4.1.3.3 4min起始固定功率递增负荷测试方案研究结果

4.1.3.3.1 4min起始固定功率递增负荷测试方案测试指标变化分析

4min起始固定功率递增负荷测试方案五次实施时由于时间跨度较大，运动员在教练员的系统训练下，随着训练时间增加运动能力发生变化，2000m测功仪成绩呈逐次上升趋势。递增负荷测试其他指标也有不同程度的变化（见表4-11）。

表 4-11　4min 起始固定功率递增负荷测试方案实施结果汇总（N=10）

		安静	第1级	第2级	第3级	第4级	第5级	第6级	冲刺	测功仪成绩/W
第一次测试	HR（beats/min）	69.33 ± 8.96	142 ± 11.27##	153 ± 12.29#	160 ± 11.79#	167.33 ± 11.9#	175.33 ± 11.3#	180.67 ± 8.08	183.56 ± 4.23	369.33 ± 17.67
	BLA（mmol/L）	1.37 ± 0.21	1.81 ± 0.42	2.41 ± 1.36	2.51 ± 0.99	3.13 ± 0.38	5.13 ± 0.66#	8.25 ± 0.1#	9.17 ± 1.09	
	P/W	-	203.14 ± 3.37##	224.67 ± 0.58##	249.33 ± 0.58##	278.33 ± 1.15##	310.67 ± 1.15##	344 ± 2.65##	376 ± 5.29#	
第二次测试	HR（beats/min）	72.67 ± 6.43	136.67 ± 8.62##	147.33 ± 10.12#	155.33 ± 9.45#	163 ± 11.36##	172.67 ± 10.79##	179.67 ± 12.42##	185.33 ± 6.81	411 ± 11.36
	BLA（mmol/L）	1.95 ± 0.1	2.13 ± 0.45	2.2 ± 0.43	2.24 ± 0.51	3.22 ± 0.69	4.87 ± 1.09#	7.9 ± 2.1#	8.86 ± 1.62	
	P/W	-	201 ± 2.31##	226 ± 1##	249 ± 1##	276.33 ± 0.58##	311.67 ± 3.06##	348.67 ± 1.53##	381.6 ± 10.69#	
第三次测试	HR（beats/min）	78.67 ± 7.37	133.33 ± 12.1#	147 ± 8.72#	157 ± 9.64##	170.33 ± 12.1#	174 ± 14.18#	182.33 ± 7.51#	185.4 ± 6.9	421.33 ± 8.5
	BLA（mmol/L）	1.81 ± 0.09	2.31 ± 0.47	2.29 ± 0.62	2.96 ± 0.36	3.01 ± 0.8	5.27 ± 1.08#	7.86 ± 2.08#	9.56 ± 0.43	
	P/W	-	204 ± 2.111##	230.67 ± 2.081##	264.33 ± 2.311##	300 ± 3.611##	349 ± 4.361##	402.33 ± 6.431##	420 ± 3.431##	
第四次测试	HR（beats/min）	75.33 ± 7.02	133.67 ± 3.79##	149.33 ± 9.24#	158 ± 9.64#	168.67 ± 10.02##	177 ± 10.58##	183.33 ± 8.08	183.5 ± 9.19	434.67 ± 19.5
	BLA（mmol/L）	1.88 ± 0.3	1.89 ± 0.36	1.8 ± 0.31	2.3 ± 0.64	2.97 ± 0.32	5.08 ± 0.94#	8.57 ± 1.5#	10.86 ± 2.02	
	P/W	-	203 ± 3.43##	228.67 ± 3.06##	260 ± 4.36##	300.67 ± 4.73##	345.67 ± 7.23##	396.67 ± 12.06##	422 ± 4.52##	

续表

		安静	第1级	第2级	第3级	第4级	第5级	第6级	冲刺	测功仪成绩/W
第五次测试	HR（beats/min）	83 ± 7	141 ± 11.53##	150.33 ± 10.21#	161 ± 12.77#	171.33 ± 12.34##	182.33 ± 14.64#	185 ± 8.49	185 ± 9.32	440 ± 17.09
	BLA（mmol/L）	1.67 ± 0.15	2.32 ± 0.38	2.06 ± 0.43#	2.91 ± 0.46	3.03 ± 0.67#	5.34 ± 0.82##	8.86 ± 1.88#	10.94 ± 0.84##	
	P/W	-	203.34 ± 4.23##	229.67 ± 0.58##	262.33 ± 1.53##	301.33 ± 2.08##	348.33 ± 2.08##	403.5 ± 3.54##	432 ± 8.4##	

注：##表示与上一级相同指标比较差异极具显著性（P＜0.01），#表示与上一级相同指标比较差异具有显著性（P＜0.05）。

4.1.3.3.1.1 4min起始固定功率递增负荷测试方案HR变化分析

运动员在五次测试中，随着每级递增P的变化HR也发生变化。横向比较五次递增负荷测试HR变化曲线可知，第五次递增负荷测试HR$_{每级}$变化与第四次递增负荷测试HR差异具有显著性（$p < 0.05$），见图4-25，其他四次递增负荷测试HR差异无显著性（$p > 0.05$）。

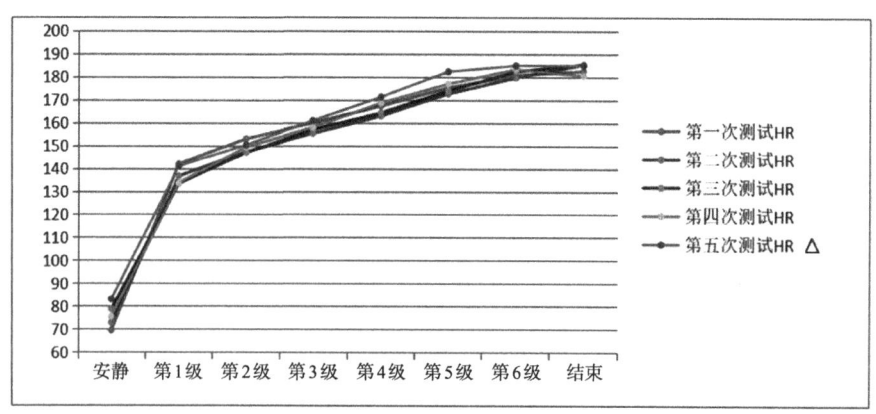

图4-25 4min起始固定功率递增负荷测试方案五次测试HR变化曲线图

注：△表示与第四次测试HR差异具有显著性（$p < 0.05$）

五次递增负荷测试对比中，递增负荷测试HR$_{第1级}$、HR$_{第2级}$、HR$_{第3级}$、HR$_{第4级}$、HR$_{第5级}$与上一级HR指标的差异均具有显著性（$p < 0.05$），特别是每次递增负荷测试HR$_{第1级}$与HR$_{安静}$差异极具显著性（$p < 0.01$）。第二次递增负荷测试与第四次递增负荷测试中HR$_{第3级}$与HR$_{第4级}$差异极具显著性（$p < 0.01$），第四次递增负荷测试HR$_{第4级}$与HR$_{第5级}$、五次递增负荷测试HR$_{第4级}$与HR$_{第5级}$差异均极具显著性（$p < 0.01$），见表4-11。

4.1.3.3.1.2 4min起始固定功率递增负荷测试方案BLA变化分析

4min起始固定功率递增负荷测试方案BLA指标在五次测试中彼此之间具有显著相关性（$p < 0.01$），第五次测试BLA变化与第四次测试BLA变化差异具有显著性（$p < 0.05$），其他测试BLA分别跟前一次测试差异无显著性（$p > 0.05$），见图4-26。五次测试BLA$_{第4级}$与BLA$_{第5级}$差异具有显著性（$p < 0.05$）。第五次测试中BLA$_{第6级}$和BLA$_{第5级}$差异具有显著性（$p < 0.05$），见表4-11。

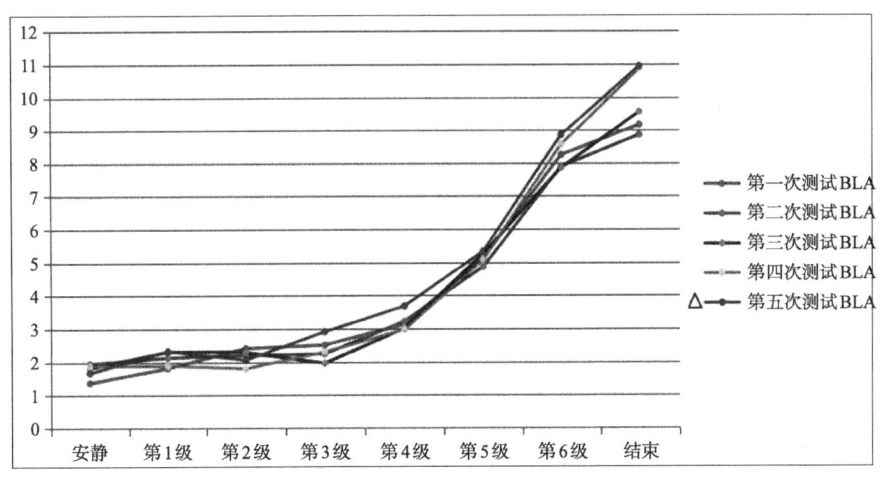

图4-26 4min起始固定功率递增负荷测试方案五次测试BLA变化曲线图

注：△表示与第四次测试BLA差异具有显著性（$p < 0.05$）

BLA$_{peak}$是递增负荷测试结束时刻的BLA值,五次测试中BLA$_{peak}$与P$_4$和P$_{peak}$均无相关性($p > 0.05$),见图4-27。

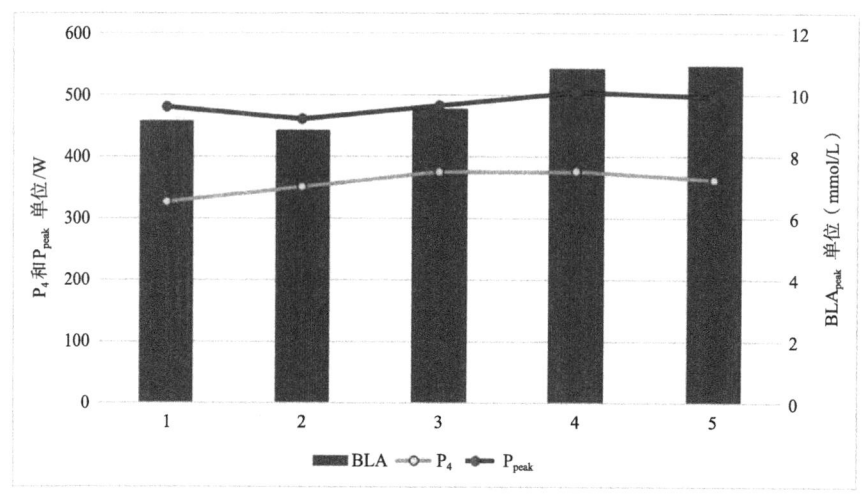

图4-27 4min起始固定功率递增负荷测试方案BLA$_{peak}$与P$_4$和P$_{peak}$变化图

注:横轴表示递增负荷测试次序

4.1.3.3.1.3 4min起始固定功率递增负荷测试方案P变化分析

4min起始固定功率递增负荷测试方案从理论上讲,每级递增负荷功率应该是额定的,但是在测试过程中,由于运动员的控桨能力和运动能力的变化,在测试过程中实际功率和额定功率都有差异,数据显示五次测试中第三次测试每级P变化与第二次测试差异具有显著性($p < 0.05$),第五次每级P变化与第四次每级P变化差异具有显著性($p < 0.05$),见图4-28。

五次递增负荷测试对比中,每次测试P$_{第2级}$、P$_{第3级}$、P$_{第4级}$、P$_{第5级}$、P$_{第6级}$都与上一级P指标的差异极具显著性(($p < 0.01$)。P$_{冲刺}$与P$_{第6级}$在第三、四和五次递增负荷测试中的差异极具显著性(($p < 0.01$),在第一、二次的递增负荷测试中差异具有显著性($p < 0.05$),见表4-11。

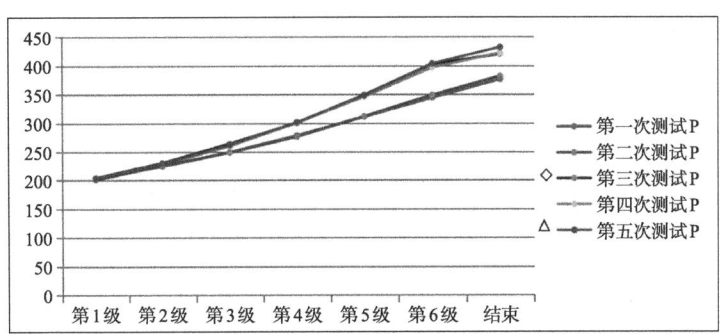

图 4-28 4min 起始固定功率递增负荷测试方案五次测试 P 变化曲线图

注：◇表示与第二次测试P差异具有显著性（$p<0.05$），△表示与第四次测试P差异具有显著性（$p<0.05$）。

4mmol/LBLA所对应的P在实际五次递增负荷测试的全程记录显示，10名运动员中有8名P_4出现在第4级和第5级递增负荷之间，2名运动员P_4出现在第5级至第6级递增负荷之间。

在不同时间完成的五次递增负荷测试中，第一次递增负荷测试P_4与第三次、第四次和第五次递增负荷测试P_4差异具有显著性（$p<0.05$），见图4-29。

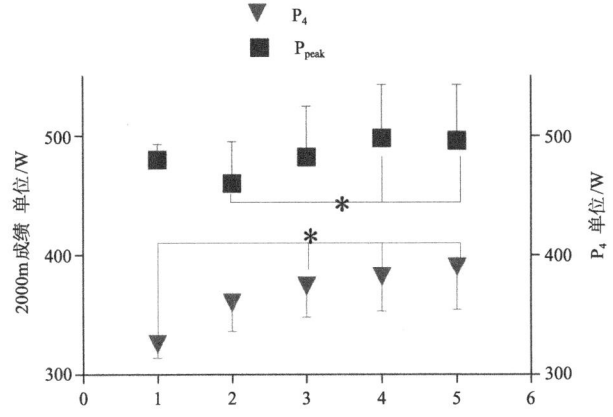

图 4-29 4min 起始固定功率递增负荷测试方案五次测试 P_4 和 P_{peak} 变化图

注：*表示差异具有显著性（$p<0.05$）

P_{peak} 值是在递增负荷最后冲刺阶段获取，在不同时间完成的五次递增负荷测试中，第二次测试 P_{peak} 与第四次和第五次 P_{peak} 差异具有显著性（$p < 0.05$），见图 4-29。对比 4min 起始固定功率递增负荷测试方案五次递增负荷测试 P_4 与 P_{peak} 指标，发现每次测试两个指标不具有相关性（$p > 0.05$），运动员在测试中 P_4 指标的变化不会影响 P_{peak} 的变化。

4.1.3.3.2 4min 起始固定功率递增负荷测试方案测试指标与 2000m 成绩相关分析

4.1.3.3.2.1 4min 起始固定功率递增负荷测试方案 HR 与 2000m 成绩

（1）4min 起始固定功率递增负荷测试方案 $HR_{每级}$ 与 2000m 成绩

4min 起始固定功率递增负荷测试方案实施中，全程记录 $HR_{每级}$ 变化。五次测试 $HR_{每级}$ 变化与 2000m 测功仪成绩均不相关（$p > 0.05$）。纵向对比五次测试，$HR_{第4级}$ 在第一次和第三次测试时与 2000m 测功仪成绩相关（$r_{第一次}=0.43$，$r_{第三次}=0.46$；$p < 0.05$），$HR_{第5级}$ 在第二次、第四次测试时与 2000m 测功仪成绩相关（$r_{第二次}=0.37$，$r_{第四次}=0.35$；$p < 0.05$），$HR_{第6级}$ 在第五次测试时与 2000m 测功仪成绩相关（$r_{第五次}=0.32$，$p < 0.05$），见图 4-30。

4 研究过程与分析   81

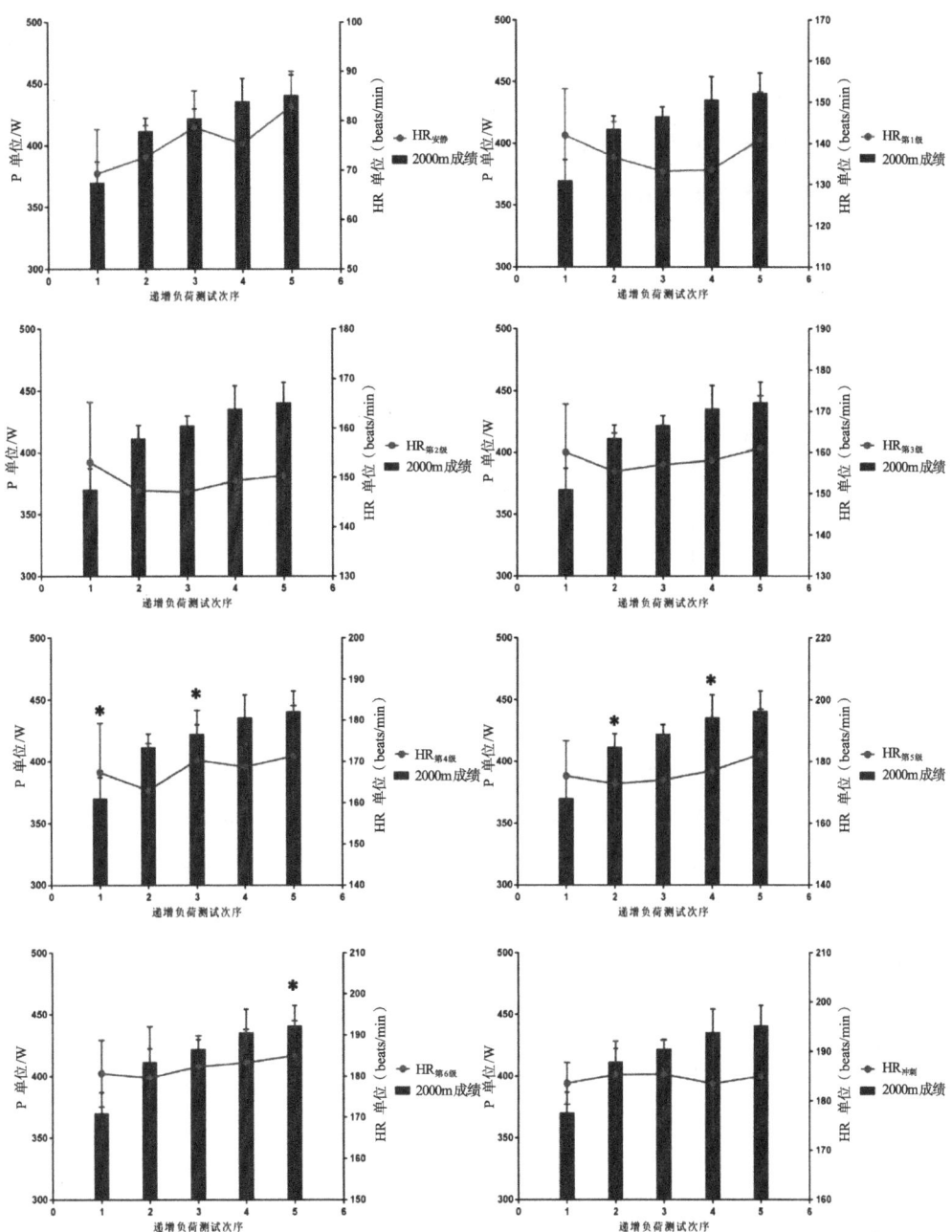

图 4-30 4min 起始固定功率递增负荷测试方案五次测试 HR_每级 与 2000m 成绩变化图

注：*表示具有相关性（P＜0.05）

（2）4min起始固定功率递增负荷测试方案HR$_{peak}$与2000m成绩

4min起始固定功率递增负荷测试方案实施中，先后五次测试的HR$_{peak}$变化与2000m测功仪成绩均不相关，整体变化趋势和相关关系具有较强的随机性，无法通过HR$_{peak}$预测运动成绩变化（见图4-31）。

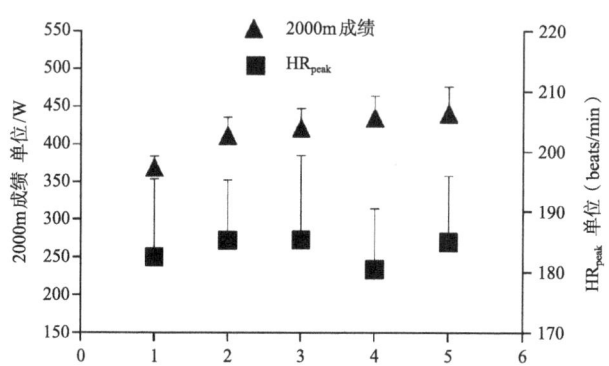

图4-31 4min起始固定功率递增负荷测试方案五次测试HR$_{peak}$与2000m成绩变化图

注：横轴表示递增负荷测试次序

4.1.3.3.2.2 4min起始固定功率递增负荷测试方案BLA与2000m成绩

（1）4min起始固定功率递增负荷测试方案BLA$_{每级}$与2000m成绩

4min起始固定功率递增负荷测试方案实施中，全程记录BLA$_{每级}$变化。BLA$_{第4级}$在第二次和第五次测试时与2000m测功仪成绩相关（$r_{第二次}$=-0.37，$r_{第五次}$=-0.36；$p<0.05$），BLA$_{第5级}$在第一次和第三次、第五次测试时与2000m测功仪成绩相关（$r_{第一次}$=-0.31，$r_{第三次}$=-0.36，$r_{第五次}$=-0.33；$p<0.05$），见图4-32。

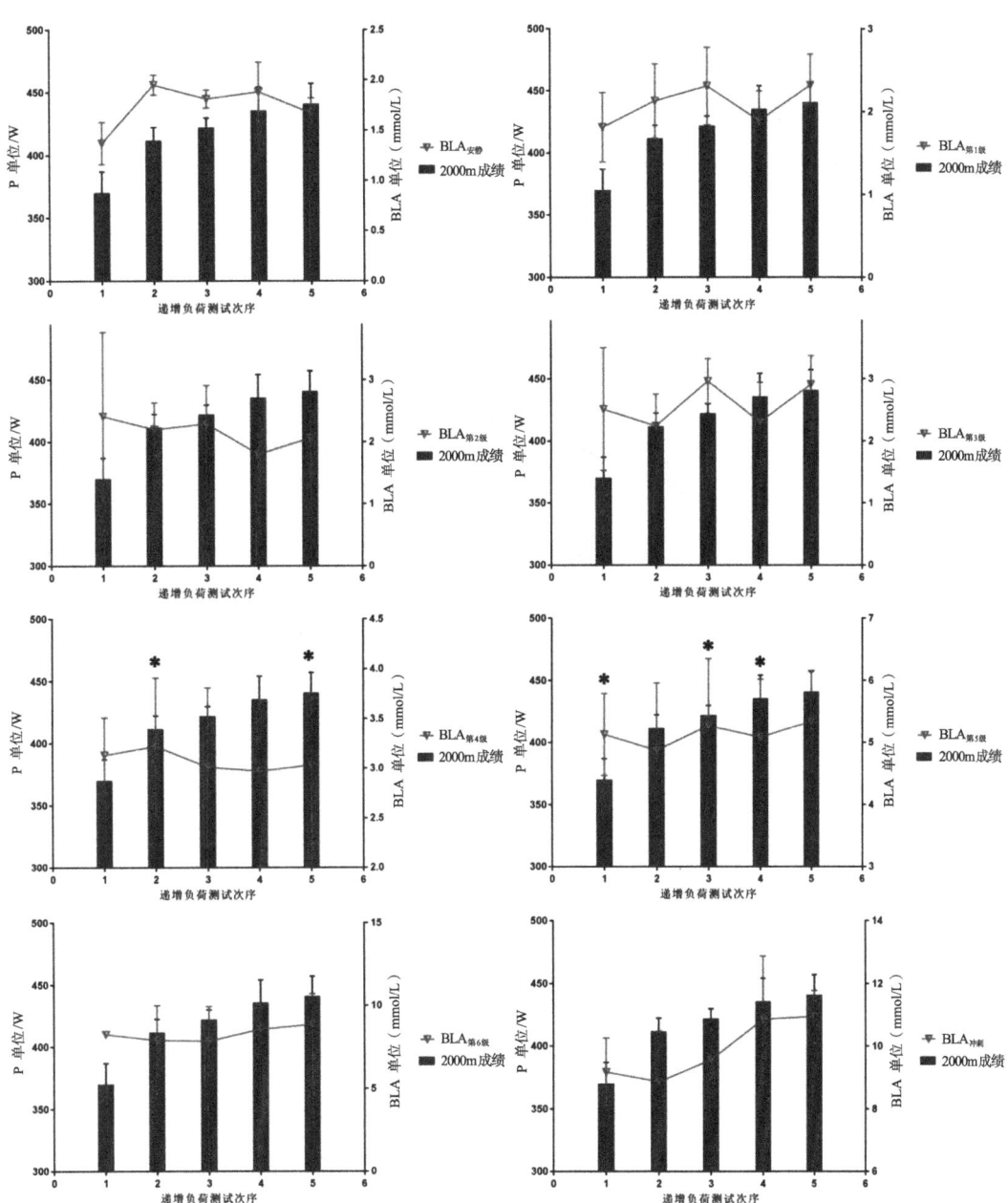

图 4-32　4min 起始固定功率递增负荷测试方案五次测试 BLA$_{每级}$与 2000m 成绩变化图

注：*表示具有相关性（$p < 0.05$）

（2）4min起始固定功率递增负荷测试方案BLA$_{peak}$与2000m成绩

BLA$_{peak}$是递增负荷测试结束即刻BLA值，五次测试BLA$_{peak}$与P$_4$和P$_{peak}$均无相关性（$p > 0.05$），见图4-33。

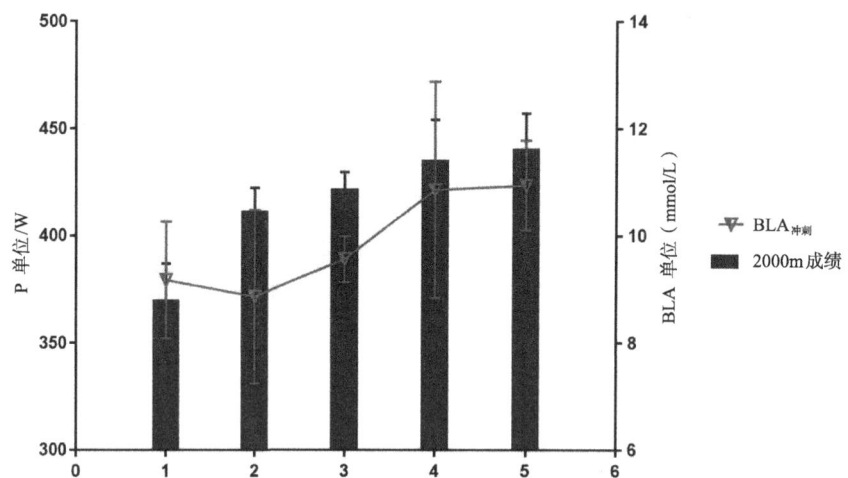

图4-33　4min起始固定功率递增负荷测试方案五次测试BLA$_{peak}$与2000m成绩变化图

注：横轴表示递增负荷测试次序

4.1.3.3.2.3 4min起始固定功率递增负荷测试方案P与2000m成绩

（1）4min起始固定功率递增负荷测试方案P$_{每级}$与2000m成绩

4min起始固定功率递增负荷测试方案实施中，全程记录P$_{每级}$变化。先后五次测试的P$_{每级}$变化与2000测功仪成绩均不相关，整体变化趋势和相关关系具有较强的随机性，无法通过P$_{每级}$变化预测运动成绩变化（见图4-34）。

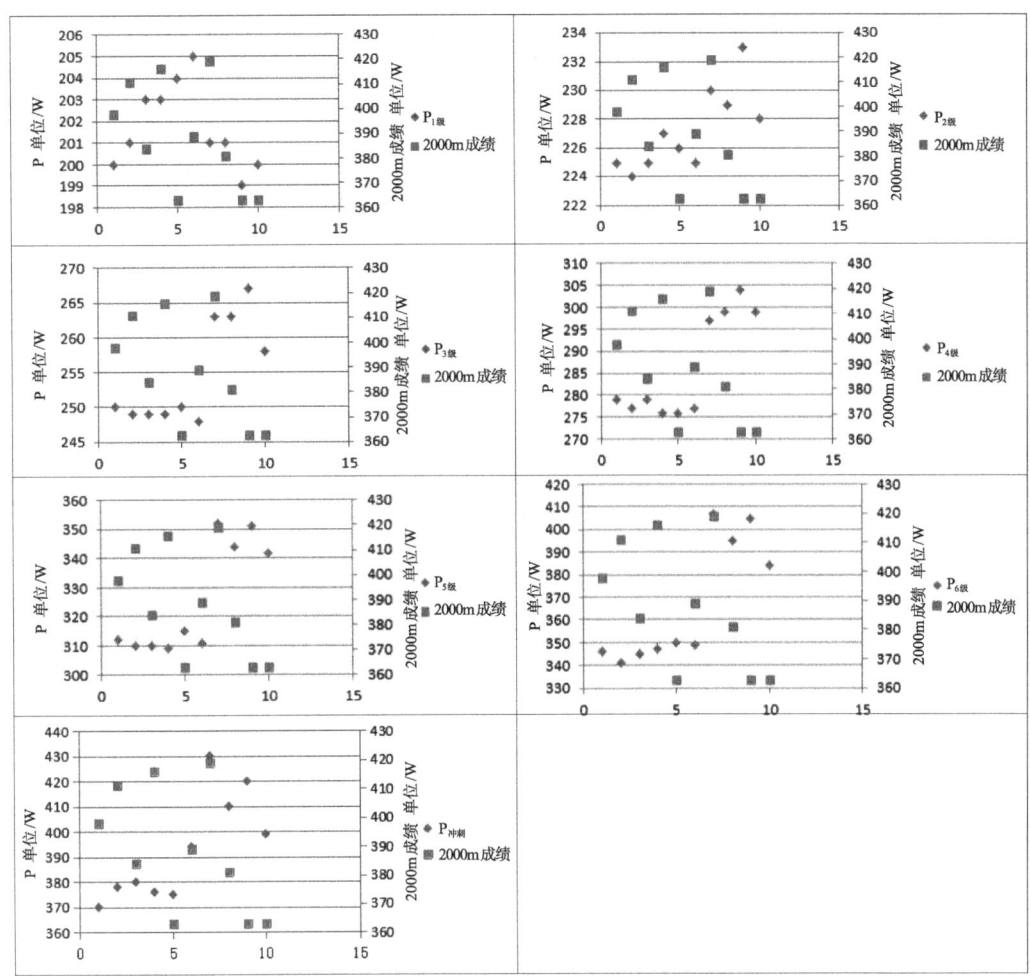

图 4-34　4min 起始固定功率递增负荷测试方案 P$_{每级}$ 与 2000m 成绩变化图

（2）4min 起始固定功率递增负荷测试方案 P$_4$ 与 2000m 成绩

先后五次 4min 起始固定功率递增负荷测试方案实施中，P$_4$ 与 2000m 成绩在第一次和第二次测试中具有显著相关性（$r_{第一次}$=0.83，$r_{第二次}$=0.78；$p < 0.01$），第三次、第四次和第五次测试中二者具有相关性（$r_{第三次}$=0.64，$r_{第四次}$=0.68，$r_{第五次}$=0.75；$p < 0.05$），见图 4-35。

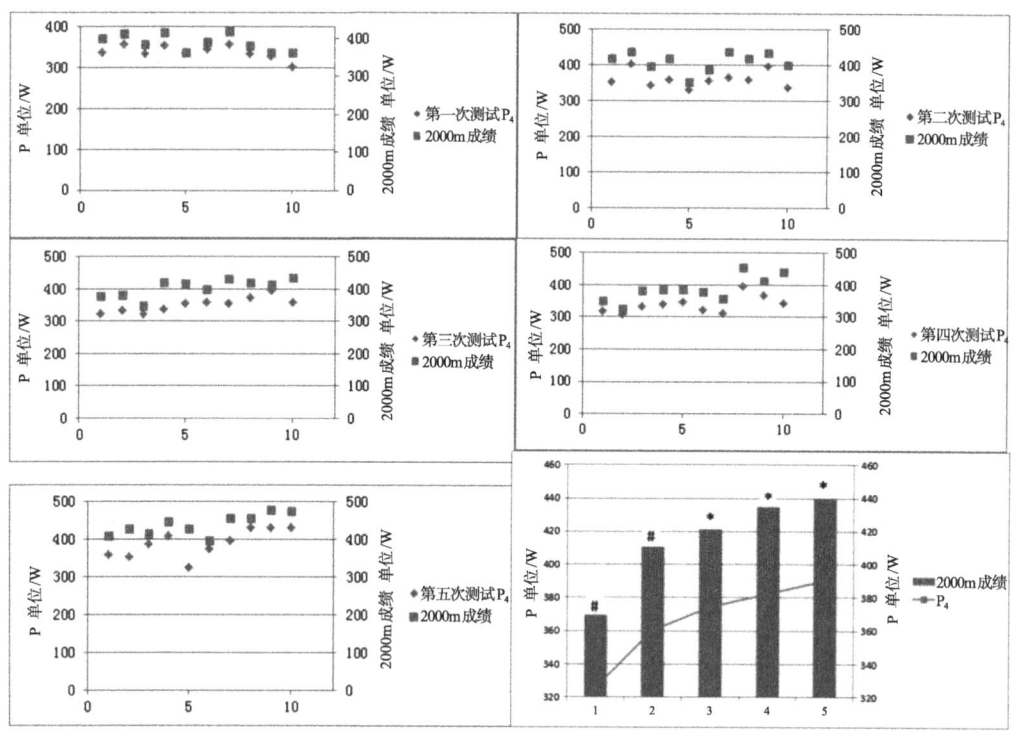

图 4-35 4min 起始固定功率递增负荷测试方案五次测试 P_4 与 2000m 成绩变化图

注：#表示具有显著相关性（$p<0.01$），*表示具有相关性（$p<0.05$）；柱状图横轴表示递增负荷测试次序

（3）4min 起始固定功率递增负荷测试方案 P_{peak} 与 2000m 成绩

4min 起始固定功率递增负荷测试方案实施中，先后五次测得的 P_{peak} 与 2000m 成绩，呈现出第三次测试和第四次测试具有相关性（$r_{第三次}=0.73$，$r_{第四次}=0.74$；$p<0.05$），第一次、第二次和第五次二者不相关（见图 4-36）。

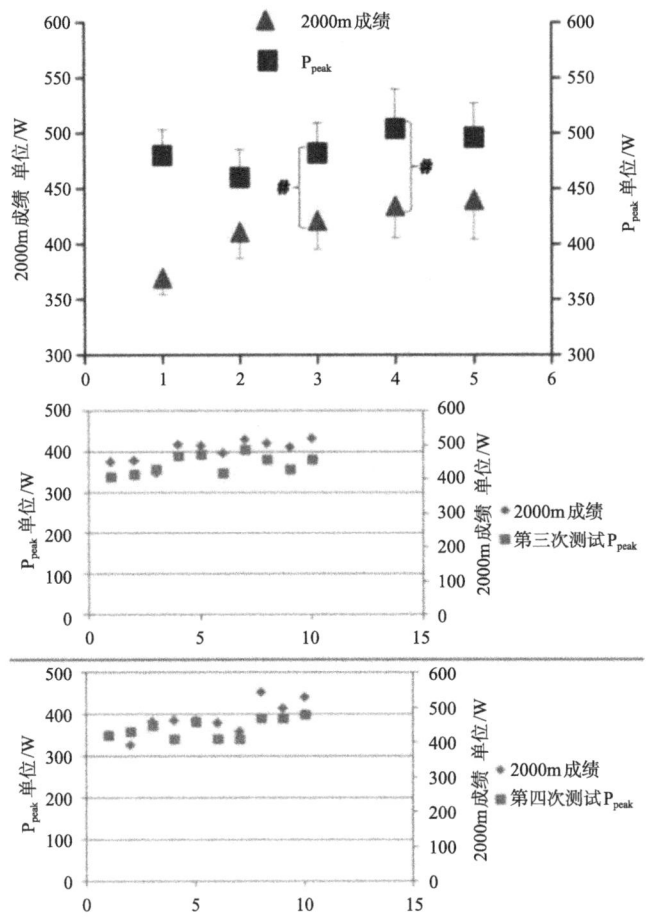

图 4-36 4min 起始固定功率递增负荷测试方案五次测试 P_{peak} 与 2000m 成绩变化图

注：#表示具有相关性（$p<0.05$）；上图横轴表示递增负荷测试次序，中图、下图横轴表示测试时间

4.1.3.4 不同递增负荷测试方案实施对比分析

三种不同递增负荷测试方案实施时的起始负荷、每级负荷递增幅度、递增时间、间歇时间和递增级数均有不同（见表4-12）。三种测试方案相互之间起始负荷和递增负荷幅度差异均具有显著性（$p<0.05$）。

表 4-12　三种不同递增负荷测试方案汇总

-	起始负荷	递增幅度	间歇时间	递增级数
4min起始变化功率递增负荷测试方案	167.5 ± 3.66W	40 ± 5W	1min	7
8min递增负荷测试方案	224.38 ± 2.26W	35 ± 5W	1min	3
4min起始固定功率递增负荷测试方案	202.9 ± 1.13W	25 ± 5W	30s	7

4.1.3.5 不同递增负荷测试方案实施时测试指标对比分析

4.1.3.5.1 不同递增负荷测试方案测试指标采集数据对比

三种不同递增负荷测试方案五次实施结果显示，4min起始变化功率递增负荷测试方案和4min起始固定功率递增负荷测试方案的测试指标均为$P_{每级}$、P_{peak}、P_4、$BLA_{每级}$、BLA_{peak}、$HR_{每级}$、HR_{peak}等27个指标。8min递增负荷测试方案递增级别仅为三级，$P_{每级}$、$BLA_{每级}$、$HR_{每级}$和P_{peak}指标与其他两个递增负荷测试指标数量不同，共计14个指标，见表4-13。

表 4-13　三种不同递增负荷测试方案实施结果汇总

测试指标	4min起始变化功率递增负荷测试方案	8min递增负荷测试方案	4min起始固定功率递增负荷测试方案
$P_{第1级}$/W	167.5 ± 3.66	224.38 ± 2.26	202.9 ± 1.13
$P_{第2级}$/W	203.6 ± 4.12	261.58 ± 1.42	227.94 ± 2.52
$P_{第3级}$/W	242.2 ± 7.2	302.72 ± 4.56	257 ± 7.31
$P_{第4级}$/W	277.95 ± 7.79	-	291.33 ± 12.81
$P_{第5级}$/W	319.05 ± 10.2	-	333.07 ± 20.03
$P_{第6级}$/W	358.3 ± 18.01	-	379.03 ± 30.01
$P_{冲刺}$/W	409.8 ± 15.74	-	406.33 ± 25.59
P_{peak}/W	420.2 ± 15.13	-	483.2 ± 15.27

续表

测试指标	4min起始变化功率递增负荷测试方案	8min递增负荷测试方案	4min起始固定功率递增负荷测试方案
P_4/W	316.89 ± 10.25	278.77 ± 10.59	328.48 ± 22.13
$BLA_{安静}$（mmol/L）	1.33 ± 0.26	1.26 ± 0.07	1.74 ± 0.23
$BLA_{第1级}$（mmol/L）	1.48 ± 0.28	1.91 ± 0.17	2.09 ± 0.24
$BLA_{第2级}$（mmol/L）	1.50 ± 0.34	3.19 ± 0.24	2.15 ± 0.23
$BLA_{第3级}$（mmol/L）	1.97 ± 0.31	6.49 ± 0.57	2.58 ± 0.34
$BLA_{第4级}$（mmol/L）	2.67 ± 0.53	–	3.2 ± 0.28
$BLA_{第5级}$（mmol/L）	4.06 ± 0.59		5.14 ± 0.18
$BLA_{第6级}$（mmol/L）	6.43 ± 1.2		8.29 ± 0.43
$BLA_{冲刺}$（mmol/L）	8.28 ± 1.25	–	9.88 ± 0.97
BLA_{peak}（mmol/L）	8.28 ± 1.25	6.49 ± 0.57	9.88 ± 0.97
$HR_{安静}$（beats/min）	76.15 ± 9.61	70.46 ± 1.78	75.8 ± 5.29
$HR_{第1级}$（beats/min）	129.35 ± 5.51	148.26 ± 5.55	137.33 ± 4.03
$HR_{第2级}$（beats/min）	143.6 ± 5.39	164.9 ± 3.69	149.4 ± 2.44
$HR_{第3级}$（beats/min）	156.6 ± 5.24	177.54 ± 1.59	158.27 ± 2.28
$HR_{第4级}$（beats/min）	168.35 ± 4.56	–	168.13 ± 3.25
$HR_{第5级}$（beats/min）	177.75 ± 5.31		176.27 ± 3.75
$HR_{第6级}$（beats/min）	184.9 ± 5.79		182.2 ± 2.11
$HR_{冲刺}$（beats/min）	187.47 ± 3.87		184.56 ± 0.95
HR_{peak}（beats/min）	189.47 ± 6.87	183.54 ± 3.22	187.45 ± 3.37
$2000m_{成绩}$/W	384.92 ± 13.53	329.34 ± 9.63	415.27 ± 28.08

4.1.3.5.2 不同递增负荷测试方案测试指标与测功仪2000m成绩相关性对比

4min起始变化功率递增负荷测试方案测试指标与运动成绩相关的指

标有：P_{peak}、P_4、$BLA_{第4级}$、$BLA_{第5级}$、$BLA_{第6级}$、$HR_{第4级}$、$HR_{第5级}$、$HR_{第6级}$。其中 P_4 在五次测试均与运动成绩相关，有四次显著相关（$r= 0.78 — 0.92$，$p < 0.01$）。P_{peak} 在五次测试中均与运动成绩相关，其中第二次和第五次 P_{peak} 与运动成绩显著相关（$r= 0.89, 0.86$；$p < 0.01$）。每级 BLA 指标中 $BLA_{第4级}$，$BLA_{第5级}$ 和 $BLA_{第6级}$ 与运动成绩相关，但不稳定，$BLA_{第4级}$ 和 $BLA_{第5级}$ 仅在第二次和第三次测试中与运动成绩呈现相关性（$r_{第4级}=0.32$，0.37，$r_{第5级}=0.45$，0.50；$p < 0.05$）。$BLA_{第6级}$ 在第四次和第五次测试中与运动成绩相关（$r_{第6级}=0.57, 0.38; p < 0.05$）。每级 HR 指标中 $HR_{第4级}$、$HR_{第5级}$ 和 $HR_{第6级}$ 与测功仪 2000m 运动成绩有二或三次相关（$r_{第4级}=0.6$，0.58；$r_{第5级}=0.5$，0.51，0.55；$r_{第6级}=0.57$，0.50。$p < 0.05$），见图 4-37。

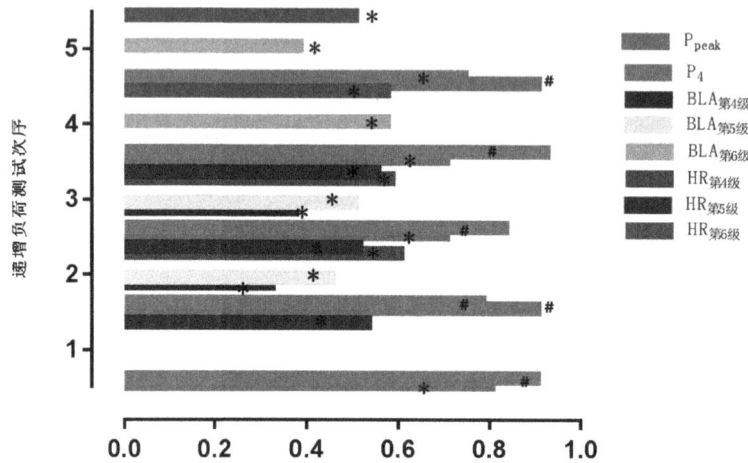

图 4-37 4min 起始变化功率递增负荷测试方案五次测试指标与 2000m 成绩相关变化图
注：*表示具有相关性（$p < 0.05$），# 表示具有显著相关性（$p < 0.01$）；横轴表示相关系数数值

8min 递增负荷测试方案测试指标与运动成绩相关的指标有：P_4、$BLA_{第2级}$、$BLA_{第3级}$、$HR_{第2级}$、$HR_{第3级}$。其中 P_4 在五次测试均与运动成绩

相关（$r = 0.73 - 0.85$，$p < 0.05$）。BLA指标BLA$_{第2级}$和BLA$_{第3级}$在五次测试中有四次与运动成绩相关（$r_{第2级} = -0.68 - 0.8$，$r_{第3级} = 0.8 - 0.94$，$p < 0.05$），其中BLA$_{第3级}$在第四次和第五次测试中与运动成绩显著相关（$r = -0.92, -0.94$；$p < 0.01$）。HR指标HR$_{第2级}$和HR$_{第3级}$与2000m成绩相关（$r_{第2级} = 0.38, 0.41$，$r_{第3级} = 0.39; 0.36$。$p < 0.05$），见图4-38。

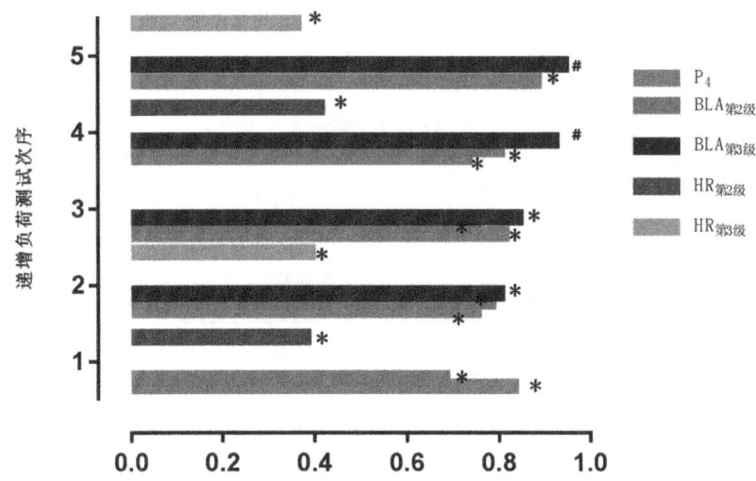

图4-38　8min递增负荷测试方案五次测试指标与2000m成绩相关变化图

注：*表示具有相关性（$p < 0.05$），#表示具有显著相关性（$p < 0.01$）；横轴表示相关系数数值

4min起始固定功率递增负荷测试方案测试指标与运动成绩相关的指标有：P$_{peak}$、P$_4$、BLA$_{第4级}$、BLA$_{第5级}$、HR$_{第4级}$、HR$_{第5级}$、HR$_{第6级}$。其中P$_4$在五次测试均与运动成绩相关，有二次显著相关（$r = 0.64, 0.83$；$p < 0.01$）。P$_{peak}$在第三次和第四次测试均与运动成绩相关（$r = 0.73, 0.74$；$p < 0.05$）。每级BLA指标中BLA$_{第4级}$和BLA$_{第5级}$与运动成绩相关，但不稳定。BLA$_{第4级}$在第二次和第五次测试中与运动成绩呈现相关，BLA$_{第5级}$在第一次、第三次和第四次测试中与运动成绩相关（$r_{第4级} = 0.36, 0.37$；

$r_{第5级}$=0.31，0.33，0.36；$p<0.05$）。每级HR指标中HR$_{第4级}$，HR$_{第5级}$和HR$_{第6级}$与运动成绩有一或二次相关（$r_{第4级}$=0.43，0.46；$r_{第5级}$=0.37，0.35；$r_{第6级}$=0.32。$p<0.05$），见图4-39。

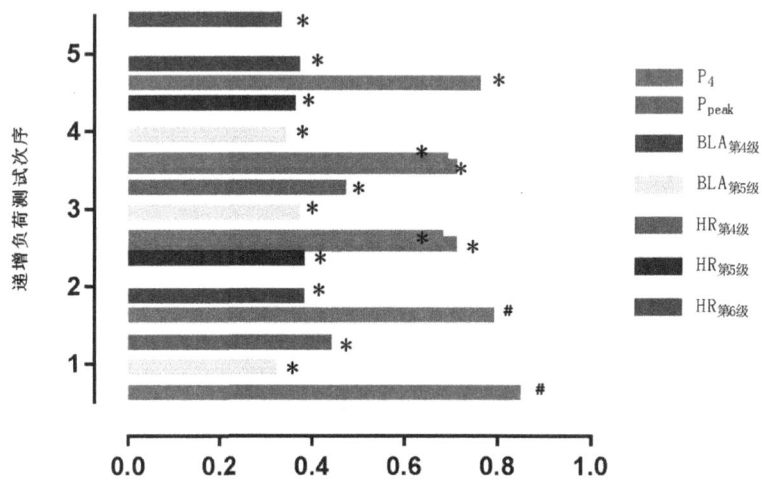

图4-39 4min起始固定功率递增负荷测试方案五次测试指标与2000m成绩相关变化图
注：*表示具有相关性（$p<0.05$），#表示具有显著相关性（$p<0.01$）；横轴表示相关系数数值

4.1.3.5.3 不同递增负荷测试方案测试指标对比

4.1.3.5.3.1 不同递增负荷测试方案P_4与测功仪2000m成绩相关对比

三种不同测试方案P_4指标在5次测试中与2000m测功仪成绩相关性均有所变化。4min起始变化功率递增负荷测试方案P_4与2000m测功仪成绩均相关，其中前四次测试均显著相关（$r=0.78—0.92$，$p<0.01$），显示4min起始变化功率递增负荷测试方案P_4指标在预测运动员运动成绩变化的反应比较敏感，且具有较好的稳定性。8min递增负荷测试方案P_4与2000m测功仪成绩均相关，相对4min起始变化功率递增负荷测试方案P_4的敏感性和稳定性稍弱。4min起始固定功率递增负荷测试方案P_4

与2000m测功仪成绩均相关,其中前两次测试显著相关($r= 0.78$,0.83,$p < 0.01$),见图4-40。三种不同递增负荷测试方案中P_4指标均能敏感反映运动成绩变化情况。

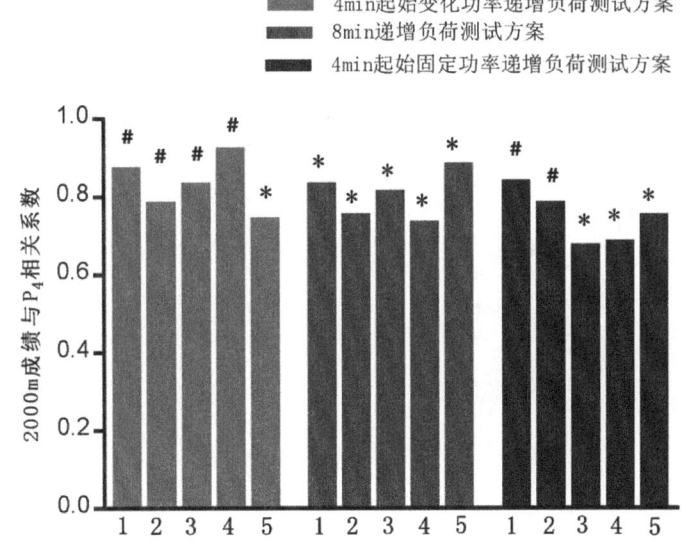

图4-40 三种递增负荷测试方案五次测试P_4与测功仪2000m成绩相关变化图

注:横轴表示递增负荷测试次序

4.1.3.5.3.2 不同递增负荷测试方案P_{peak}与测功仪2000m成绩相关对比

4min起始变化功率递增负荷测试方案P_{peak}与2000m测功仪成绩均相关,其中有二次测试均极显著相关($r= 0.89$,0.86;$p < 0.01$),显示4min起始变化功率递增负荷测试方案P_{peak}指标在预测运动员运动成绩变化的反应比较敏感,且具有较好的稳定性。8min递增负荷测试方案由于设计只有三级,没有力竭冲刺阶段,故无法获取P_{peak}指标。4min起始固定功率递增负荷测试方案P_{peak}与2000m测功仪成绩相关性不稳定,只有两次测试呈现相关性($r= 0.73$,0.74;$p < 0.05$),见图4-41。在三种不同

递增负荷测试方案中 P_{peak} 在不同测试方案中敏感性和稳定性存在差异,在 4min 起始变化功率递增负荷测试方案 P_{peak} 能稳定且敏感地反映 2000m 成绩变化,8min 递增负荷测试方案无法获取 P_{peak} 指标,4min 起始固定功率递增负荷测试方案 P_{peak} 与 2000m 成绩相关不稳定,只能部分反映 2000m 成绩变化情况。

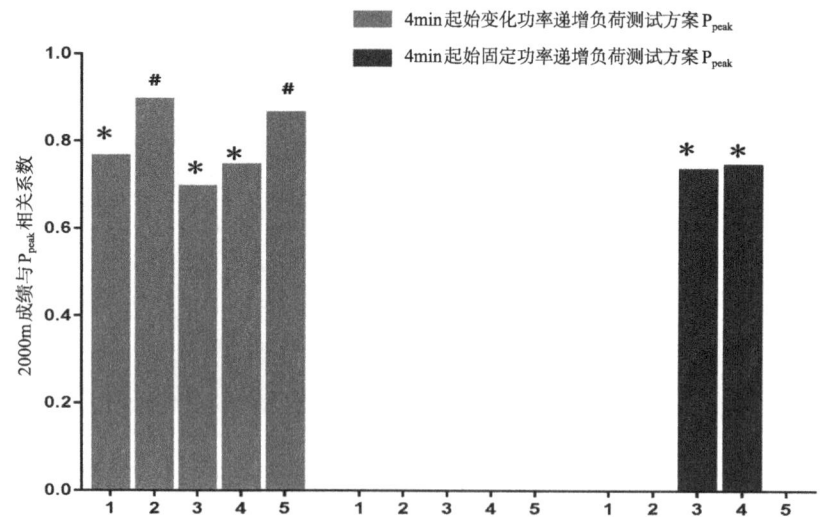

图 4-41 赛艇三种递增负荷测试方案五次测试 P_{peak} 与测功仪 2000m 成绩相关变化图

注:横轴表示递增负荷测试次序

4.1.3.5.3.3 不同递增负荷测试方案 $BLA_{每级}$ 与测功仪 2000m 成绩相关对比

三种不同递增负荷测试方案 $BLA_{每级}$ 与 2000m 测功仪成绩相关性变化具有各自特征。4min 起始变化功率递增负荷测试方案 $BLA_{每级}$ 中只有 $BLA_{第4级}$、$BLA_{第5级}$ 和 $BLA_{第6级}$ 与 2000m 测功仪成绩具有相关性,并表现出不稳定特点。$BLA_{第4级}$、$BLA_{第5级}$ 仅在五次测试中的第二次测试和第三次测试表现与2000m成绩负相关且相关度低（$r=-0.32 \sim -0.5, p < 0.05$），BLA$_{第6级}$五次测试中第四次测试和第五次测试表现出与2000m成绩负相关且相关度低（$r=-0.38, -0.57, p < 0.05$），在4min起始变化功率递增负荷测试方案中BLA$_{每级}$与2000m成绩相关不稳定，只能部分反映2000m成绩变化情况。

8min递增负荷测试方案由于测试方案设计原因仅采集BLA$_{安静}$、BLA$_{第1级}$、BLA$_{第2级}$和BLA$_{第3级}$4个指标。BLA$_{每级}$中BLA$_{第2级}$和BLA$_{第3级}$与2000m测功仪成绩负相关，并表现出相关性较高且相对稳定特点。BLA$_{第2级}$与2000m测功仪成绩相关性在五次测试中有四次负相关，且相关系数显著高于4min起始变化功率递增负荷测试方案的数值（$r=-0.68 \sim -0.8, p < 0.05$）。BLA$_{第3级}$与2000m测功仪成绩相关性在五次测试中有四次负相关，且第四次测试和第五次测试呈现显著负相关（$r=-0.92, -0.94; p < 0.01$）。

4min起始固定功率递增负荷测试方案BLA$_{每级}$中仅有BLA$_{第4级}$和BLA$_{第5级}$与2000m测功仪成绩负相关，并表现出不稳定特点。BLA$_{第4级}$仅在五次测试中的第二次测试和第五次测试表现与2000m成绩负相关且相关度低（$r=-0.37, -0.36; p < 0.05$），BLA$_{第5级}$在五次测试中第一次测试、第三次测试和第五次测试表现出与2000m成绩负相关且相关度低（$r=-0.31 \sim -0.36, p < 0.05$），在4min起始固定功率递增负荷测试方案中BLA$_{每级}$与2000m成绩相关不稳定，只能部分反映2000m成绩变化情况，见表4-14。

表 4-14　不同递增负荷测试方案五次测试 BLA$_{每级}$与 2000m 成绩相关系数统计

测试方案	次序	BLA$_{安静}$	BLA$_{第1级}$	BLA$_{第2级}$	BLA$_{第3级}$	BLA$_{第4级}$	BLA$_{第5级}$	BLA$_{第6级}$	BLA$_{冲刺}$
4min起始变化功率递增负荷测试方案	1	−	−	−	−	−	−	−	−
	2	−	−	−	−	−0.32	−0.45	−	−
	3	−	−	−	−	−0.37	−0.5	−	−
	4	−	−	−	−	−	−	−0.57	−
	5	−	−	−	−	−	−	−0.38	−
8min递增负荷测试方案	1	−	−	−0.68	−	−	−	−	−
8min递增负荷测试方案	2	−	−	−0.78	−0.8	−	−	−	−
	3	−	−	−0.75	−0.84	−	−	−	−
	4	−	−	−0.8	−0.92*	−	−	−	−
	5	−	−	−	−0.94*	−	−	−	−
4min起始固定功率递增负荷测试方案	1	−	−	−	−	−	−0.31	−	−
	2	−	−	−	−	−0.37	−	−	−
	3	−	−	−	−	−	−0.36	−	−
	4	−	−	−	−	−	−	−	−
	5	−	−	−	−	−0.36	−0.33	−	−

4.1.3.5.3.4　赛艇不同递增负荷测试方案HR$_{每级}$与测功仪2000m成绩相关对比

不同递增负荷测试方案HR$_{每级}$与2000m测功仪成绩相关性变化具有各自特征。4min起始变化功率递增负荷测试方案HR$_{每级}$中只有HR$_{第4级}$、HR$_{第5级}$和HR$_{第6级}$与2000m测功仪成绩相关，并表现出不稳定特点。HR$_{第4级}$仅在第二次和第三次测试时表现出与2000m成绩相关（r=0.58，0.60，

$p < 0.05$）、$HR_{第5级}$在第一次测试、第二次测试和第三次测试中表现出与测功仪2000m成绩相关且相关度低（$r=0.51-0.55$，$p<0.05$），$HR_{第6级}$在第四次测试和第五次测试中表现出与测功仪2000m成绩相关且相关度低（$r=0.57$，0.50；$p<0.05$）。因此，在4min起始变化功率递增负荷测试方案中$HR_{每级}$与测功仪2000m成绩相关度较低且不稳定，只能部分反映测功仪2000m成绩变化情况。

8min递增负荷测试方案由于测试方案设计原因仅采集$HR_{安静}$、$HR_{第1级}$、$HR_{第2级}$和$HR_{第3级}$4个指标。$HR_{每级}$中$HR_{第2级}$和$HR_{第3级}$与2000m测功仪成绩相关，并表现出相关性较低且不稳定特点。$HR_{第2级}$与2000m测功仪成绩相关性在五次测试中有两次相关度低（$r=0.38$，0.41；$p<0.05$）。$HR_{第3级}$与2000m测功仪成绩相关性在五次测试中有两次相关度低，（$r=0.39$，0.36；$p<0.05$）。

4min起始固定功率递增负荷测试方案HR每级中仅有$HR_{第4级}$、$HR_{第5级}$和$HR_{第6级}$与2000m测功仪成绩相关，并表现出不稳定特点。$HR_{第4级}$仅在五次测试中的第一次测试和第三次测试表现出与2000m成绩相关且相关度低（$r=0.43$，0.46；$p<0.05$），$HR_{第5级}$在五次测试中第二次测试和第四次测试表现出与2000m成绩相关且相关度低（$r=0.37$，0.35；$p<0.05$），$HR_{第6级}$在五次测试中仅有第五次测试与2000m成绩相关度低（$r=0.32$，$p<0.05$），只能部分反映2000m成绩变化情况（见表4-15）。

表4-15 赛艇三种递增负荷测试方案五次测试$HR_{每级}$与2000m成绩相关系数统计

测试方案	次序	$HR_{安静}$	$HR_{第1级}$	$HR_{第2级}$	$HR_{第3级}$	$HR_{第4级}$	$HR_{第5级}$	$HR_{第6级}$	$HR_{冲刺}$
4min起始变化功率递增负荷测试方案	1	-	-	-	-	-	0.53	-	-
	2	-	-	-	-	0.6	0.51	-	-
	3	-	-	-	-	0.58	0.55	-	-
	4	-	-	-	-	-	-	0.57	-
	5	-	-	-	-	-	-	0.5	-

续表

测试方案	次序	HR$_{安静}$	HR$_{第1级}$	HR$_{第2级}$	HR$_{第3级}$	HR$_{第4级}$	HR$_{第5级}$	HR$_{第6级}$	HR$_{冲刺}$
8min递增负荷测试方案	1	-	-	0.38	-	-	-	-	-
	2	-	-	-	0.39	-	-	-	-
	3	-	-	-	-	-	-	-	-
	4	-	-	0.41	-	-	-	-	-
	5	-	-	-	0.36	-	-	-	-
4min起始固定功率递增负荷测试方案	1	-	-	-	-	0.43	-	-	-
4min起始固定功率递增负荷测试方案	2	-	-	-	-	-	0.37	-	-
	3	-	-	-	-	0.46	-	-	-
	4	-	-	-	-	-	0.35	-	-
	5	-	-	-	-	-	-	0.32	-

4.1.4 分析与讨论

4.1.4.1 不同递增负荷测试方案对比分析

量化最大和次最大生理变量与耐力表现之间的关系是体育科研与训练实践的重要关注点之一[1][2][3][4]。通过最大和次最大生理变量可用于监控耐力

---

[1] SIDNEY C, WALACE D, MONTEIRO, et al. Determination of best criteria to determine final and initial speeds within ramp exercise testing protocols[J]. Pulmonary medicine, 2012(5): 542-548.

[2] ZHOU S, ROBSON S, KING M, et al. Correlations between short-course triathlon performance and physiological variables determined in laboratory cycle and treadmill tests[J]. Journal of sports medicine & physical fitness, 1997, 37(2): 122-129.

[3] BISHOP D, JENKINS D G, MCENIERY M, et al. Relationship between plasma lactate parameters and muscle characteristics in female cyclists[J]. Medicine & science in sports & exercise, 2000, 32(6): 1088-1093.

[4] BENTLEY D J, MCNAUGHTON L R, THOMPSON D, et al. Peak power output, the lactate threshold and 90min Time trial performance well trained cyclisits[J]. Medicine & science in sports & exercise, 2001, 33(5): 265-271.

训练效果，这些生理变量在运动表现诊断方面的有效性差异较大[1][2]。在耐力训练监控中，研究人员通常使用最大和次大生理变量来预测运动员的运动表现、检验训练计划安排的合理性。控制递增负荷测试每级递增时长是不同项目在使用不同递增负荷测试方案时常用的调整方法。研究表明递增负荷测试方案的修改会影响相关测试指标的变化，测试指标的准确性对监控训练效果和预测运动表现有重要的作用。

赛艇递增负荷测试方案的设计包括起始负荷、每级负荷持续时间、递增量度等基本内容，研究发现不同的递增负荷测试方案直接影响生理指标测试的准确性。递增负荷测试指标会根据测试方案不同而发生变化。4min起始变化功率递增负荷测试方案是由德国、澳大利亚和新西兰等国家赛艇协会公开推荐的测试方案。运动员根据个人2000m测功仪成绩确定递增负荷测试起始负荷，所测试指标在不同测试时间呈现出不同变化。研究结果显示，4min起始变化功率递增负荷测试方案所使用的测试指标与2000m测功仪运动成绩相关性次数整体高于其他两个方案（4min起始变化功率递增负荷测试方案指标与运动成绩相关达二十三次，8min递增负荷测试方案指标与运动成绩相关达十七次，4min起始固定功率递增负荷测试方案测试指标与运动成绩相关达十七次）。相比8min递增负荷测试方案和4min起始固定功率递增负荷测试方案，4min起始变化功率递增负荷测试方案的运动表现指标P_4和P_{peak}指标的敏感性均好一些；其中P_4在三种测试方案中均与运动成绩相关度较高，敏感性较强。4min起始变化功率递增负荷测试方案P_4在五次测试中均与运动成绩相关，有四次显著相关。8min递增负荷测试方案P_4在五次测试中均与运动成绩相关，4min起始固

---

[1] CHICHARRO J L. Effects of endurance training on the isocapnic buffering and hypocapnic hyperventilation phases in professional cyclists[J]. British journal of sports medicine, 2000, 34(6): 450-455.

[2] MICHA MAEDER, THOMAS WOLBER, RAMIN ATEFY, et al. A nomogram to select the optimal treadmill ramp protocol in subjects with high exercise capacity: validation and comparison with the Bruce protocol[J]. Journal of cardiopulmonary rehabilitation, 2006, 26(1): 16-23.

定功率递增负荷测试方案 P_4 在五次测试中均与运动成绩相关，其中有两次显著相关。4min 起始变化功率递增负荷测试方案 P_{peak} 在五次测试中均与运动成绩相关，其中第二次和第五次 P_{peak} 与运动成绩显著相关。8min 递增负荷测试方案由于设计没有冲刺阶段，无法获取 P_{peak}；4min 起始固定功率递增负荷测试方案 P_{peak} 仅在第三次和第四次测试中与运动成绩相关。三种测试方案孰优孰劣一直存在争议，本实验测试结果显示，P_4 指标在 4min 起始变化功率递增负荷测试方案实施中敏感度最高，与运动成绩呈现多次显著相关，但 8min 递增负荷测试方案的 P_4 敏感度略低，这可能与测试方案设计每级递增持续时间和递增幅度有关。相对于 8min 递增负荷测试方案，4min 起始变化功率递增负荷测试方案起始负荷低，起始负荷为 $167.5 \pm 3.66W$，每级负荷运动持续时间短，仅为 4min；每 4min 负荷强度递增 40W 左右；负荷刺激的模式是低起点、小幅度、短时间、渐进式的[1][2]，这种负荷递增方式可能更有助于精确测出 P_4。8min 递增负荷测试方案起始负荷较高，起始负荷为 $224.38 \pm 2.26W$，每级负荷运动持续时间相对较长，每级 8min；每 8min 递增 40W 左右；负荷刺激的模式是起始负荷高、时间较长、小幅度渐进式的；这种负荷递增方式与 4min 起始变化功率递增负荷测试方案相比，在准确测量 P_4 上可能稍差一些。与 4min 起始变化功率递增负荷测试方案相类似的 4min 起始固定功率递增负荷测试方案，起始负荷是额定功率 202W，每级负荷持续时间也是 4min，但每级递增 35W，每级间歇时间较短为 30s，这种测试方案起始负荷较高，没有考虑运动员运动能力的个性化差异，导致测试结果准确性下降有关。此

---

[1] HUTCHINSON M J, TAW P, ESTON R, et al. Assessment of peak oxygen uptake during handcycling: test-retest reliability and comparison of a ramp-incremented and perceptually-regulated exercise test[J].Plos one, 2017, 12(7): 180–188.

[2] LATASA I, CORDOVA A, VILLA G, et al. Estimation of the neuromuscular fatigue threshold from an incremental cycling test using 1-min exercise periods[J].Journal of sports medicine & physical fitness, 2015, 57(1): 33–42.

实验结果与前期递增负荷测试方案研究结果相一致，在递增负荷测试方案设计中，递增负荷测试方案的设计要遵循渐进递增和考虑个体差异性等要素①②③④⑤⑥。

  8min递增负荷测试方案相较4min起始变化功率递增负荷测试方案和4min起始固定功率递增负荷测试方案，存在每级持续时间长、没有力竭冲刺阶段的特点。此方案所测$BLA_{每级}$指标敏感性比其他两个方案测试结果高。8min递增负荷测试方案的$BLA_{第2级}$和$BLA_{第3级}$与2000m测功仪成绩负相关，并表现出相关性较高且相对稳定特点。$BLA_{第2级}$与2000m测功仪成绩相关性在五次测试中有四次负相关；$BLA_{第3级}$与2000m测功仪成绩相关性在五次测试中同样有四次负相关，且第四次测试和第五次测试呈现显著负相关。整体上看，8min递增负荷测试方案$BLA_{每级}$相关系数显著高于4min起始变化功率递增负荷测试方案的数值和4min起始固定功率递增负荷测试方案的数值。产生此差异的原因可能在于每级持续时间不同有关。

---

  ① FROELICHER M V. Comparison of the ramp versus standard exercise protocols[J].Sichuan electric power technology, 2009, 24(1): 22-29.

  ② TAMESIS B, STELKEN A, BYERS S, et al. Comparison of the asymptomatic cardiac ischemia pilot and modified asymptomatic cardiac ischemia pilot versus Bruce and Cornell exercise protocols[J].American journal of cardiology, 1993, 72(9): 715-720.

  ③ PANZA J A, QUYYUMI A A, DIODATI J G, et al. Prediction of the frequency and duration of ambulatory myocardial ischemia in patients with stable coronary artery disease by determination of the ischemic threshold from exercise testing: Importance of the exercise protocol[J]. Journal of the American college of cardiology, 1991, 17(3): 657-663.

  ④ MYERS J, BUCHANAN N, SMITH D, et al. Individualized ramp treadmill: observations on a new protocol[J].Chest, 1992, 101(5): 236-241.

  ⑤ KAMINSKY L A, WHALEY M H. Evaluation of a new standardized ramp protocol: the BSU/Bruce ramp protocol[J].Journal of cardiopulmonary rehabilitation & prevention, 1998, 18(6): 438-444.

  ⑥ OKIN P M, KLIGFIELD P. Effect of exercise protocol and lead selection on the accuracy of heart rate-adjusted indices of ST-segment depression for detection of three-vessel coronary artery disease[J].Journal of electrocardiology, 1989, 22(3): 187-194.

8min递增负荷测试方案由德国运动生理学专家Mader和Hartman制定，他们认为赛艇递增负荷测试每级持续时间太短，体内生理指标变化不能达到平衡，应将每级递增负荷运动时间延长至6—8min，BLA指标才能准确评价运动员的训练水平。递增负荷测试中要获取有效的BLA指标，有研究建议使用长时间每级递增负荷，推荐使用每级负荷持续运动3—6min的时长可获取高精确度的BLA数值，以判断代谢拐点[1]。当每级负荷持续运动8min时，BLA数值与其他运动时长有显著性差异，该结果被解释为与运动员乳酸扩散能力有关，乳酸的扩散能力和递增负荷运动持续时间会影响机体BLA对运动的反应，进而影响次最大生理指标，特别是4mmol/L对应的运动强度[2]。同时，有研究显示，每分钟递增40—50W的递增负荷方案有利于乳酸曲线形成和乳酸阈值的计算，这与本实验结果一致。

4min起始固定功率递增负荷测试方案的每级间歇时间为30s，相对于4min起始变化功率递增负荷测试方案和8min递增负荷测试方案每级1min的间歇时间显得较短。相关研究发现，递增负荷间歇时间控制在30s或1min对测试结果均无显著性差异，但在训练实践中30s间歇时长对测试工作人员完成数据和血液采集来说比较紧张，1min间歇时长对测试人员完成相关采集工作来说比较适合。

递增负荷测试方案设计的初衷是最大限度地减少未经训练的受试者的身体不适，以有效测试检验其有氧能力和心肺能力。在运动训练实践中，递增负荷测试方案根据运动员的训练水平和运动项目不同，出现了不同的递增负荷测试方案和不同测试指标。本实验显示，在赛艇运动训练实践中，运动员在三种常用的赛艇递增负荷测试方案测试过程中产生的生理

---

[1] MACDOUGALL J D, WENGER H A, GREEN H J. Physiological testing of the high performance athlete[J].Medicine & science in sports & exercise, 1993, 25(2): 305–312.

[2] BENTLEY D, MCNAUGHTON L, BATTERHAM A. Prolonged stage duration during incremental cycle exercise: effects on the lactate threshold and onset of blood lactate accumulation[J]. European journal of applied physiology, 2001, 85(3): 351–359.

反应存在一定程度的差异，进而引起运动员有氧能力标志性测试指标的敏感度也不同，因此在训练实践中应根据监控目的与需要合理选用不同测试方案。

4.1.4.2 不同递增负荷测试方案测试指标对比分析

P_{peak}是指在递增负荷测试中最后冲刺阶段60s内达到的最高平均功率，P_{peak}指标在不同的项目中有不同的专业术语：自行车项目中常称为最大有氧功率[1]、峰值功率、递增负荷最大功率[2]，在跑步项目中称为递增负荷跑步机最大跑速[3]。训练实践中，由于测试$VO_{2\,max}$存在实验设备昂贵、操作难度大且费时的缺点，许多教练员通过采用递增负荷测试直接计算P_{peak}指标的方法予以替代。在递增负荷测试众多指标中，用P_{peak}评价运动员耐力水平、预测运动成绩的有效性得到普遍的认可，特别是跑步和自行车项目[4][5][6][7]。Balmer等发现男子自行车运动员递增负荷P_{peak}与16公里计时赛成绩显著相关（$r=0.99$，$p<0.01$），Hawley以优秀自行车运动员为实验对象，也得出递增负荷P_{peak}与20公里自行车运动成绩显著相

---

[1] KEEN P S, PASSFIELD L, HALE T. Indirect determination of $VO_{2\,max}$ using a sports-specific (cycling) ergometry system[J]. Sports science, 1991, 9(3)：420-425.

[2] DOHERTY M, BALMER J, DAVISON R, et al.Reliability of a Combined 3-min Constant Load and Performance Cycling Test[J].International journal of sports medicine, 2003, 24(5)：366-371.

[3] SCOTT B, HOUMARD J. Peak running velocity is highly related to distance running performance[J].International journal of sports medicine, 1994, 15(8)：504-507.

[4] BENTLEY D J, MCNAUGHTON L R, THOMPSON D, et al. Peak power output, the lactate threshold, and time trial performance in cyclists[J].Medicine & science in sports & exercise, 2001, 33(12)：2077-2081.

[5] BENTLEY D J, WILSON G J, DAVIE A J, et al. Correlations between peak power output, muscular strength and cycle time trial performance in triathletes[J].Journal of sports medicine & physical fitness, 1998, 38(3)：201-208.

[6] BALMER J, DAVISON R C, BIRD S R. Peak power predicts performance power during an outdoor[J].Medcine & science in sports & exercise, 2000, 32(8)：1485-1490.

[7] SCOTT B K, HOUMARD J A. Peak running velocity is highly related to distance running performance[J].International journal of sports medicine, 1994, 15(8)：504-507.

关（$r=0.97$，$p < 0.01$）的研究结果。在跑步项目中，递增负荷P_{peak}又称V_{peak}（峰值速度）。马拉松运动员递增负荷V_{peak}与42.2公里和90公里跑的成绩显著相关，相关系数分别为$r=0.91$和$r=0.97$。自行车和长跑教练员可以根据P_{peak}制定训练计划，监控训练效果[1]。赛艇递增负荷测试指标有效性的研究发现，赛艇测功仪3min、4min递增负荷测试方案和30s线性递增方案P_{peak}与赛艇测功仪2000m成绩相关性最高[2]，与本实验研究结果相同，4min起始变化功率递增负荷测试方案和4min起始固定功率递增负荷测试方案的P_{peak}都与赛艇测功仪2000m成绩具有一定的相关关系，特别是4min起始变化功率递增负荷测试方案P_{peak}与2000m测功仪成绩均相关，其中有2次测试均极显著相关。Bourdin等人研究发现，递增负荷指标P_{peak}数值与运动员实际运动成绩仅存在13W的差值。此研究结果与本实验不同，可能与测试方案不同有关。总之，在赛艇训练中P_{peak}可以作为有效监控指标，预测运动成绩和提高训练监控效果[3]。在训练实践中，P_{peak}指标的获取有一定局限性，这一指标必须在力竭性递增负荷测试中获取。这种力竭性测试无论从生理上还是心理上都对运动员的刺激强度较大，容易造成测试后过度疲劳[4]，因此有些教练员在赛前调整阶段会慎重采用。

---

[1] HAWLEY J A, MYBURGH K H, NOAKES T D, et al. Training techniques to improve fatigue resistance and enhance endurance performance[J].Journal of sports sciences, 1997, 15(3): 325-333.

[2] BOURDIN M, MESSONNIER L, HAGER J P, et al. Peak power output predicts rowing ergometer performance in elite male rowers[J].International journal of sports medicine, 2004, 25(5): 368-373.

[3] SKOVGAARD C, ALMQUIST N W, BANGSBO J. Effect of increased and maintained frequency of speed endurance training on performance and muscle adaptations in runners[J]. Journal of applied physiology, 2017, 122(1): 48-59.

[4] VIEIRA M F, LEHNEN G C. Effects of general fatigue induced by incremental maximal exercise test on gait stability and variability of healthy young subjects[J].Journal of electromyography & kinesiology, 2016, 30(6): 161-167.

在运动训练监控研究中，BLA已作为常用的监控训练状态指标[1]。对于耐力训练而言，教练员一直在探求每个运动员的临界负荷。1964年无氧阈[2]概念的提出，随后相类似的概念"乳酸阈值""BLA积累点"也在实践中推广应用[3]。其中BLA的积累点是乳酸累积曲线中的第二个拐点，此时BLA稳定在4mmol/L，4mmol/L的BLA积累点比乳酸阈高很多，其运动强度也远高于乳酸阈强度[4]（见图4-42），与乳酸阈强度相比，BLA积累点能够更有力地说明运动员的耐力表现[5][6][7]。4mmol/L的BLA积累点对训练非常敏感[8][9]，研究表明，耐力训练可以推动乳酸阈向右移动，这意味着运动员可以进行更高强度的运动而不出现乳酸堆积。其生理机制是长期耐力训练使肌纤维产生适应，表现为肌肉内有关酶活性选择性增强。同时肌纤维周围毛细血管密度增加，外周运输系统能力增加，整体表现为乳

---

[1] ABERNETHY P J, THAYER R, TAYLOR A W. Acute and chronic responses of skeletal muscle to endurance and sprint exercise[J].Sports medicine, 1990, 10(6): 365–389.

[2] WASSERMAN K, MCILROY M B. Detecting the threshold of anaerobic metabolism in cardiac patients[J].American jouenal of cardiology,1964,51(6): 844–852.

[3] BOSQUET L, LEGROS P . Methods to determine aerobic endurance. [J].Sports medicine, 2002, 32(11): 675–700.

[4] 图德·O.邦帕，卡洛·A.布齐凯利. 周期训练理论与方法[M]. 北京：人民邮电出版社，2019: 264–265.

[5] KINDERMANN W, SIMON G, KEUL J. The significance of the aerobic–anaerobic transition for the determination of work load intensities during endurance training[J].European journal of applied physiology and occupational physiology,1979,42(1): 25–34.

[6] HECK, MADER H, HESS A, et al. Justificationof the 4mmol/l lactate threshold[J].Inernational journal of sports medcine,1985,6(3): 117–130.

[7] DUMKE C L, BROCK D W, HELMS B H, et al. Heart rate at lactate threshold and cycling time trials[J]. Journal of strength & conditioning research, 2006, 20(3): 601–607.

[8] DENADAI B S, ORTIZ M J, GRECO C C, et al. Interval training at 95% and 100% of the velocity at $VO_{2\,max}$: effects on aerobic physiological indexes and running performance[J]. Appl physiol nutr metab, 2006, 31(6): 737–743.

[9] JONES A M, CARTER H. The effect of endurance training on parameters of aerobic fitness[J]. Sports medicine, 2000, 29(6): 373–386.

酸清除能力增强。

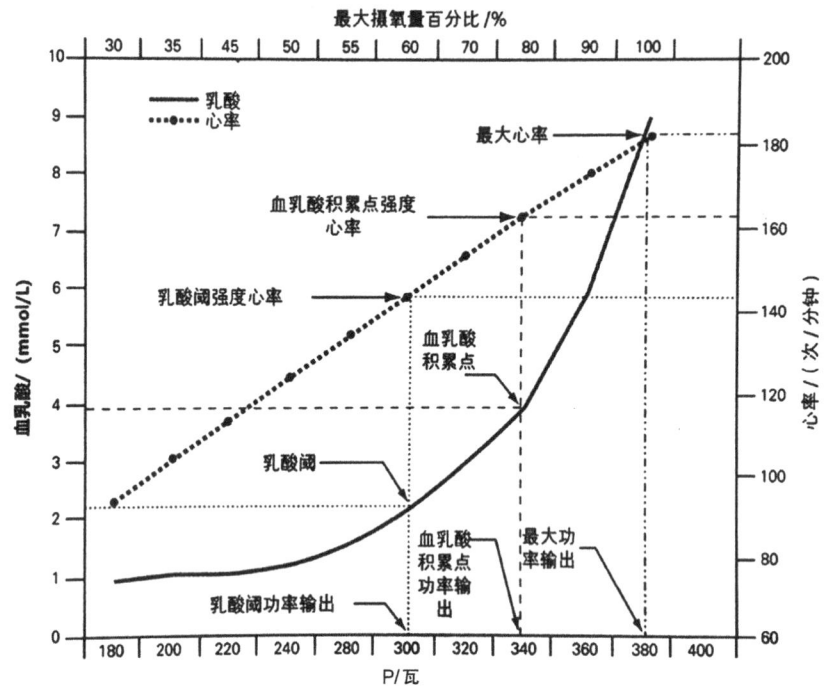

图 4-42 递增负荷测试中运动员乳酸阈与 BLA 积累点

在运动训练实践中，耐力训练的结果是使运动员能以更高绝对（跑速或输出功率）或相对（最大摄氧量百分比）运动强度持续运动而不积累乳酸。竞技运动员在多年的训练过程中，尽管最大摄氧量相对稳定，但乳酸阈或运动能力可持续提高。而且经过耐力训练，在一定强度下运动 BLA 积累的程度会降低。也就是说，经过一段时间的训练，在相对应的乳酸参考值下（例如 4mmol/L）功率输出或跑速会明显提高，因此，乳酸阈的提高是耐力进步明显的标志。德国运动生理学家在研究最大乳酸稳态时发现，最大乳酸稳态对应的 BLA 也在 4mmol/L 左右。随着监控科技的不断进步，研究发现，与4mmol/L的BLA积累点明显增加对应的运动强度是较好的预测耐力表现的指标。德国赛艇训练监控专家Mader提出BLA值达到4mmol/L时所对应的强度（P_4）是能够维持长时间运动的最大运动强度[1]，是预测运动员运动成绩的有效指标。在训练实践中，这一对应运动强度由递增负荷获取的BLA和P两项指标变化计算得出。将多级递增负荷测试中BLA变化与功率（速度）变化进行匹配，可以绘制一条BLA-P的曲线，根据这条曲线变化可计算出4mmol/L BLA对应的功率即P_4[2]。相关研究显示在赛艇训练中2000m成绩与P_4相关[3]，经过6个月耐力训练后，运动员的耐力水平提高表现在递增负荷测试运动中氧离曲线的右移和P_4的增加，这与本实验研究结果相同。本研究中P_4与运动成绩的相关系数高于此前的研究结果，表现在4min起始变化功率递增负荷测试方案P_4与运动成绩的相关系数为0.74—0.92；8min递增负荷测试方案P_4与运动成绩的相关系数为0.75—0.85；4min起始固定功率递增负荷测试方案P_4与运动成绩的相关系数为0.64—0.83。这可能是由4min起始固定功率递增负荷测试方案时间跨度较大有关，在此期间发生了赛艇技术、体能和测试设备的升级，以及递增负荷测试方案选择不同而引起的。P_4已作为评估运动训练效果、设计运动训练计划和预测运动员有氧能力的有效指

---

[1] MADER A, HARTMANN U, HECK H, et al. Zur beurteilung der sportartspezifischen ausdauerleistungsfahigkeit im labor[J].Sportarzt sportmed, 1976, 27(2)：80-88, 109-112.

[2] PAPOTI M, VITÓRIO R, CUNHA S A, et al. Determination of force corresponding to maximal lactate steady state in tethered swimming[J].International journal of exercise science, 2009, 2(4)：269-279.

[3] KLUSIEWICZ A. Changes in physical fitness of elite rowers throughout the annual training cycle before world championships[J].Biology of sport, 1993, 10(4)：231-237.

标[1][2][3][4][5]。

相比P_{peak}，P_4获取条件比较简单，只要运动员在递增负荷测试中BLA的数值超过4mmol/L，就可以通过内插法或者指数法计算得出。为了监控运动员的有氧能力，防止过度疲劳，制定科学的赛前调整计划，很多教练员会采用递增负荷测试对运动员竞技能力和运动成绩进行评估。此时，他们一般会倾向于选择非力竭性的递增负荷测试方案，运动员只要完成固定的4级或者5级的递增负荷测试即可，以避免最后冲刺力竭运动，但在这种测试方案中P_{peak}指标就很难获取。而P_4这一指标在我国赛艇训练实践中应用较少。本研究结果显示三种递增负荷测试方案中的P_4都与赛艇测功仪2000m成绩呈线性且显著相关，再次证明P_4可以有效评价赛艇运动员的有氧能力，预测运动成绩。同时这一指标具有不受力竭性测试条件限制，对运动员机体刺激较小，不易产生过度疲劳等优点，因此推荐教练员在训练实践中应用P_4指标作为赛艇训练有效监控指标是合适的。

本递增负荷测试中BLA曲线到达BLA累积点中4mmol/L时，其邻近的$BLA_{每级}$和$HR_{每级}$指标变化与运动员的运动能力呈现部分相关性。表现在4min起始变化功率递增负荷测试方案中$BLA_{每级}$中的$BLA_{第4级}$、$BLA_{第5级}$

---

[1] BUNC V, HELLER J, LESO J, et al. Ventilatory threshold in various groups of highly trained athletes[J].International journal sports medcine, 1987, 8(4)：275-280.

[2] MICKELSON, TIMOTHY C, HAGERMAN, et al. Anaerobic threshold measurements of elite oarsmen[J].Medicine & science in sports & exercise,1982, 14(6)：440-444.

[3] WELTMAN A, SNEAD D, STEIN P, et al. Reliability and validity of a continuous incremental treadmill protocol for determination of lactate threshold, fixed blood lactate concentrations, and $VO_{2\,max}$ [J].International journal of sports medicine, 1990, 11(1)：26-32.

[4] ALLEN W K, SEALS D, HURLEY B, et al. Lactate threshold and distance-running performance in young and older endurance athletes[J].Journal of applied physiology, 1985, 58(4)：1281-1284.

[5] DENIS C, FOUQUET R, POTY P, et al. Effect of 40 weeks of endurance training on the anaerobic threshold[J].International journal of sports medicine, 1982, 3(4)：208-214.

和BLA$_{第6级}$与2000m测功仪成绩部分负相关。BLA$_{第4级}$、BLA$_{第5级}$在五次测试中的第二次测试和第三次测试表现出与2000m成绩负相关（$r=-0.32$ — $-0.5, p < 0.05$），BLA$_{第6级}$在五次测试中第四次和第五次表现出与2000m成绩负相关（$r=-0.38$ — $-0.57, p < 0.05$）。8min递增负荷测试方案中BLA$_{每级}$中BLA$_{第2级}$和BLA$_{第3级}$与2000m测功仪成绩负相关，并表现出相关性较高且相对稳定特点。BLA$_{第2级}$与2000m测功仪成绩相关性在五次测试中有四次负相关，且相关系数显著高于4min起始变化功率递增负荷测试方案的数值（$r=-0.68$ — $-0.8, p < 0.05$）。BLA$_{第3级}$与2000m测功仪成绩相关性在五次测试中有四次负相关，且第四次测试和第五次测试呈现极显著负相关（$r=-0.92, -0.94; p < 0.01$）。4min起始固定功率递增负荷测试方案BLA$_{第4级}$仅在五次测试中的第二次测试和第五次测试表现出与2000m成绩负相关且相关度低（$r=-0.37, -0.36; p < 0.05$），BLA$_{第5级}$五次测试中第一次测试、第三次测试和第五次测试表现与2000m成绩负相关且相关度低（$r=-0.31$ — $-0.36, p < 0.05$）。分析发现BLA$_{每级}$与运动成绩相关均发生在BLA值4mmol/L附近，但相对P$_{peak}$、P$_4$指标，BLA的敏感性和稳定性在4min起始变化功率递增负荷测试方案和4min起始固定功率递增负荷测试方案表现较弱，而在8min递增负荷测试方案测试中表现出较强的敏感性和稳定性。在训练实践中，建议4mmol/L附近的每级BLA值作为综合分析运动员有氧能力变化的一个参考值。

BLA$_{peak}$指标也是赛艇训练实践中教练员比较关注的常用指标之一。通过纵向对比运动员多次递增负荷测试BLA$_{peak}$的变化，可以分析运动员有氧能力变化趋势。通常认为递增负荷测试时BLA$_{peak}$数值越大，运动员的耐力水平就相对越低[1]。在训练实践中，BLA$_{peak}$指标的获取需要达到以下两个条件，一是递增负荷运动至力竭，二是运动结束后需要多次采

---

[1] MIKULIC P, BRALIC N. Elite status maintained: a 12-year physiological and performance follow-up of two Olympic champion rowers[J]. Journal of sports sciences, 2018, 1(36): 660-665.

集BLA，一般是运动后1min、3min、5min和7min直至BLA数值出现下降，从中选出BLA的峰值。这两个条件会造成测试时间过长和运动员力竭，因此在训练实践中教练员较少使用此类指标。本实验为了统一三个方案BLA指标的实现条件，未采用BLA$_{peak}$，仅就结束时BLA的数值代表BLA$_{peak}$进行分析，即运动后即刻BLA。在4min起始变化功率递增负荷测试方案和4min起始固定功率递增负荷测试方案实践中，BLA$_{peak}$指标的变化无法代表运动员有氧能力的变化，但在8min递增负荷测试方案中，BLA冲刺即BLA$_{第三级}$在反映运动员有氧能力和运动表现上比较敏感和稳定。BLA$_{第3级}$与2000m测功仪成绩在五次测试中有四次负相关，且第四次测试和第五次测试呈现显著负相关（r=-0.80 — -0.94）。这可能与BLA不是即刻指标，在监控训练负荷时有"延迟反应"的缺点有关。在递增负荷运动中运动强度和时间会影响到BLA在体内的扩散速度，持续的时间越长，BLA扩散动力愈大，BLA值变化愈明显[1]。本研究中4min起始变化功率递增负荷测试方案和4min起始固定功率递增负荷测试方案BLA$_{peak}$与运动成绩不相关，在8min递增负荷测试方案BLA$_{第3级}$与运动成绩呈极显著负相关。因此，在递增负荷测试方案设计时，若考虑BLA作为有效监控指标，应优选8min递增负荷测试方案，这与赛艇训练专家提出赛艇递增负荷测试BLA与运动成绩的相关性较低的原因，是递增负荷测试3min持续时间太短，体内生理指标变化不能达到平衡，应将每级递增负荷运动时间延长至6 — 8min，BLA指标才能准确评价运动员的训练水平。

HR指标是在运动训练监控应用中最为广泛的监控指标之一，它具有实时显示、长时监控、便携易操作的优点。在训练实践中，HR一般作为训练负荷强度监控指标，可评定运动后运动强度的大小，在指导运动员进

---

[1] YOSHIDA T. Effect of exercise duration during incremental exercise on the determination of anaerobic threshold and the onset of blood lactate accumulation[J].European journal of applied physiology & occupational physiology, 1984, 53(3): 196–199.

行高强度训练（乳酸阈水平或更高）或防止强度过高等方面发挥重要作用。此外，记录训练或比赛过程中的HR还可以对运动员的训练状态进行监控，对比赛过程和结果进行科学分析[1]，利用HR调控运动负荷等[2]。在自行车项目研究中发现运动员的HR_{peak}和乳酸阈HR存在较大个体差异，同时，通过HR变化可以分析运动员训练状态、精神状态，还可以对比赛的过程和结果进行科学的分析[3]。在赛艇递增负荷测试中，教练员经常关注的HR指标分为$HR_{每级}$和HR_{peak}。本研究中三个测试方案的$HR_{每级}$呈现出随着运动时间的延长和负荷强度的增加而增长，对比分析HR_{peak}与测功仪2000m成绩，发现两者无相关关系，HR_{peak}指标在分析运动员个人有氧能力变化和预测运动成绩方面敏感性较差。在递增负荷运动的初始阶段，HR随负荷强度的增加而增长，两者呈线性关系，当负荷增加到一定程度时，HR增长相对落后于负荷强度的增加，从而出现HR拐点。当HR高于175beats/min时，HR进入一个平台期，增加幅度变小，差异性不显著。同时，还发现心率拐点时的功率与乳酸阈功率十分接近，与无氧阈具有相同的价值，可作为确定男子赛艇运动员无氧阈的一种简易方法，也可作为评定男子赛艇运动员运动能力和训练水平的一个可靠指标[4]。本研究结果显示，$HR_{每级}$在BLA为4mmol/L附近时，与运动成绩有一定的相关性。4min起始变化功率递增负荷测试方案$HR_{每级}$中只有$HR_{第4级}$、$HR_{第5级}$和$HR_{第6级}$与2000m测功仪成绩部分相关。$HR_{第4级}$仅在五次测试中的第二次测试和

---

[1] 杨锡让，傅浩坚.人体运动科学经典研究方法的发展与应用[M].北京：人民体育出版社，2007：15-17.

[2] 周永生，胡竹青.中长跑项目高原训练中以心率为控制手段调控运动员训练负荷的研究[J].南京体育学院学报(自然科学版)，2008，7(2)：39-41.

[3] 郭龙臣，刘伟.自行车项目中心率监控的实际应用研究[J].广州体育学院学报，2009，29(3)：87-92.

[4] 葛新发.利用逐级递增负荷运动中的心率拐点确定无氧阈的研究[J].武汉体育学院学报，1991，9(4)：67-71.

第三次测试表现出与2000m成绩相关（$r=0.58-0.6$，$p<0.05$）、$BLA_{第5级}$在五次测试中的第一次测试、第二次测试和第三次测试表现出与2000m成绩相关（$r=0.51-0.55$，$p<0.05$），$BLA_{第6级}$五次测试中第四次测试和第五次测试表现出与2000m成绩相关（$r=0.57$、0.5；$p<0.05$）。8min递增负荷测试方案$HR_{每级}$中$HR_{第2级}$和$HR_{第3级}$与2000m测功仪成绩部分相关。$HR_{第2级}$与2000m测功仪成绩相关性在五次测试中有两次相关（$r=0.38$，0.41；$p<0.05$）。$HR_{第3级}$与2000m测功仪成绩相关性在五次测试中有两次相关（$r=0.39$，0.36；$p<0.05$）。4min起始固定功率递增负荷测试方案$HR_{每级}$中仅有$HR_{第4级}$、$HR_{第5级}$和$HR_{第6级}$与2000m测功仪成绩相关，并表现出不稳定特点。$HR_{第4级}$仅在五次测试中的第一次测试和第三次测试表现出与2000m成绩相关且相关度低（$r=0.43$，0.46；$p<0.05$），$HR_{第5级}$在五次测试中第二次测试和第四次测试表现出与2000m成绩相关且相关度低（$r=0.37$，0.35；$p<0.05$），$HR_{第6级}$在五次测试中仅有第五次测试表现出与2000m成绩相关度低（$r=0.32$，$p<0.05$），只能部分反应2000m成绩变化情况。以上变化整体表现为随着训练水平的提高BLA拐点附近$HR_{每级}$数值下降，研究表明，不同递增负荷测试方案的主要目的是找出BLA或HR等的拐点[①]。在训练实践中，建议以4mmol/L附近的每级HR值作为综合分析运动员有氧能力变化的一个参考值。

4.1.5 小结

三种递增负荷测试方案在赛艇训练监控实际应用中体现出各自不同的特点。4min起始变化功率和4min起始固定功率递增负荷测试方案每级负荷持续时间适中，由于包含了力竭冲刺阶段，两种方案既能测试运动员有

[①] 曾凡星，丁轶建，彭希记.优秀男子赛艇运动员的训练效果分析[J].北京体育大学学报，2005，8(3)：60-63.

氧能力变化情况，又能测试运动员的最大冲刺能力。4min起始变化功率递增负荷测试方案每级负荷是依据运动员个体能力差异设定的，因此更具针对性。而8min递增负荷测试方案每级负荷持续时间较长，没有力竭冲刺阶段，只能测试运动员有氧能力变化情况。

三种递增负荷测试方案的常用测试指标在赛艇训练监控实际应用中敏感性和有效性存在一定程度的差异。

测试指标P_4在三种测试方案中与2000m测功仪成绩相关程度最高，敏感性最强，能较好地反映运动员有氧能力变化情况。其中，P_4指标在4min起始变化功率递增负荷测试方案中敏感程度最高，8min递增负荷测试方案的P_4指标敏感程度次之，4min起始固定功率递增负荷测试方案中P_4指标敏感程度略低。而且，P_4指标具有不受力竭性测试条件限制，对运动员机体刺激较小，不易产生过度疲劳等优点，训练实践中用P_4指标作为评价运动员有氧能力变化的首选监控指标是合适的。

测试指标P_{peak}整体敏感程度低于测试指标P_4，且其只在4min起始变化功率递增负荷测试方案和4min起始固定功率递增负荷测试方案中与测功仪2000m成绩相关程度较高。4min起始变化功率递增负荷测试方案的P_{peak}与2000m测功仪成绩相关性稳定程度高于4min起始固定功率递增负荷测试方案。由于P_{peak}指标必须在运动员力竭性递增负荷测试中获取，这种力竭性测试从生理和心理上对运动员的刺激强度较大，赛前调整阶段应慎重采用。

测试指标$BLA_{每级}$与2000m测功仪成绩相关均发生在BLA值4mmol/L附近，BLA指标的敏感程度和稳定性在8min递增负荷测试方案实施中表现较强，在4分钟起始变化功率和4min起始固定功率递增负荷测试方案中表现较弱。因此，4mmol/L附近每级BLA值的变化可以作为评价运动员有氧能力变化的一个参考指标。

测试指标$HR_{每级}$在BLA为4mmol/L附近时与2000m测功仪成绩有一定

程度的相关，因此，BLA 4mmol/L附近的每级HR值的变化可以作为评价运动员有氧能力变化的一个参考指标。HR_{peak}指标在评价运动员有氧能力变化时敏感程度和有效性较低。

赛艇训练监控实践中，应综合考虑测试的经济性、敏感性、有效性，及不同训练阶段（准备期、竞赛期）和条件合理选择递增负荷测试方案及测试指标。

4.2 递增负荷测试时运动员肌氧饱和度变化特征及其与常用测试指标的关系

4.2.1 目的

训练实践中，教练员在递增负荷测试时，通常采用心率、血乳酸、功率、速度和桨频作为常用的基本测试指标，也有部分教练员选择P_{peak}、P_4、HR_{peak}及BLA_{peak}和$VO_{2\,max}$等测试指标。大量研究证实，赛艇测功仪递增负荷测试P_{peak}、HR_{peak}和BLA_{peak}等指标与赛艇成绩具有相关关系，利用这些测试指标的变化可以评价训练效果及预测运动员竞技能力水平及运动成绩。但这些指标均只能反映运动员全身整体性变化情况。而赛艇运动是运动员上肢、躯干和下肢协同完成的周期性运动，不同部位肌肉协同做功会影响划船的效率和经济性，进而影响运动员的整体表现。在竞技体育领域，运动训练监控力求获取大量的监控信息，以精确掌握所有训练相关细节，因此对于赛艇运动中身体不同部位有氧能力情况如何监控也是训练监控领域研究重点。

近年来，近红外光谱技术（NIRS）的发展使人们及时监测运动过程中人体骨骼肌的氧代谢状况成为可能。肌氧饱和度（SMO_2）含量变化主要反映的是局部肌肉氧利用[①]的情况，通过监控运动员不同肌肉在划船时氧利用情况，精确监控不同部位训练效果，为后期训练安排提供更为科学依据，因而成为继 HR、BLA 之后，监控运动员有氧、无氧能力变化及运动负荷大小及恢复程度的又一重要指标。相关研究表明，运动过程中不同运动负荷刺激下 SMO_2 与 BLA 和 HR 等指标均有十分密切的关系。但当前有关肌氧的研究多集中在 SMO_2 与 BLA 和 HR 等指标之间的关系，对于不同水平运动员肌氧变化特征的对比研究较为鲜见。

本研究发现，现有的赛艇三种递增负荷测试方案所使用的常用测试指标存在一定的问题，即赛艇是一项由腿部、躯干、手臂三个主要环节协调发力的运动，现有常用测试指标只能反映运动员全身整体有氧能力的变化，不能反映运动员三个关键环节局部有氧能力的变化情况，因而也就不能准确测量与评价运动员三个关键环节局部有氧能力的强弱，势必会影响测试结果对下一步训练指导的针对性和有效性。

综上，本研究将在上述研究的基础上选择引入能够反映三个关键环节局部有氧能力变化的指标肌氧饱和度（SMO_2），对运动员在递增负荷测试中三个关键环节局部有氧能力变化特点及全身性有氧能力变化的相关指标与肌氧饱和度之间的关系进行研究；分析不同水平运动员在递增负荷测试中三个关键环节不同肌肉 SMO_2 变化特征，找出不同水平运动员 SMO_2 变化与常用指标变化关系，提高递增负荷测试在赛艇训练监控中的针对性和实效性。

[①] CRUME M, CONNOR J, LOO L V, et al. Validity and reliability of the Moxy oxygen monitor during incremental cycling exercise[J]. European journal of sport science, 2017, 17(8): 1–7.

4.2.2 实验方法

4.2.2.1 受试者

本次测试样本来源于某省赛艇队24名男子赛艇运动员，依据赛艇测功仪成绩水平将其分为A、B、C三个组，具体情况见表4-16。

表 4-16 测试运动员基本情况表

组别	年龄	身高/cm	体重/kg	人数	训练年限/年	测功仪成绩/分
A	24 ± 4	194 ± 2	93.3 ± 5.4	8	8	6:15 — 6:17
B	22 ± 2	195 ± 3	95.5 ± 6.2	8	6	6:34 — 6:45
C	20 ± 2	194 ± 3	94.7 ± 5.7	8	3	6:50 — 7:00

4.2.2.2 实验设备、步骤和测试指标

4.2.2.2.1 实验设备

实验所需主要设备信息见表4-17。

表 4-17 实验设备信息

索引	仪器与试剂	生产厂家
赛艇测功仪	CONCEPT 2风轮式赛艇测功仪	美国CONCEPT 2公司
血乳酸	EKF台式BLA分析仪	德国EKF公司
肌氧饱和度	MOXY肌氧测试仪	美国MOXY公司
心率	POLAR 800CX心率表	芬兰POLAR公司

4.2.2.2.2 测试方法与步骤

（1）前期准备

测试安排在运动队训练计划的测试周，测试前1周运动员主要进行恢复性训练，确保以较好的状态参加测试。测试人员测试前熟悉测试程序。

运动员在测试前24h避免大强度运动，餐后2h测试。

测试前打开心率表、肌氧测试仪和CONCEPT 2测功仪等设备，进行设置等工作。测量受试者身高、体重、年龄和运动等级等基本信息。

受试者慢跑拉伸热身15min后，佩戴心率带，校对心率表。佩戴肌氧测试仪，肌氧测试仪器为美国产Moxy肌氧监测仪，重42g，尺寸为$61 \times 44 \times 21$mm，4个发光二极管发射波长为630—850nm光波进入肌组织，肌组织反射的近红外光由位于距离光源12.5mm和25mm的两个光学检测器收集。HbO_2（氧合血红蛋白）与Hb（脱氧血红蛋白）吸收和反射近红外光的方式不同，通过组织光传播模型和比尔-朗伯（Beer-Lambert）定律计算肌组织内Hb的总量和SMO_2（$SMO_2 = \dfrac{HbO_2}{HbO_2 + Hb} \times 100\%$）的变化[159]。在佩戴仪器前用酒精擦拭测试部位，以防皮肤杂质等对信号的干扰。仪器放置根据前人实验设计和测功仪专项运动生物力学特点①，选择肌肉为左右侧肱二头肌、左右侧股内侧肌和腰部竖脊肌。监测仪器放置好后，用黑色运动胶带固定，防止外界近红外光干扰。运动胶带需松紧适度，防止过紧导致局部缺血。

（2）测试程序

第一天完成2000m测功仪测试。运动员根据参赛要求热身30min，佩戴心率表，心率恢复到100 beats/min以下时，采耳血后将测功仪阻力调至习惯档位，开始进行全力赛艇测功仪2000m测试，并记录成绩。

第二天完成赛艇测功仪递增负荷测试。运动员热身15min后，佩戴心率带、肌氧测试仪。心率恢复到100beats/min以下时，采耳血后将测功仪阻力调至习惯档位，开始进行递增负荷测试。每人起始功率、递增幅度根据上述研究4min起始变化功率递增负荷方案标准（见表4-4）确定。每4min间歇1min采耳血，直至力竭，运动结束即刻采血，全程监控运动员

---

① JIM FLOOD, CHARLES SIMPSON. The complete guide to indoor rowing[M].London: Bloomsbury Publishing PLC，2017：54-55.

心率、肌氧和每桨功率。

4.2.2.2.3 测试指标

峰值功率（P_{peak}）、平均功率（P_{mean}）、峰值心率（HR_{peak}）、峰值BLA（BLA_{peak}）、BLA 4mmol/L功率（P_4）、心率（HR）、血乳酸（BLA）、肌氧饱和度（SMO_2）。

4.2.2.3 数据处理

实验数据采用SPSS21.0软件处理。测试结果均用平均数±标准差表示，使用Shapiro-Wilk法检验数据的正态性，运动员不同肌肉SMO_2变化测试结果对比使用非参数检验分析，不同水平运动员递增负荷HR、BLA、P_{peak}、HR_{peak}、BLA_{peak}、P_4和SMO_2测试结果的对比使用双尾独立性检验，对测试或对比结果，用$p < 0.05$表示差异具有显著性，$p < 0.01$表示差异极具显著性，$p > 0.05$表示差异无显著性。相同水平运动员不同部位肌肉SMO_2与其他指标之间变化相关关系采用Pearson相关分析，对测试或对比结果，用$p < 0.05$表示相关或具有相关性，$p < 0.01$表示显著相关或具有显著相关性。运动员SMO_2变化与2000m运动成绩的相关关系也采用Pearson相关分析，$p < 0.05$表示相关或具有相关性，$p < 0.01$表示显著相关或具有显著相关性，$p > 0.05$表示不相关、无相关性或不存在相关关系。

4.2.3 研究结果

4.2.3.1 递增负荷测试方案实施中不同水平运动员SMO_2指标变化特征

A、B、C三组不同水平运动员（下文、下图、下表视情况需要有时简称为"A组运动员"或"A组"、"B组运动员"或"B组"、"C组运动员"或"C组"）在递增负荷时不同部位SMO_2浓度随着负荷的增加整体呈现逐步下降的趋势（见图4-43）。在递增负荷运动测试中三组不同水平运动员不同部位SMO_2变化特点随着每级负荷变化呈现出不同变化趋势。

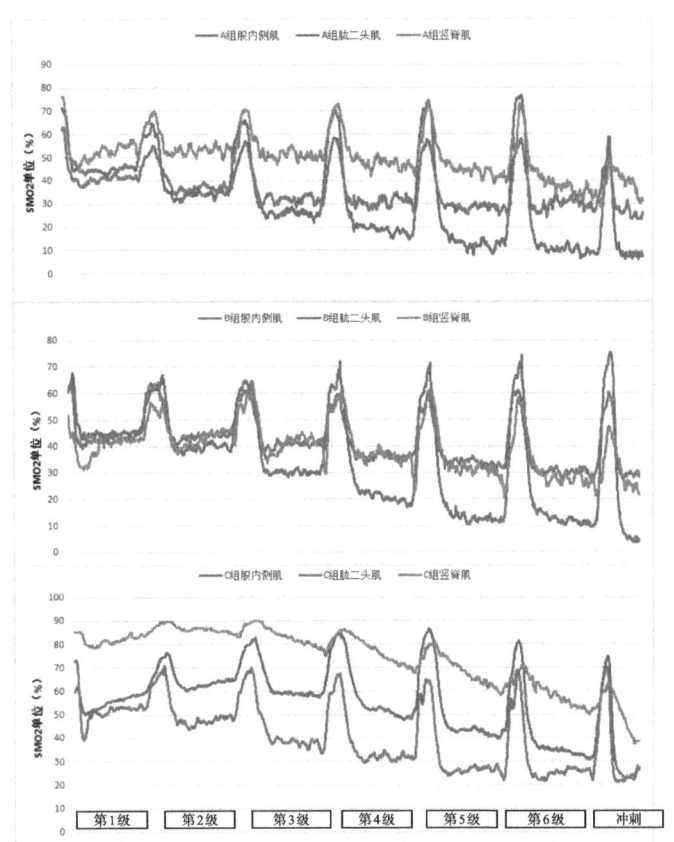

图 4-43 递增负荷测试实施中不同水平运动员 SMO_2 变化曲线图

4.2.3.1.1 A 组运动员 SMO_2 变化特征

A 组运动员在递增负荷测试过程中,股内侧肌每级 SMO_2 变化从第 2 级开始均与前一级差异极具显著性($p < 0.01$)。每级 SMO_2 最大值变化不稳定(见表 4-18)。第 1 级 SMO_2 最大值为 67 ± 12(%),到第 3 级 SMO_2 最大值为 64.5 ± 11(%),呈现出逐级轻微下降的特点;第 5 级 SMO_2 最大值为 71.25 ± 5.2(%),高于第 1 级 SMO_2 最大值 67 ± 12(%)。每级 SMO_2 最小值随负荷增加从第 1 级的 41.5 ± 8.6(%)逐级下降至冲刺时的 6 ± 2.2(%),呈现出负荷越大最小值越低的趋势。肱二头肌每级

SMO$_2$变化从第2级开始均与前一级差异极具显著性（$p < 0.01$）。每级SMO$_2$最大值随着负荷增加从第1级的63.5±13（%）小幅度下降至第5级的53.5±6.7（%），随后下降幅度增大至冲刺阶段的40.75±4.2（%）。每级SMO$_2$最小值随负荷增加从第1级的37.25±7.5（%）逐级下降至第4级的27±7.8（%），呈现出负荷越大最小值越低的趋势；随后，从第5级开始至冲刺阶段最小值变化幅度较小，在24.75±4.6（%）至23±3.5（%）之间。竖脊肌每级SMO$_2$变化从第2级开始均与前一级差异极具显著性（$p < 0.01$）。每级SMO$_2$最大值变化不稳定，第1级SMO$_2$最大值为76.5±7.8（%），第5级SMO$_2$最大值为61±8.4（%），呈现下降趋势；随后，第6级和冲刺阶段SMO$_2$最大值均在46（%）左右。每级SMO$_2$最小值随负荷增加变化情况与股内侧肌和肱二头肌不同，从第1级的45±7.3（%）增加至第2级的49.5±6.5（%），再降低至第3级的46.5±5.8（%），之后随着运动负荷的增加逐级降低至冲刺阶段的30±6.2（%）。

表 4-18　不同水平运动员 SMO$_2$ 变化

		A组SMO$_2$/%			B组SMO$_2$/%			C组SMO$_2$/%		
		平均值	最大值	最小值	平均值	最大值	最小值	平均值	最大值	最小值
第1级负荷	股内侧肌	45.77±3.77	67±12	41.5±8.6	47.23±6.04	68±12	42.5±10.32	55.78±2.93	62±11.2	50.25±8.3
	肱二头肌	42.54±5.51	63.5±13	37.25±7.5	44.69±5.68	64.13±11	39.38±8.36	52.4±6.24	73.25±12.3	39.08±4.6
	竖脊肌	53.53±6.82	76.5±7.8	45±7.3	40.07±4.29	52±10	31±7.24	81.96±2.01	85.5±13.2	78.5±9.8
第2级负荷	股内侧肌	35±3.91	56.75±8.4	30.75±6.5	41±4.86	64.25±12.56	36.75±6.34	64.73±4.37	76.5±11.5	60.25±6.2
	肱二头肌	38.88±4.89	55.25±6.4	33.5±6.2	44.44±2.32	55.275±11.32	40.2±5.21	49.52±5.9	71±10.5	43.78±3.9
	竖脊肌	54.7±4.41	70±15	49.5±6.5	43.17±3.09	53.5±10.3	37±5.39	86.68±1.41	89.5±13.5	84.5±14.3

续表

		A组SMO$_2$/%			B组SMO$_2$/%			C组SMO$_2$/%		
		平均值	最大值	最小值	平均值	最大值	最小值	平均值	最大值	最小值
第3级负荷	股内侧肌	28.73 ± 7.98	64.5 ± 11	21.5 ± 5.2	32.93 ± 7.69	64.75 ± 10	28.25 ± 4.21	63.25 ± 7.77	83 ± 13.8	57.25 ± 11.3
	肱二头肌	33.75 ± 5.13	55 ± 9	28.5 ± 5.3	41.73 ± 3.42	56.55 ± 9	38.13 ± 5.23	42.3 ± 8.48	70 ± 11.5	35 ± 10.3
	竖脊肌	51.54 ± 2.56	59.5 ± 8	46.5 ± 5.8	42.46 ± 5.77	63 ± 8	33.5 ± 4.21	83.9 ± 3.62	90 ± 16.9	78 ± 16.3
第4级负荷	股内侧肌	22.38 ± 9.93	67.5 ± 8.3	14.75 ± 4.2	24.65 ± 9.56	62 ± 9.56	17 ± 3.21	56.26 ± 9.73	84.25 ± 15.6	47.75 ± 11.5
	肱二头肌	31.92 ± 4.17	52 ± 8.4	27 ± 7.8	37.56 ± 3.57	52.15 ± 9.63	34 ± 4.25	34.75 ± 7.46	65.275 ± 15.3	29.35 ± 9.3
	竖脊肌	48.2 ± 2.93	61.5 ± 7.6	42 ± 8.5	38.3 ± 5.88	59 ± 10.65	32 ± 6.21	77.6 ± 5.27	86.5 ± 12.3	69.5 ± 16.3
第5级负荷	股内侧肌	17.85 ± 12.84	71.25 ± 5.2	7.75 ± 2.5	16.39 ± 9.18	57 ± 11.21	10.25 ± 3.25	48.23 ± 12.13	85.75 ± 14.2	39.5 ± 7.3
	肱二头肌	30.28 ± 5.4	53.5 ± 6.7	24.75 ± 4.6	34.89 ± 3.49	50 ± 7.65	31.35 ± 5.32	29.26 ± 8.46	64.175 ± 11.2	23.68 ± 10.2
	竖脊肌	45.33 ± 3.85	61 ± 8.4	38.5 ± 5.2	33.43 ± 6.57	59 ± 9.65	24.5 ± 6.21	69 ± 6.13	81 ± 14.3	58.5 ± 10.4
第6级负荷	股内侧肌	12.64 ± 8.49	63.25 ± 9.1	6.5 ± 1.3	15.52 ± 9.49	60.25 ± 9.89	9.5 ± 2.2	38.17 ± 10.2	79.25 ± 13.6	30.75 ± 8.3
	肱二头肌	30.1 ± 3.35	44.75 ± 6.2	24 ± 3.5	31.12 ± 3.43	48.6 ± 6.25	27.2 ± 3.6	27.2 ± 6.98	63 ± 12.3	21.58 ± 9.4
	竖脊肌	37.5 ± 3.76	46 ± 5.1	31 ± 6.5	30 ± 6.13	54 ± 6.35	24 ± 3.5	58.71 ± 5.62	71 ± 15.2	50 ± 7.5
冲刺	股内侧肌	10.65 ± 7.32	42 ± 4.9	6 ± 2.2	9.84 ± 9.34	45 ± 5.31	3.5 ± 1.2	30.27 ± 13.51	74.25 ± 12.3	13.51 ± 4.2
	肱二头肌	26.96 ± 3.85	40.75 ± 4.2	23 ± 3.5	30.3 ± 3.07	42.5 ± 5.21	27.3 ± 3.2	26.48 ± 9.43	65.48 ± 14.25	9.43 ± 1.6
	竖脊肌	32.11 ± 4.65	46.5 ± 5.3	30 ± 6.2	27.74 ± 5.05	40 ± 4	21.5 ± 5.2	49.03 ± 8.49	63.5 ± 12.68	39 ± 1.2

本研究整个运动过程中SMO_2变化幅度值=SMO_2基线值（测试前运动员静坐30秒的平均值）—SMO_2每级结束时值（每级运动结束最后5s的SMO_2平均值）[1][2]，分析发现A组股内侧肌SMO_2变化幅度高于竖脊肌SMO_2变化幅度高于肱二头肌SMO_2变化幅度。股内侧肌、肱二头肌和竖脊肌SMO_2在运动全过程呈现出股内侧肌SMO_2数值整体表现低于肱二头肌，而竖脊肌相对其他两个部位SMO_2数值整体偏高（见图4-44）。

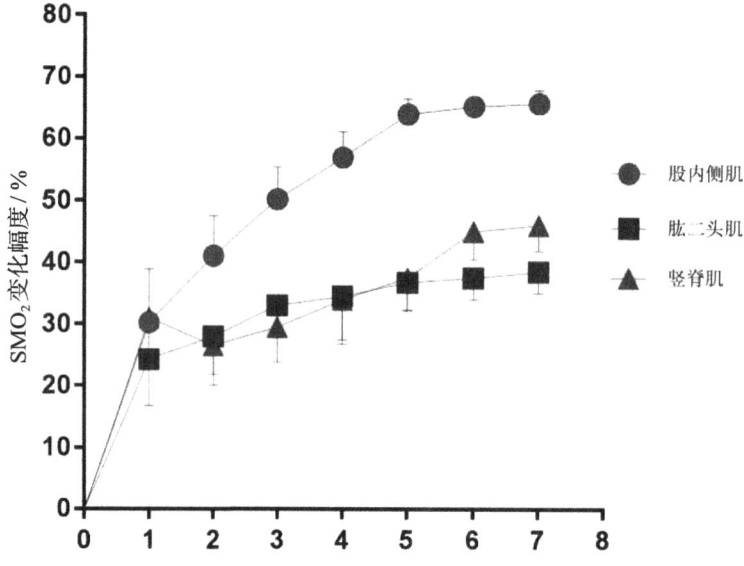

图4-44　A组运动员递增负荷测试时不同肌肉每级SMO_2变化图

注：横轴表示递增负荷测试级次

---

① PAQUETTE M, BIEUZEN F, BILLAUT F. Effect of a 3-Weeks training camp on muscle oxygenation, VO₂ and performance in Elite Sprint Kayakers[J]. Frontiers in sports and active living, 2020, 2(3)：1-13.

② PAQUETTE M, BIEUZEN F, BILLAUT F. Muscle oxygenation rather than VO₂ max is a strong predictor of performance in sprint canoe-kayak.[J].International journal of sports physiology and performance, 2018, 6(5)：1-25.

A组运动员不同部位肌肉SMO_2随着运动负荷的增加整体变化趋势基本一致，股内侧肌、肱二头肌和竖脊肌在相同负荷下彼此的变化均有相关关系（见表4-19），在第6级负荷阶段肱二头肌和竖脊肌的相关系数相对较小（r=0.43，$p < 0.01$），冲刺阶段股内侧肌和竖脊肌的相关系数相对较小（r=0.55，$p < 0.01$）。

表 4-19　A 组运动员相同负荷不同部位间 SMO_2 变化相关系数汇总

A组	第1级	第2级	第3级	第4级	第5级	第6级	冲刺
股内侧肌与肱二头肌	0.92**	0.92**	0.94**	0.89**	0.97**	0.72**	0.93**
股内侧肌与竖脊肌	0.81**	0.89**	0.92**	0.93**	0.94**	0.84**	0.55**
肱二头肌与竖脊肌	0.91**	0.83**	0.87**	0.84**	0.93**	0.43**	0.65**

注：**表示$p < 0.01$

4.2.3.1.2 B 组运动员 SMO_2 变化特征

B组运动员在递增负荷测试过程中，股内侧肌每级SMO_2变化从第2级开始均与前一级差异极具显著性（$p < 0.01$），见图4-43。每级SMO_2最大值变化不稳定（见表4-18），第1级SMO_2最大值为68 ± 12（%），第5级SMO_2最大值为57 ± 11.21（%），呈现逐级轻微下降的趋势，第6级SMO_2最大值上升为60.25 ± 9.89（%），随后在冲刺阶段SMO_2最大值快速下降至45 ± 5.31（%）。每级SMO_2最小值随负荷增加从第1级的42.5 ± 10.32（%）逐级下降至冲刺时的3.5 ± 1.2（%），呈现出负荷越大最小值越低的趋势。肱二头肌每级SMO_2变化从第2级开始均与前一级差异极具显著性（$p < 0.01$）。每级SMO_2最大值随着负荷增加从第1级负荷的64.13 ± 11（%）小幅度下降至冲刺时的42.5 ± 5.21（%）。每级SMO_2最小值从第1级的39.38 ± 8.36(%)小幅度增加到第2级的40.2 ± 5.21(%)，之后随着运动负荷的增加逐渐下降至第6级的27.2 ± 3.6（%），至冲刺

阶段一直稳定在27.3±3.2（%）。竖脊肌每级SMO$_2$变化从第2级开始均与前一级差异极具显著性（$p < 0.01$）。每级SMO$_2$最大值变化不稳定，SMO$_2$最大值从第1级的52±10（%）逐级增加到第3级的63±8（%），随后呈现出逐级下降的趋势，从第4级的59±10.65（%）逐级下降到冲刺阶段的40±4（%）。每级SMO$_2$最小值随负荷增加亦呈现出不稳定变化的趋势，从第1级的31±7.24（%）增加至第2级的37±5.39（%），随后随着运动负荷的增加逐级降低至冲刺的21.5±5.2（%）。

B组股内侧肌变化幅度高于肱二头肌变化幅度，肱二头肌变化幅度高于竖脊肌变化幅度，见图4-45。股内侧肌、肱二头肌和竖脊肌SMO$_2$在运动全过程呈现出股内侧肌整体SMO$_2$表现低于竖脊肌SMO$_2$，肱二头肌和竖脊肌SMO$_2$变化统计学上没有差异，竖脊肌SMO$_2$变化幅度整体低于肱二头肌SMO$_2$。

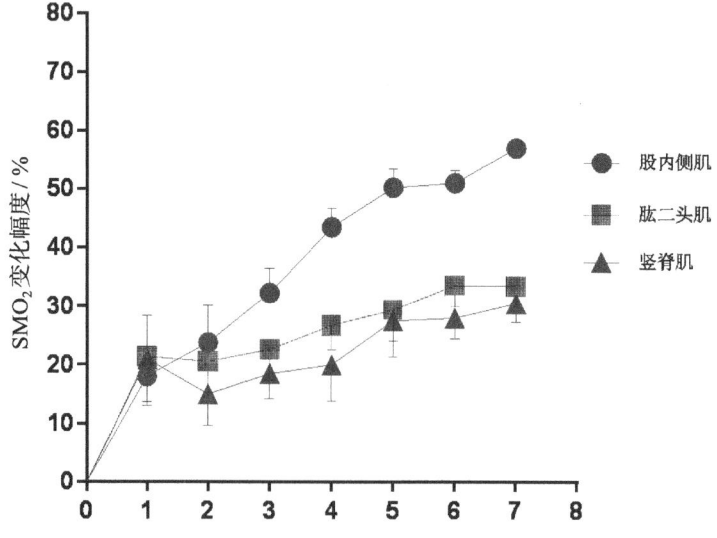

图4-45 B组运动员递增负荷测试时不同肌肉每级SMO$_2$变化图

注：横轴表示递增负荷测试级次

在递增负荷测试中，B组运动员不同部位SMO$_2$随着运动负荷的增加整体变化趋势基本一致，股内侧肌、肱二头肌和竖脊肌在相同负荷下彼此的SMO$_2$变化均有相关关系（见表4-20），在第1级负荷阶段股内侧肌和竖脊肌的相关系数相对较小（$r=0.42$，$p<0.01$），肱二头肌与竖脊肌相关系数相对较小（$r=0.56$，$p<0.01$）。

表4-20　B组运动员相同负荷不同部位间SMO$_2$变化相关系数汇总

B组	第1级	第2级	第3级	第4级	第5级	第6级	冲刺
股内侧肌与肱二头肌	0.91**	0.86**	0.96**	0.95**	0.95**	0.95**	0.94**
股内侧肌与竖脊肌	0.42**	0.65**	0.87**	0.95**	0.96**	0.93**	0.90**
肱二头肌与竖脊肌	0.56**	0.74**	0.90**	0.96**	0.93**	0.89**	0.78**

注：**表示$p<0.01$

4.2.3.1.3　C组运动员SMO$_2$变化特征

C组运动员在递增负荷测试过程中，股内侧肌每级SMO$_2$变化从第2级开始均与前一级差异极具显著性（$p<0.01$），见图4-43。股内侧肌随着负荷的增加SMO$_2$最大值呈现增加趋势，至第5级负荷增加为85.75 ± 14.2（%），冲刺阶段下降至74.25 ± 12.3（%），见表4-18。每级SMO$_2$最小值从第1级的50.25 ± 8.3（%）增加到第2级的60.25 ± 6.2（%），随后随着运动负荷的增加逐渐下降至冲刺阶段的13.51 ± 4.2（%）。肱二头肌每级SMO$_2$变化从第2级开始均与前一级差异极具显著性（$p<0.01$）。每级SMO$_2$最大值随负荷增加从第1级的73.25 ± 12.3（%）下降至第6级的63 ± 12.3（%），随后在冲刺阶段小幅增加至65.48 ± 14.25（%）。每级SMO$_2$最小值从第1级的39.08 ± 4.6（%）增加到第2级的43.78 ± 3.9（%），随后随着运动负荷的增加逐渐下降至冲刺阶段的9.43 ± 1.6（%）。竖脊肌每级SMO$_2$变化从第2级开始均与前一级差异极具显著性（$p<0.01$）。每级SMO$_2$最大值变化不稳定，SMO$_2$最大值从第1级的85.5 ± 13.2（%）逐级增加到第3级的90 ± 16.9（%），随后呈现出逐级下降的趋势，从第

4级的86.5±12.3（%）逐级下降到冲刺阶段的63.5±12.68（%）。每级SMO$_2$最小值随负荷增加亦呈现出不稳定变化，从第1级的78.5±9.8（%）增加至第2级的84.5±14.3（%），之后随着运动负荷的增加逐级降低至冲刺阶段的39±1.2（%）。

C组运动员竖脊肌SMO$_2$变化幅度高于肱二头肌SMO$_2$变化幅度，肱二头肌SMO$_2$变化幅度高于股内侧肌SMO$_2$变化幅度，见图4-46。C组运动员股内侧肌、肱二头肌和竖脊肌SMO$_2$在运动过程中的变化与A组的和B组的明显不同，呈现出肱二头肌SMO$_2$整体变化低于股内侧肌SMO$_2$整体变化，而竖脊肌SMO$_2$变化从第1级至第6级呈现出50%以上的高数值浮动。

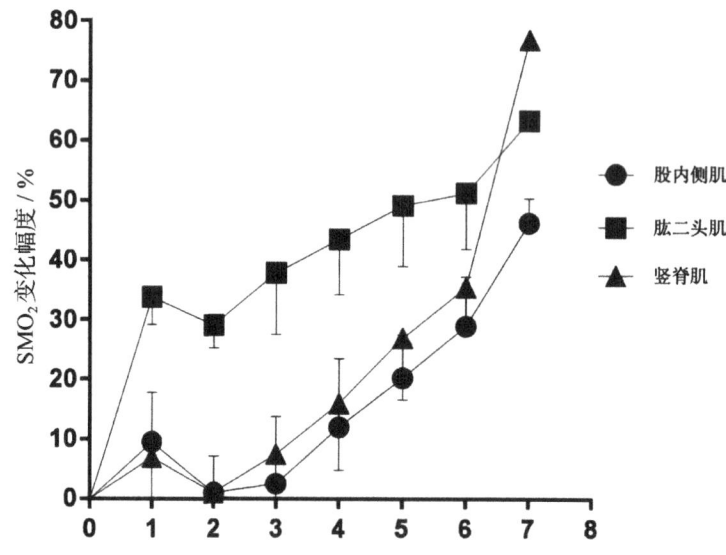

图4-46 C组运动员递增负荷测试时不同肌肉每级SMO$_2$变化图

注：横轴表示递增负荷测试级次

递增负荷测试中，C组运动员不同部位SMO$_2$随着运动负荷的增加整体变化趋势基本一致，股内侧肌、肱二头肌和竖脊肌SMO$_2$在相同负荷下变化均有相关关系（见表4-21）。在整个运动阶段，肱二头肌与竖脊肌二者SMO_2变化的相关系数相较肱二头肌与股内侧肌、竖脊肌与股内侧肌SMO_2变化的相关系数较小（$r=0.43—0.76$，$p<0.01$），特别是第1级（$r=0.43$，$p<0.01$）、第6级（$r=0.49$，$p<0.01$）和冲刺阶段（$r=0.46$，$p<0.01$）相关系数更小。

表 4-21　C组运动员相同负荷不同部位间SMO_2变化相关系数汇总

C组	第1级	第2级	第3级	第4级	第5级	第6级	冲刺
股内侧肌与肱二头肌	0.74**	0.91**	0.95**	0.92**	0.92**	0.90**	0.92**
股内侧肌与竖脊肌	0.76**	0.74**	0.85**	0.82**	0.77**	0.80**	0.71**
肱二头肌与竖脊肌	0.43**	0.65**	0.76**	0.60**	0.56**	0.49**	0.46**

注：**表示$p<0.01$

4.2.3.1.4 不同水平运动员SMO_2变化对比

赛艇递增负荷测试中，股内侧肌每级SMO_2变化幅度在A组运动员、B组运动员和C组运动员之间的差异具有显著性（$p<0.05$），见图4-47。股内侧肌每级SMO_2变化幅度显示A组高于B组，B组高于C组。A组和B组股内侧肌SMO_2变化幅度均在第5级进入相对平台化阶段，变化幅度相对减小，但C组持续在大幅度变化中。

肱二头肌每级SMO_2变化幅度在A组运动员、B组运动员和C组运动员之间的差异具有显著性（$p<0.05$）。图4-47显示，肱二头肌每级SMO_2变化幅度C组高于A组，A组高于B组。A组和B组肱二头肌SMO_2变化幅度均在第5级进入相对平台化阶段，变化幅度相对减小，C组持续在大幅度变化中。竖脊肌每级SMO_2变化幅度在A组、B组和C组之间的差异具有显著性（$p<0.05$）。竖脊肌每级SMO_2变化幅度C组高于A组，A组高于B组。A组和B组竖脊肌SMO_2变化幅度均在第5级进入相对平台化阶段，变化幅度相对减小，C组变化幅度则突增。

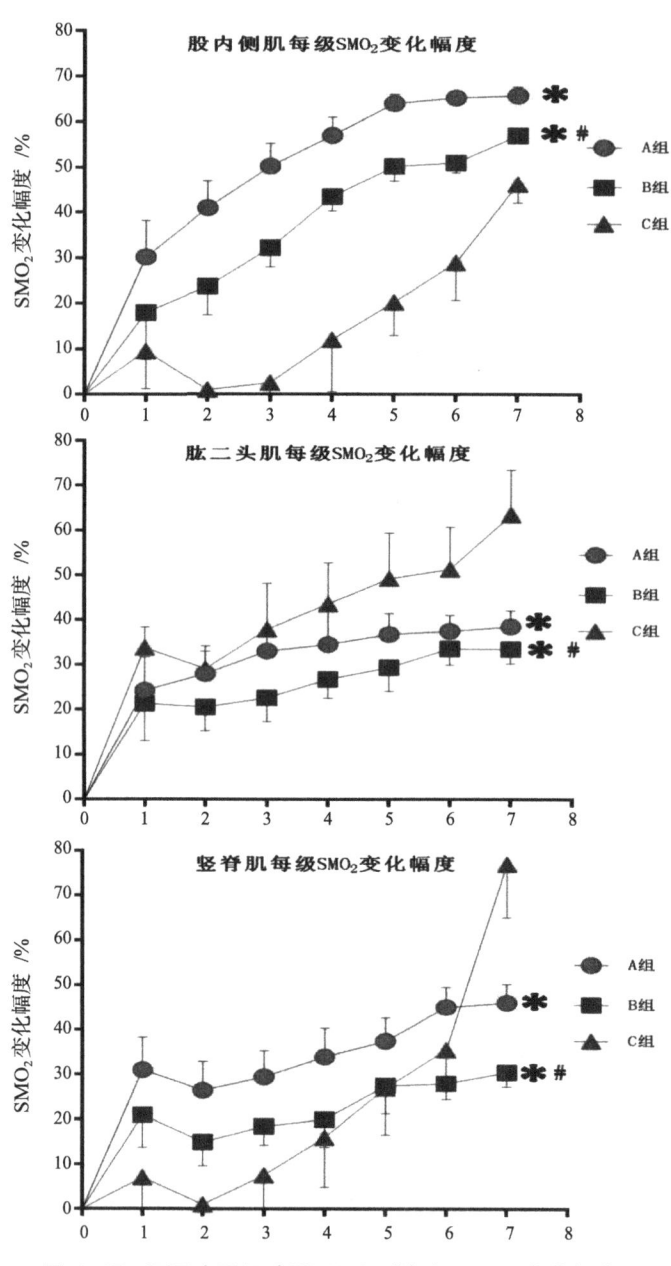

图 4-47 不同水平运动员不同肌群每级 SMO_2 变化幅度图

注：*表示与C组每级 SMO_2 变化幅度差异具有显著性（$p<0.05$），#表示与A组每级 SMO_2 变化幅度差异具有显著性（$p<0.05$）；横轴表示递增负荷测试级次

测试时，不同水平运动员相同功率输出时，不同肌肉 SMO_2 显示出相同变化特征（见图4-48）。当输出功率同为210W时，B组股内侧肌 SMO_2 值低于A组 SMO_2 值；C组肱二头肌 SMO_2 值低于A组 SMO_2 值，A组 SMO_2 值低于B组 SMO_2 值。输出功率为285W时，B组股内侧肌 SMO_2 值低于A组 SMO_2 值；C组肱二头肌 SMO_2 值低于A组 SMO_2 值，A组 SMO_2 值低于B组 SMO_2 值。

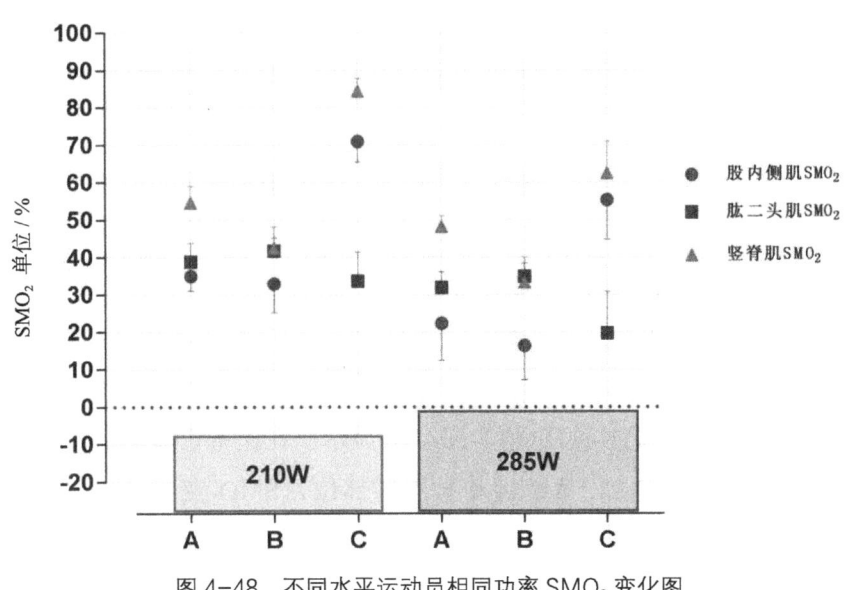

图 4-48　不同水平运动员相同功率 SMO_2 变化图

4.2.3.2 SMO_2 与 HR、BLA 和 P 指标变化分析

4.2.3.2.1 SMO_2 与 HR 变化分析

HR 和 SMO_2 在数据采集方面有共同特点，一是无创采集，二是数据连续实时显示。本实验 HR 和 SMO_2 均采用每秒一次的频率，全程采集数据。分析可知，在递增负荷测试过程中，A组、B组、C组三组运动员随着每级负荷的增加，HR 和 SMO_2 变化呈现出某种相关关系（见图4-49、

图4-50和图4-51）。

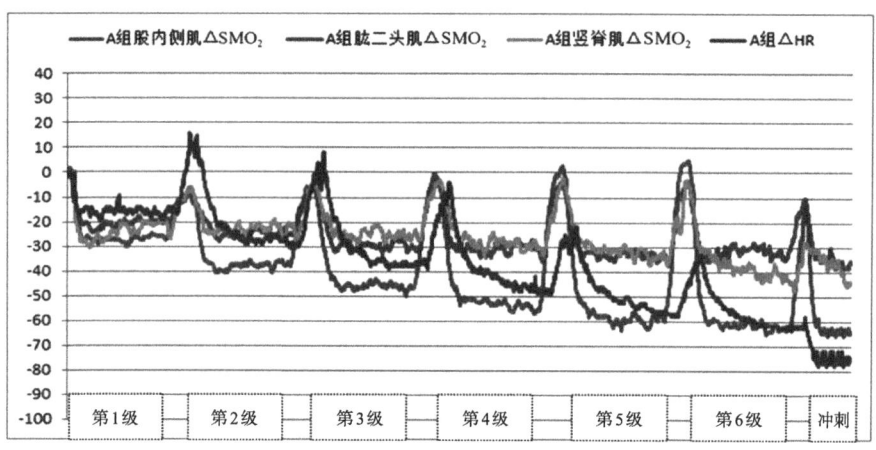

图4-49　A组运动员△SMO_2与△HR变化曲线图

本节SMO_2指标用其相对变化量表示（△SMO_2），即△SMO_2=第N秒SMO_2值－SMO_2基础值（运动前30s SMO_2平均值）；HR指标则用HR的相对值表示（△HR），即△HR（beats/min）= HR基础值（运动前30s HR的平均值）－第N秒HR值。图4-49显示，在递增负荷测试过程中，随着每级负荷的增加，A组运动员不同部位△SMO_2变化趋势与△HR变化趋势相同。综合△SMO_2为同一时间股内侧肌△SMO_2、肱二头肌△SMO_2和竖脊肌△SMO_2的均值。表4-22显示出A组不同部位△SMO_2在每级负荷中均与△HR有相关关系，但不同阶段不同部位△SMO_2与△HR的相关程度有差异。第6级肱二头肌△SMO_2与△HR相关程度较低（$r=0.31$，$p<0.05$），冲刺阶段竖脊肌△SMO_2与△HR相关程度较低（$r=0.49$，$p<0.05$）。综合△SMO_2与△HR全程有显著相关性（$r=0.66$—0.86，$p<0.01$）。

表 4-22　A 组运动员每级负荷 △ SMO$_2$ 与 △ HR 相关系数汇总表

A组	第1级 △ HR	第2级 △ HR	第3级 △ HR	第4级 △ HR	第5级 △ HR	第6级 △ HR	冲刺 △ HR
股内侧肌 △ SMO$_2$	0.85**	0.82**	0.81**	0.80**	0.74**	0.63**	0.89**
肱二头肌 △ SMO$_2$	0.88**	0.88**	0.77**	0.55**	0.67**	0.31*	0.84**
竖脊肌 △ SMO$_2$	0.76**	0.68**	0.77**	0.81**	0.81**	0.81**	0.49*
综合 △ SMO$_2$	0.86**	0.84**	0.81**	0.78**	0.75**	0.66**	0.85**

注：*表示 $p < 0.05$，**表示 $P < 0.01$

图4-50显示出在递增负荷测试过程中，随着每级负荷的增加，B组运动员不同部位 △ SMO$_2$ 变化趋势与 △ HR 变化趋势相同。B组不同部位 △ SMO$_2$ 在每级负荷中均与 △ HR 有相关关系，但不同阶段不同部位 △ SMO$_2$ 与 △ HR 的相关性有差异。表4-23显示出B组第3级肱二头肌 △ SMO$_2$ 与 △ HR 相关性较低（$r=0.49$，$p < 0.05$），第2级、第3级竖脊肌 △ SMO$_2$ 与 △ HR 相关性较低（$r=0.47$，0.41，$p < 0.05$）。综合 △ SMO$_2$ 与 △ HR 全程有显著相关性（$r=0.70—0.94$，$p < 0.01$）。

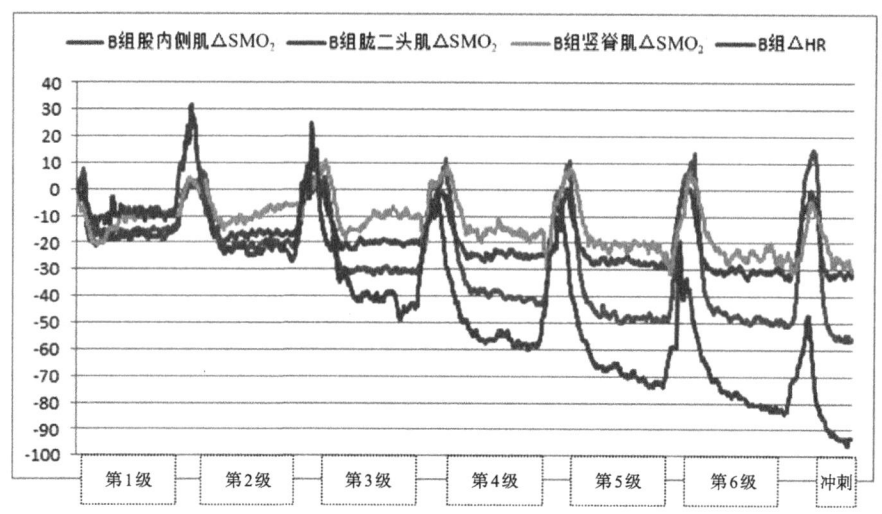

图 4-50　递增负荷测试 B 组运动员 △SMO_2 与 △HR 变化曲线图

表 4-23　B 组运动员每级负荷 △SMO_2 与 △HR 相关系数汇总表

B组	第1级 △HR	第2级 △HR	第3级 △HR	第4级 △HR	第5级 △HR	第6级 △HR	冲刺 △HR
股内侧肌 △SMO_2	0.71**	0.87**	0.80**	0.91**	0.93**	0.89**	0.92**
肱二头肌 △SMO_2	0.78**	0.79**	0.49*	0.89**	0.90**	0.82**	0.86**
竖脊肌 △SMO_2	0.61**	0.47*	0.41*	0.85**	0.92**	0.89**	0.95**
综合 △SMO_2	0.80**	0.81**	0.70**	0.90**	0.93**	0.89**	0.94**

注：*表示 $p<0.05$，**表示 $P<0.01$

图 4-51 显示出在递增负荷测试过程中，随着每级负荷的增加，C 组运动员不同部位 △SMO_2 变化与 △HR 变化趋势相同。C 组运动员不同部位 △SMO_2 在每级负荷中均与 △HR 有相关关系，但不同阶段不同部位 △SMO_2 与 △HR 的相关性有差异。

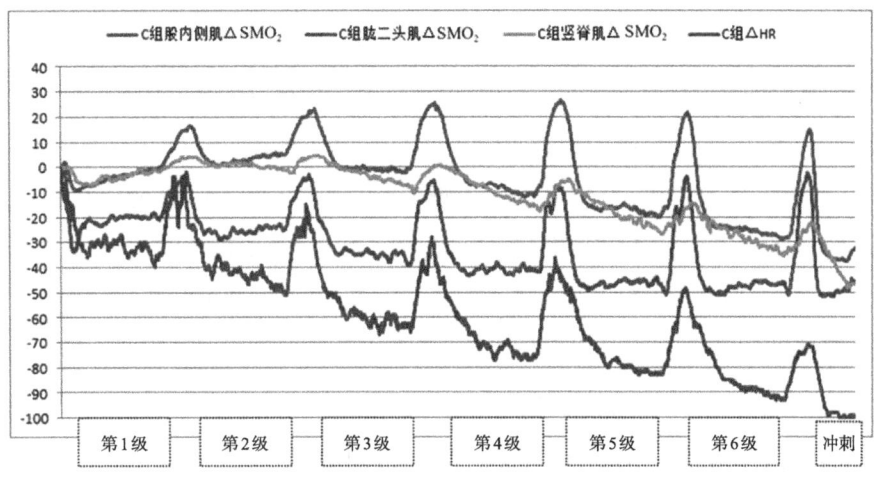

图 4-51　C 组运动员 △SMO$_2$ 与 △HR 变化曲线图

表4-24显示出C组运动员第1级股内侧肌△SMO$_2$与△HR相关性最低（$r=0.18$，$p<0.05$），在此阶段的肱二头肌和竖脊肌△SMO$_2$与△HR相关性也较低（$r=0.45$，0.43；$p<0.05$）。除第1级综合△SMO$_2$与△HR相关性较低（$r=0.42$，$p<0.05$）外，其他阶段综合△SMO$_2$与△HR均有显著相关性（$r=0.67—0.96$，$p<0.01$）。

表 4-24　C 组运动员每级负荷 △SMO$_2$ 与 △HR 相关系数汇总表

C组	第1级 △HR	第2级 △HR	第3级 △HR	第4级 △HR	第5级 △HR	第6级 △HR	冲刺 △HR
股内侧肌 △SMO$_2$	0.38*	0.61**	0.94**	0.96**	0.91**	0.91**	0.93**
肱二头肌 △SMO$_2$	0.45*	0.52**	0.93**	0.83**	0.74**	0.75**	0.73**
竖脊肌 △SMO$_2$	0.43*	0.83**	0.86**	0.89**	0.93**	0.92**	0.85**
综合 △SMO$_2$	0.42**	0.67**	0.96**	0.96**	0.92**	0.91**	0.95**

注：*表示$p<0.05$，**表示$P<0.01$

A组运动员、B组运动员和C组运动员在递增负荷测试中，综合△SMO$_2$整体变化趋势相同，随着每级负荷的增加，SMO$_2$下降幅度逐渐增大，表4-25显示出A组综合△SMO$_2$变化率与B组综合△SMO$_2$变化率、C组综合△SMO$_2$变化率均有显著性差异（$p < 0.05$）；从变化数值看，A组每级综合△SMO$_2$下降幅度大于B组和C组。B组与C组之间综合△SMO$_2$差异无显著性（$p > 0.05$）。三个组△HR在递增负荷测试中相互之间差异均有显著性（$p < 0.05$），三个组从安静到第1级测试，即运动开始阶段综合△SMO$_2$变化率最大（-12.81%——-31.28%），其对应△HR变化率相对较小（-6.78%——-9.41%）。从递增负荷测试第2级开始，A组综合△SMO$_2$变化率（-1.99%——-7.06%）整体低于C组综合△SMO$_2$变化率（4.01%——-10.22%）。A组除冲刺阶段外，第2级到第6级△HR变化率（-4.57%——-8.90%）整体低于同时段B组（-9.88%——-15.78%）和C组（-6.82%——-15.45%）的△HR变化率。在冲刺阶段，运动员在达到力竭状态过程中A组综合△SMO$_2$变化率呈现全程最低（-1.99%），对应△HR变化率为全程最高（-17.68%）；B组综合△SMO$_2$变化率呈现较低（-2.39%），对应△HR变化率为-10.99%；C组综合△SMO$_2$变化率相较A组和B组数值偏高（-9.51%），对应△HR变化率为三组同期最低（-10.27%）。

表 4-25 不同水平运动员每级负荷△ SMO$_2$ 与△ HR 变化表

	A组		B组		C组	
	综合△SMO$_2$变化率	△HR变化率#	综合△SMO$_2$变化率*	△HR变化率*	综合△SMO$_2$变化率*	△HR变化率*#
第1级	-31.28%	-9.41%	-23.79%	-7.89%	-12.81%	-6.78%
第2级	-7.06%	-4.57%	-1.07%	-11.25%	4.01%	-12.11%
第3级	-6.05%	-7.37%	-7.40%	-15.78%	-4.98%	-15.45%

续表

	A组		B组		C组	
	综合△SMO₂变化率	△HR变化率#	综合△SMO₂变化率*	△HR变化率*	综合△SMO₂变化率*	△HR变化率*#
第4级	−5.77%	−7.71%	−9.07%	−14.39%	−8.18%	−10.76%
第5级	−3.74%	−8.90%	−7.74%	−11.17%	−10.22%	−6.82%
第6级	−5.25%	−7.50%	−5.09%	−9.88%	−9.68%	−10.32%
冲刺	−1.99%	−17.68%	−2.39%	−10.99%	−9.51%	−10.27%

注：*表示与A组比较差异具有显著性（$p < 0.05$），#表示与B组比较差异具有显著性（$p < 0.05$）。"−"代表下降

4.2.3.2.2 SMO₂ 与 BLA 变化分析

A组运动员在递增负荷测试中BLA随着每级负荷的增加逐级下降，每级负荷后△BLA与前一级△BLA差异具有显著性（$p < 0.05$），见图4-52。

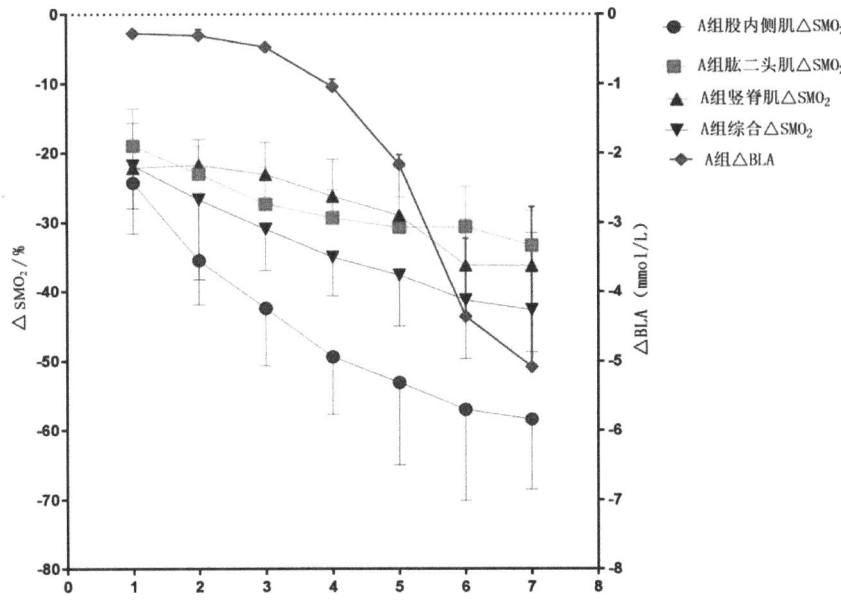

图 4-52 赛艇递增负荷测试 A 组△ SMO₂ 与△ BLA 变化图

A组运动员在第4级时△BLA下降迅速，此后BLA下降幅度继续增加，从第4级的△BLA变化率-43.35%，快速下降为第5级的-85.17%，第6级继续下降为-166.92%，至冲刺阶段变化率为-55.13%（见表4-26）；综合△SMO_2在第2级下降较大，其他阶段变化率比较平稳。

表4-26　A组运动员每级负荷△SMO_2与△BLA变化率

A组	股内侧肌△SMO_2变化率	肱二头肌△SMO_2变化率	竖脊肌△SMO_2变化率	综合△SMO_2变化率	△BLA变化率
第1级	-33.88%	-0.31%	-0.29%	-31.28%	-21.29%
第2级	-15.56%	-6.59%	-6.48%	-7.06%	-2.28%
第3级	-9.67%	-7.07%	-5.56%	-6.05%	-12.93%
第4级	-9.73%	-3.22%	-5.30%	-5.77%	-43.35%
第5级	-5.13%	-2.23%	-3.43%	-3.74%	-85.17%
第6级	-5.42%	0.13%	-4.82%	-3.25%	-166.92%
冲刺	-1.98%	-4.34%	-1.82%	-1.99%	-55.13%

A组运动员股内侧肌△SMO_2、肱二头肌△SMO_2、竖脊肌△SMO_2和综合△SMO_2在全程变化与△BLA均相关（$r=0.77—0.98$），见表4-27。

表4-27　不同水平运动员每级负荷△SMO_2与△BLA变化相关系数统计

-	A组△BLA	B组△BLA	C组△BLA
股内侧肌△SMO_2	0.81#	0.79#	0.97##
肱二头肌△SMO_2	0.77#	0.87##	0.85#
竖脊肌△SMO_2	0.98##	0.94##	0.99##
综合△SMO_2	0.88##	0.87#	0.98##

注：#表示△SMO_2与△BLA具有相关性（$p<0.05$），##表示△SMO_2与△BLA具有显著相关性（$p<0.01$）

B组运动员在递增负荷测试中BLA随着每级负荷的增加逐级下降，每级负荷后△BLA与前一级△BLA有显著性差异（P < 0.05），见图4-53。

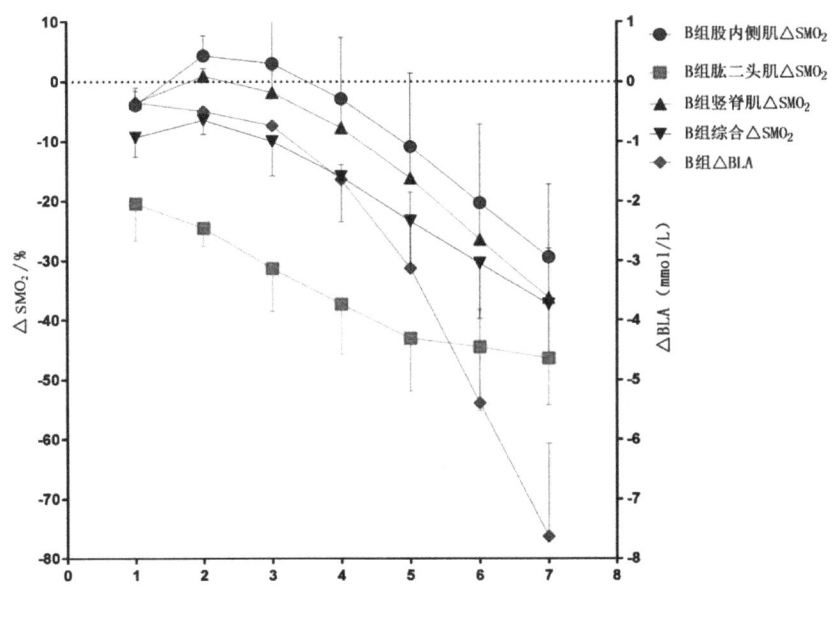

图 4-53　B 组△ SMO$_2$ 与△ BLA 变化图

递增负荷测试B组运动员在第4级时△BLA呈现显著下降，此后BLA下降幅度增加，从第4级的△BLA变化率-39.09%快速下降为第5级的-109.47%，至冲刺阶段变化率为-147.74%，见表4-28；综合△SMO$_2$在第4级出现"相反趋势"的"拐点"，即表现出此后△SMO$_2$数值下降幅度减小的特征，从第1级到第4级△SMO$_2$变化率为-23.79%——-9.07%，第4级△SMO$_2$变化率为-9.07%，此后每级变化率均小于此值，至冲刺阶段为-2.39%。递增负荷测试过程中，B组运动员股内侧肌△SMO$_2$、肱二头肌△SMO$_2$、竖脊肌△SMO$_2$和综合△SMO$_2$全程变化均与△BLA具有显著相关性（r=0.79 — 0.94, $p < 0.01$），见表4-28。

表 4-28　B 组运动员每级负荷 △ SMO$_2$ 与 △ BLA 变化率

B组	股内侧肌 △ SMO$_2$ 变化率	肱二头肌 △ SMO$_2$ 变化率	竖脊肌 △ SMO$_2$ 变化率	综合 △ SMO$_2$ 变化率	△ BLA 变化率
第1级	−22.00%	−26.42%	−0.23%	−23.79%	−7.00%
第2级	−8.83%	0.16%	6.51%	−1.07%	−11.11%
第3级	−14.48%	−4.95%	−2.03%	−7.40%	−10.29%
第4级	−12.99%	−6.51%	−7.51%	−9.07%	−39.09%
第5级	−11.68%	−3.65%	−7.94%	−7.74%	−109.47%
第6级	−1.99%	−6.42%	−7.16%	−5.09%	−182.30%
冲刺	−0.98%	1.76%	−2.22%	−2.39%	−147.74%

C 组运动员在递增负荷测试中 BLA 随着每级负荷的增加逐级变化，每级负荷后 △ BLA 与前一级 △ BLA 差异具有显著性（$p < 0.05$），见图 4-54。

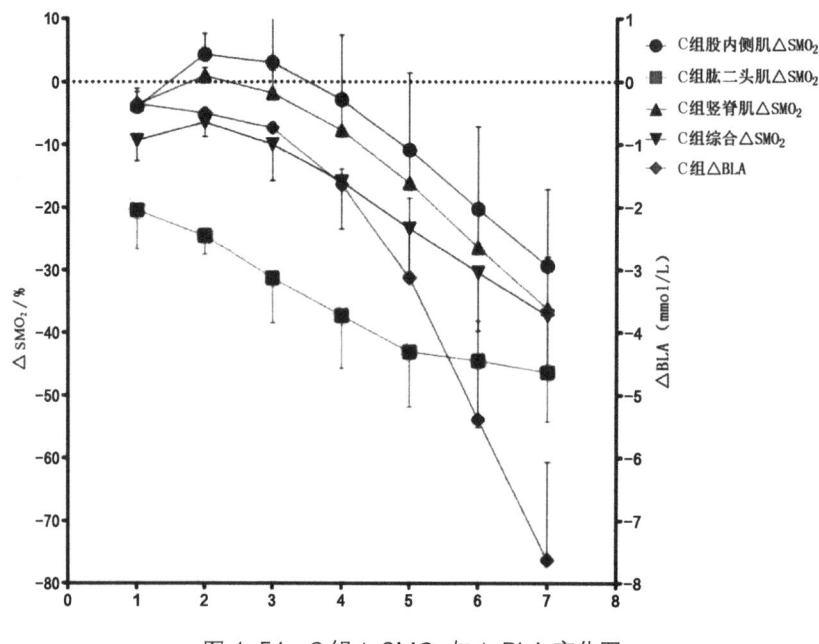

图 4-54　C 组 △ SMO$_2$ 与 △ BLA 变化图

从第3级开始，△BLA呈现下降趋势，从第3级的△BLA变化率 -20.00%，快速下降为第4级的-75.83%，至冲刺阶段为-186.67%（见表4-29）；综合△SMO$_2$在第3级出现类似"拐点"，此后△SMO$_2$数值下降幅度增加，第1级至第3级△SMO$_2$变化率为-12.81% — -4.98%，第4级△SMO$_2$变化率增加至-8.18%，此后每级变化率均高于此值，至冲刺阶段为-9.51%。C组运动员股内侧肌△SMO$_2$、肱二头肌△SMO$_2$、竖脊肌△SMO$_2$和综合△SMO$_2$全程变化均与△BLA均具有显著相关性（r=0.85 — 0.99，$p < 0.01$），见表4-29。

表4-29 C组运动员每级负荷△SMO2与△BLA变化率

C组	股内侧肌 △SMO$_2$ 变化率	肱二头肌 △SMO$_2$ 变化率	竖脊肌 △SMO$_2$ 变化率	综合 △SMO$_2$ 变化率	△BLA 变化率
第1级	-6.62%	-28.07%	-4.14%	-12.81%	-28.75%
第2级	13.92%	-5.60%	5.26%	4.01%	-12.50%
第3级	-2.22%	-9.28%	-3.26%	-4.98%	-20.00%
第4级	-9.84%	-8.31%	-6.91%	-8.18%	-75.83%
第5级	-13.53%	-7.89%	-9.90%	-10.22%	-123.33%
第6级	-15.76%	-1.96%	-12.01%	-9.68%	-188.75%
冲刺	-15.19%	-2.55%	-11.46%	-9.51%	-186.67%

综合对比三组运动员△BLA变化率与综合△SMO$_2$变化率，三组运动员均表现出综合△SMO$_2$变化率第1级测试后变化率最大，即从安静状态到第1级负荷后下降幅度在全程最大（A组-31.28%，B组-23.79%，C组-12.81%）。A组从第2级至冲刺综合△SMO$_2$变化率保持在-1.99% — -7.06%；B组从第2级至冲刺综合△SMO$_2$变化率保持在-1.07% — -9.07%；C组从第2级至冲刺综合△SMO$_2$变化率保持在4.01% —— -10.22%。三组比较显示，A组运动员从第2级开始综合△SMO$_2$变化率变化幅度最

小，C组运动员综合△SMO$_2$变化率变化幅度最大（见表4-30）。A组运动员在递增负荷测试全程中，△BLA变化率保持在-2.28%——166.92%；B组运动员在递增负荷测试全程中，△BLA变化率保持在-7.00%— -182.30%；C组运动员在递增负荷测试全程中，△BLA变化率保持在-12.50%— -188.75%。三组运动员相比较，A组△BLA变化率变化幅度最小，C组△BLA变化率变化幅度最大。

表4-30 不同水平运动员每级负荷△SMO$_2$与△BLA变化率

	A组		B组		C组	
	综合△SMO$_2$变化率	△BLA变化率	综合△SMO$_2$变化率	△BLA变化率	综合△SMO$_2$变化率	△BLA变化率
第1级	-31.28%	-21.29%	-23.79%	-7.00%	-12.81%	-28.75%
第2级	-7.06%	-2.28%	-1.07%	-11.11%	4.01%	-12.50%
第3级	-6.05%	-12.93%	-7.40%	-10.29%	-4.98%	-20.00%
第4级	-5.77%	-43.35%	-9.07%	-39.09%	-8.18%	-75.83%
第5级	-3.74%	-85.17%	-7.74%	-109.47%	-10.22%	-123.33%
第6级	-5.25%	-166.92%	-5.09%	-182.30%	-9.68%	-188.75%
冲刺	-1.99%	-55.13%	-2.39%	-147.74%	-9.51%	-186.67%

对比三组运动员△BLA变化数据，在相同△BLA变化之下，不同组别中有的组之间的△SMO$_2$变化有显著性差异，图4-55显示出在BLA变化幅度为-0.345mmol/L时，B组△SMO$_2$变化幅度为-18.64%，C组△SMO$_2$变化幅度为-9.31%；BLA变化幅度为-0.475mmol/L时，A组△SMO$_2$变化幅度为-30.97%，C组△SMO$_2$变化幅度为-6.4%；BLA变化幅度为-4.36mmol/L时，对应B组△SMO$_2$变化幅度为-18.64%，C组△SMO$_2$变化幅度为-9.31%。

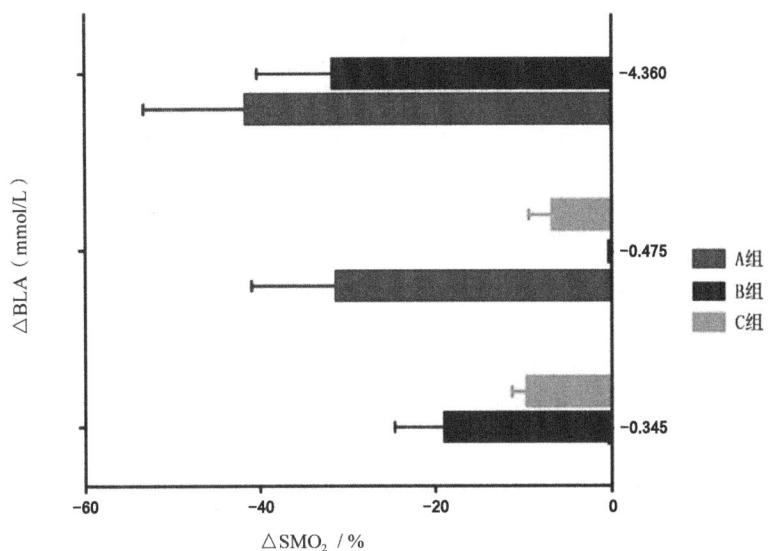

图 4-55 不同水平运动员相同△BLA 变化与对应△ SMO$_2$ 变化图

4.2.3.2.3 SMO$_2$ 与运动表现指标变化分析

A组运动员、B组运动员和C组运动员2000m测功仪成绩，其相关指标也表现出一定的相关性，表4-31显示出A组P$_4$为339.07 ± 9.54W，数值最大；C组P$_4$为272.76 ± 11.6W，数值最小。P$_{peak}$也是这种情况。而且，不同组别相同指标之间的差异均具有显著性（$p < 0.05$），如三组运动员相同级别综合△ SMO$_2$相互之间存在显著性差异（$p < 0.05$），见表4-31。

表 4-31 不同水平运动员每级负荷△ SMO$_2$ 与相关运动指标汇总

	A组	B组	C组
第1级综合△ SMO$_2$变化率/%	−21.82 ± 6.16#	−13.74 ± 4.65*	−9.31 ± 3.3*#
第2级综合△ SMO$_2$变化率/%	−26.74 ± 4.49#	−14.36 ± 4.09*	−6.4 ± 2.35*#
第3级综合△ SMO$_2$变化率/%	−30.97 ± 5.94#	−18.63 ± 4.99*	−10.02 ± 5.76*#
第4级综合△ SMO$_2$变化率/%	−34.99 ± 5.63#	−23.87 ± 6.43*	−15.97 ± 7.53*#

续表

	A组	B组	C组
第5级综合△SMO$_2$变化率/%	−37.59 ± 8.41#	−28.34 ± 7.28*	−23.40 ± 8.48*#
第6级综合△SMO$_2$变化率/%	−41.26 ± 7.39#	−31.29 ± 7.34*	−30.44 ± 9.34*#
冲刺综合△SMO$_2$变化率/%	−42.65 ± 6.05#	−31.51 ± 9.63*	−37.35 ± 8.52*#
P$_4$/W	339.07 ± 9.54#	301.32 ± 10.5*	272.76 ± 11.6*#
P$_{peak}$/W	556.72 ± 14.52#	510.35 ± 12.35*	470.54 ± 13.2*#
2000m成绩/W	449.85 ± 6.5#	428.15 ± 9.54*	392.65 ± 8.24*#

*表示与A组比较有差异具有显著性（$p < 0.05$），#表示与B组比较差异具有显著性（$p < 0.05$）

同时也发现，A组运动员每级综合△SMO$_2$与P$_4$不存在相关关系（$p > 0.05$），A组运动员每级综合△SMO$_2$与P$_{peak}$不存在相关关系（$p > 0.05$）；A组运动员每级综合△SMO$_2$与2000m成绩不存在相关关系（$p > 0.05$）。B组运动员每级综合△SMO$_2$与P$_4$不存在相关关系（$p > 0.05$），B组运动员每级综合△SMO$_2$与P$_{peak}$不存在相关关系（$p > 0.05$）；B组运动员每级综合△SMO$_2$与2000m成绩不存在相关关系（$p > 0.05$）。C组运动员每级综合△SMO$_2$与P$_4$不存在相关关系（$p > 0.05$），C组运动员每级综合△SMO$_2$与P$_{peak}$不存在相关关系（$p > 0.05$）；C组运动员每级综合△SMO$_2$与2000m成绩不存在相关关系（$p > 0.05$）。

4.2.4 讨论与分析

近红外光谱（NIRS）可用于确定生物组织中吸光发色团的浓度和氧合状态。与较短波长无法穿透组织的可见光（400—650 nm）不同，到达近红外区域[1]的光进入骨骼肌[2][3]。骨骼肌中的主要吸收生色团是血红蛋白（Hb）、肌红蛋白（Mb）和氧合血红蛋白（HbO_2）等。血液中的氧合血红蛋白（HbO_2）为脂质和碳水化合物的氧化提供氧气，从而为肌肉收缩产生能量[4]。因此，肌肉收缩导致HbO_2和脱氧血红蛋白（HHb）的浓度变化，通过NIRS可以检测肌肉中血氧代谢[5][6]。NIRS的出现及其在运动中的应用，使研究人员成功地使用这种非侵入性技术来检查各种运动条件下骨

---

[1] BALABAN R S, MOOTHA V K, ARAI A. Spectroscopic determination of cytochrome c oxidase content in tissues containing myoglobin or hemoglobin[J]. Analytical biochemistry, 1996, 237(2): 274–278.

[2] CHANCE B, COHEN P, JOBSIS F, et al. Intracellular oxidation–reduction states in Vivo: the microfluorometry of pyridine nucleotide gives a continuous measurement of the oxidation state[J]. Science, 1962, 137(3529): 499–508.

[3] FERRARI M, QUARESIMA V. A brief review on the history of human functional near-infrared spectroscopy (fNIRS) development and fields of application[J]. Neuroimage, 2012, 63(2): 921–935.

[4] SHENG X, DING X, GUO W, et al. Toward an integrated multi-modal sEMG/MMG/NIRS sensing system for human-machine interface robust to muscular fatigue[J]. IEEE sensors journal, 2020, 4(99): 1–11.

[5] PRAAGMAN M, VEEGER H E, CHADWICK E K, et al. Muscle oxygen consumption, determined by NIRS, in relation to external force and EMG[J]. Journal of biomechanics, 2003, 36(7): 905–912.

[6] BINZON T, COLIER W, HILTBRAND E, et al. Muscle O_2 consumption by NIRS: a theoretical model[J]. Journal of applied physiology, 1999, 87(2): 683–688.

骼肌变化，包括间歇性、连续性、向心和离心肌肉收缩[1][2][3][4][5][6][7][8]。当前，相关研究通常使用以下术语表示肌肉组织氧合的定量描述：肌肉组织氧饱和度（SMO_2）、组织氧饱和度（StO_2）、组织氧合指数（TOI）或组织饱和度指数（TSI），本文统一使用SMO_2，以0到100%的百分比表示肌肉代谢的变化，进而评价肌肉性能[9]。

4.2.4.1 不同水平运动员SMO_2变化特征分析

本实验将SMO_2基线定义为测试前运动员静坐30s的平均值。每级SMO_2最小值是在每级运动中SMO_2数值达到最低5s的平均值，每级

---

[1] BELARDINELLI R, BARSTOW T J, PORSZASZ J, et al. Changes in skeletal muscle oxygenation during incremental exercise measured with near infrared spectroscopy[J]. European journal of applied physiology and occupational Physiology, 1995, 70(6): 487–492.

[2] CRENSHAW A G, ELC AD I G H, HELLSTROM F, et al. Reliability of near-infrared spectroscopy for measuring forearm and shoulder oxygenation in healthy males and females[J]. Arbeitsphysiologie, 2011, 112(7): 2703–2715.

[3] BHAMBHANI, YAGESH, BUCKLEY, et al. Muscle oxygenation trends during constant work rate cycle exercise in men and women[J]. Medicine & science in sports & exercise, 1999, 31(1): 90–98.

[4] FOSTER C, RUNDELL K W, SNYDER A C, et al. Evidence for restricted muscle blood flow during speed skating[J]. Medicine & science in sports & exercise, 1999, 31(10): 1433–1440.

[5] GRASSI B, QUARESIMA V, MARCONI C. Blood lactate accumulation and muscle deoxygenation during incremental exercise[J]. Journal of applied physiology, 1999, 87(1): 348–355.

[6] HAMAOKA T, KATSUMURA T, MURASE N, et al. Quantification of ischemic muscle deoxygenation by near infrared time-resolved spectroscopy[J]. Journal of biomedical optics, 2000, 5(1): 102–105.

[7] NEARY J P, HALL K, BHAMBHANI Y N. Vastus medialis muscle oxygenation trends during a simulated 20-km cycle time trial[J]. European journal of applied physiology, 2001, 85(5): 427–433.

[8] NIOKA S, MOSER D, LECH G, et al. Muscle deoxygenation in aerobic and anaerobic exercise[J]. Advances in experimental medicine and biology, 1998, 6(5): 66–73.

[9] RAFAEL DE ALMEIDA AZEVEDO, JORGE E BÉJAR SAONA, ERIN CALAINE INGLIS, et al.The effect of the fraction of inspired oxygen on the nirs-derived deoxygenated hemoglobin "breakpoint" during ramp-incremental test[J].American journal of physiology, 2020, 5(2): 399–409.

SMO$_2$最大值是在每级运动中SMO$_2$数值达到最高5s的平均值[1]。三组运动员在递增负荷测试过程中SMO$_2$均呈现出随着负荷的增加逐级下降的趋势，股内侧肌、肱二头肌和竖脊肌SMO$_2$最小值逐级下降趋势尤为明显。原因在于运动中SMO$_2$的变化曲线是骨骼肌局部氧含量恢复程度和氧化代谢水平的动态反应[2]。在递增负荷测试开始时，负荷强度较低，组织内HbO$_2$解离生成Hb与O$_2$参与肌细胞的物质能量代谢[3][4][5]，随着运动负荷的不断增加，机体能量供应需要大量的O$_2$[6]。而HbO$_2$含量减少，SMO$_2$曲线快速下降，呈现出SMO$_2$最小值逐级减小现象。其他研究将此现象解释为：随着运动负荷的增加，骨骼肌组织中HbO$_2$含量呈下降的变化，在不同级负荷间变化更为明显。在低水平负荷运动时，运动骨骼肌主要动用红肌纤维，红肌纤维中储存有一定量的氧，此时SMO$_2$下降比较缓慢，当逐渐增加负荷时红肌中的氧逐渐消耗尽，于是动用的白肌纤维就增多[7]。肌

---

[1] PAQUETTE M, BIEUZEN F, BILLAUT F. Effect of a 3-weeks training camp on muscle oxygenation, VO$_2$ and performance in elite sprint kayakers[J]. Frontiers in sports and active living, 2020, 2(5)：1-13.

[2] BHAMBHANI N. Muscle oxygenation trends during dynamic exercise measured by near infrared spectroscopy[J]. Journal of applied physiology, 2004, 29(4)：504-523.

[3] LAFORGIA J, WITHERS R T, GORE C J. Effects of exercise intensity and duration on the excess post-exercise oxygen consumption[J]. Journal of sports sciences, 2006, 24(12)：1247-1264.

[4] HAZELL T J, OLVER T D, HAMI T C D, et al. Two minutes of sprint-interval exercise elicits 24-hr oxygen consumption similar to that of 30 min of continuous endurance exercise[J]. International journal of sport nutrition and exercise metabolism, 2012, 22(4)：276-283.

[5] ABBOUD G J, GREER B K, CAMPBELL S C, et al. Effects of load-volume on EPOC after acute bouts of resistance training in resistance-trained men[J]. Journal of strength & conditioning research, 2013, 27(7)：1936-1937.

[6] YUR K, KERHERVE H A, ASKEW C D, et al. The effect of active versus passive recovery periods during high intensity intermittent exercise on local tissue oxygenation in 18 – 30 year old sedentary men[J]. Plos One, 2016, 11(9)：163-183.

[7] 徐国栋，陈刚，周超彦，等.血氧含量的近红外测定及其在运动实践中的应用[J]. 武汉体育学院学报，2004，23(1)：34-38.

肉组织除了大量耗氧外，还需要氧化乳酸，造成SMO_2显著下降。根据生理学原理[1]，SMO_2存在底线效应，即SMO_2数值不能低于0[2]，本研究所有SMO_2数值均大于0。但每级负荷SMO_2最大值变化具有不稳定性，这与赛艇递增负荷方案中每级负荷有1min的间歇时间有关，与SMO_2指标是一个局部性的指标且具有快速恢复的特点[3][4]有关，一般运动结束后SMO_2指标马上就进入快速恢复阶段，由于测试间歇安排，一级负荷运动结束后SMO_2在随后1min的间歇时间内会发生快速恢复现象，但恢复情况因运动员个体不同存在较大差异，进而造成下一级负荷中SMO_2最大值的变化具有个体差异性。

本实验将整个运动过程中SMO_2变化幅度确定为：SMO_2基线（测试前运动员静坐30秒的平均值）—$SMO_{2每级结束}$（每级运动结束最后5s的SMO_2平均值）。不同组别SMO_2变化幅度在递增负荷测试过程中，随着负荷的变化表现出不同的变化趋势。A组和B组股内侧肌、肱二头肌和竖脊肌每级SMO_2变化幅度之间的差异具有显著性（$p < 0.05$），均呈现A组每级SMO_2变化幅度高于B组每级SMO_2变化幅度，这可能与A组有氧能力优于B组有关。长时间耐力训练以后，运动员身体的中枢（心

---

[1] FELDMANN A, SCHMITZ R, ERLACHER D. Near-infrared spectroscopy-derived muscle oxygen saturation on a 0% to 100% scale: reliability and validity of the moxy monitor[J]. Journal of biomedical optics, 2019, 24(11): 34-37.

[2] YVIND SKATTEBO, JOSE A L CALBET, BJARNE RUD. Contribution of oxygen extraction fraction to maximal oxygen uptake in healthy young men[J].Acta physiologica, 2020, 4(2): 230-239.

[3] ICHIMURA S, MURASE N, OSADA T, et al. Age and activity status affect muscle reoxygenation time after maximal cycling exercise[J]. Medicine & science in sports & exercise, 2006, 38(7): 1277-1281.

[4] 毕学翠，詹建国.高强间歇运动恢复期SMO_2饱和度与心率、BLA变化关系的研究[J].成都体育学院学报，2019，45(4)：105-112.

肺）和外周（局部肌肉组织）会产生生理性适应[1][2]。通过 NIRS 长期监测耐力训练人群发现耐力训练 12 周后，肌肉内毛细血管化和微血管血流动力[3][4][5]、氧化能力[6]和 O_2 利用等多方面改善。优秀耐力运动员氧化酶活性高出训练前三到四倍，每条肌肉纤维的毛细血管数量高出训练前三倍[7][8][9]。在递增负荷测试过程中，A 组和 B 组的 SMO_2 变化幅度在第五级附近出现"拐点"，此后 SMO_2 变化幅度较小，进入相对"平台"阶段[10]，

---

[1] COSTILL D L, THOMAS R, ROBERGS R A, et al. Adaptations to swimming training: influence of training volume[J]. Medicine & science in sports & exercise, 1991, 23(3): 371–377.

[2] COYLE E, FELTNER M, KAUTZ. Physiological and biomechanical factors associated with elite endurance cycling performance[J].Medicine & science in sports & exercise, 1991, 23(1): 93–107.

[3] BAKER W, LI Z, SCHENKEL S, et al. Effects of exercise training on calf muscle oxygen extraction and blood flow in patients with peripheral artery disease[J].Journal of applied physiology, 2017, 123(6): 1599–1609.

[4] EILEEN G, COLLINS CONOR, MCBURNEY, et al. The effects of walking or walking–with–poles training on tissue oxygenation in patients with peripheral arterial disease[J].International journal of vascular medicine, 2012, 9(7): 50–55.

[5] GARDNER A, MONTGOMERY D, BLEVINS S. Step–monitored home exercise improves ambulation, vascular function, and inflammation in symptomatic patients with peripheral artery disease: a randomized controlled trial [J].Journal of the American heart association, 2014, 3(5): 11–17.

[6] MURROW J, BRIZENDINE J, DJIRE B. Near infrared spectroscopy–guided exercise training for claudication in peripheral arterial disease[J].European Journal of preventive cardiology, 2019, 26(5): 471–480.

[7] HENRIKSSON J. Effects of physical training on the metabolism of skeletal muscle[J]. Diabetes care, 1992, 15(11): 1701–1711.

[8] MARKUS OSYPKA, SADAF SOLEYMANI, ISTVAN SERI. Assessment of cardiac output in neonates: techniques using the fick principle, pulse wave form analysis, and electrical impedance[J]. Hemodynamics and cardiology: neonatology questions and controversies, 2012, 8(4): 125–149.

[9] MEIR NITZAN, ITAMAR NITZAN, YOEL ARIELI. The various oximetric techniques used for the evaluation of blood oxygenation[J].Sensors, 2020, 20(48): 4844–4849.

[10] CHANCE B, DAIT M T, ZHANG C, et al. Recovery from exercise–induced desaturation in the quadriceps muscles of elite competitive rowers[J].The American journal of physiology, 1992, 262(3): 766–775.

此时运动负荷持续增加直至进入力竭阶段。SMO_2数据显示，总体的HbO_2的数量虽在低位徘徊，但依旧能满足高负荷运动的氧气需求。本研究A组运动员股内侧肌、肱二头肌SMO_2变化幅度均大于B组，SMO_2最小值小于B组，这与运动员有氧能力较强、肌肉O_2提取利用能力得以改善有关。当运动表现提高时对于SMO_2减少的最合理解释是运动肌肉对O_2消耗的增加，在O_2输送不可能随着训练而减少的前提下，肌肉O_2提取能力得以改善。肌肉O_2提取利用能力的改善是由训练引起的线粒体含量或功能增加引起[1][2][3]。其他研究解释为，随着运动负荷的增加，SMO_2逐渐下降，而供氧能力上升缓慢，使Hb在运动中不能充分保持原有毛细血管中氧含量水平，导致氧传递与氧消耗原有平衡性被破坏。但到了一定负荷后，骨骼肌中的SMO_2不再明显下降，表明在超过一定负荷强度运动时供求将达到新的动态平衡[4][5]。

---

[1] GRANATA, CESARE JAMNICK, NICHOLAS A. Training-induced changes in mitochondrial content and respiratory function in human skeletal muscle[J].Sports medicine, 2018, 48(8)：1809–1815.

[2] JACOBS R A, FLUCK D, BONNE T C, et al. Improvements in exercise performance with high-intensity interval training coincide with an increase in skeletal muscle mitochondrial content and function[J].Journal of applied physiology, 2013, 115(6)：785–793.

[3] LAURSEN PAUL B, JENKINS DAVID G. The scientific basis for high-intensity interval training：optimising training programmes and maximising performance in highly trained endurance athletes[J].Sports medicine, 2002, 32(1)：53–73.

[4] HOMMA S, EDA H, OGASAWARA S, et al. Near-infrared estimation of O_2 supply and consumption in forearm muscles working at varying intensity[J]. Journal of applied physiology, 1996, 80(4)：1279–1284.

[5] 苏畅，王培勇，马俊英，等.肌氧含量的光电无损检测及其在运动训练中的应用[J].清华大学学报（自然科学版），1997，8（4）：81–84.

SMO_2可以通过短期和长期的训练干预来改变[1][2][3]。在短期的耐力训练研究中发现，自行车耐力训练3周后[4]，运动成绩提高与运动中股外侧肌HbO_2减少具有相关性（$r=0.85$，$p < 0.05$）。在10名优秀女子曲棍球运动员中，6周的自行车高强度间歇训练（HIIT）与重复训练期间SMO_2下降幅度增加与O_2提取增加有关。长期的耐力训练后SMO_2下降幅度与运动表现之间存在较高的相关关系，SMO_2下降幅度越大，运动表现越高。优秀自行车运动员即使在血流量较低的情况下也能保持O_2输送，与肌肉组织较强的O_2提取有关[5]；优秀皮划艇运动员的表现与背阔肌中的SMO_2下降幅度有关[6][7]，对于优秀运动员，SMO_2下降幅度是一个可能很好预测运动表现的指标。SMO_2下降幅度与整个运动中总功率输出之间存在显著

---

[1] GIOVANELLI, NICOLA, LEASALVADEGO. Changes in skeletal muscle oxidative capacity after a trail-running race[J].International journal of sports physiology & performance, 2020, 15(2)：278-284.

[2] BEN JONES, DAVID K HAMILTON, CHRIS E COOPER. Muscle oxygen changes following sprint interval cycling training in elite field hockey players[J].Plos one, 2015, 9(3)：1-13.

[3] PATRICK NEARY, MCKENZIE DONALD C. Effects of short-term endurance training on muscle deoxygenation trends using NIRS[J].Medicine and science in sports and exercise, 2002, 34(11)：1725-1732.

[4] J PATRICK NEARY, DONALD C MCKENZIE, YAGESH N BHAMBHANI. Muscle oxygenation trends after tapering in trained cyclists[J].Dynamic medicine, 2005, 4(1)：1-9.

[5] CHAD C, WIGGINS, SARAH E, et al. Body position does not influence muscle oxygenation during submaximal cycling[J].Translational sports medicine, 2021, 4(2)：193-203.

[6] OLIVEIRA BORGES, THIAGO1, BULLOCK, et al. Physiological Characteristics of well-trained junior sprint kayak athletes[J].International journal of sports physiology & performance, 2015, 1(5)：593-562.

[7] MYRIAM PAQUETTE, FRANOIS BIEUZEN, FRANOIS BILLAUT. Muscle oxygenation rather than VO2max as a strong predictor of performance in sprint canoe-kayak[J].International journal of sports physiology and performance, 2018, 13(10)：1-9.

相关性（$r=0.72$，$p<0.01$）[1]。当运动员最大有氧能力提高8%时[2]，递增负荷股外侧肌SMO_2最小值没有变化，即相同SMO_2数值下，能完成更高的功率输出。这与本研究结果相同。

本实验采集了三组运动员股内侧肌、肱二头肌和竖脊肌SMO_2变化数据。研究显示，在递增负荷测试中三组运动员的股内侧肌、肱二头肌和竖脊肌的变化存在差异性，尤为明显的是竖脊肌SMO_2数值的变化。本研究还显示，不同运动员不同肌肉SMO_2下降幅度变化差异较大，这可能与运动员SMO_2基线不同有关或与运动技术动作有关[3][4]。在训练实践中教练员一般把这种肌肉SMO_2变化与技术动作结合分析。赛艇运动是全身协调性的周期运动，运动员需要协调上肢、躯干和下肢，在合理动作下完成训练才能达到较好的运动表现。本研究对不同水平运动员肌肉SMO_2变化幅度对比发现，A组运动员股内侧肌和肱二头肌SMO_2变化幅度较大，竖脊肌SMO_2变化幅度较小，教练员分析认为这与A组运动员普遍存在腰部技术动作不合理有关；B组运动员同样存在腰部技术动作不合理现象；C组运动员在相同时间内股内侧肌、肱二头肌和竖脊肌SMO_2差异性显著，与运动员拉桨时，上肢、躯干和下肢三个环节脱节即技术动作有误有关。

---

[1] ALVARES, THIAGO SILVEIRA L, OLIVEIRAL. Near-infrared spectroscopy-derived total haemoglobin as an indicator of changes in muscle blood flow during exercise-induced hyperaemia[J]. Journal of sports sciences, 2020, 38(7): 751-758.

[2] GENDRON, PHILPPE, DUFRESINE, et al. Performance and cycling efficiency after supra-maximal interval training in trained cross-country mountain bikers[J].International journal of applied sports sciences, 2016, 28(1): 19-23.

[3] BARSTOW T, CORP J. Understanding near infrared spectroscopy (NIRS) and its application to skeletal muscle research[J]. Journal of applied physiology, 2019, 126(11): 1360-1376.

[4] BARNES W S. The relationship of motor-unit activation to isokinetic muscular contraction at different contractile velocities[J].Physical therapy, 1980, 60(.9): 1152-1158.

4.2.4.2 不同水平运动员 SMO_2 变化与HR变化特征分析

如上所述，SMO_2和HR在数据采集方面有共同特点，一是无创采集，二是数据连续实时显示。在训练实践中，HR一般作为训练负荷强度监控指标，可评定运动强度的大小，在指导运动员进行高强度训练或防止强度过高等方面发挥重要作用。本研究在递增负荷测试中发现，随着运动员每级负荷的增加呈现出HR逐渐升高和SMO_2逐渐下降的趋势，两者变化有高度负相关关系。运动开始时，流向运动组织血管的血流量开始迅速增加。这种充血反应是由HR和全身血管传导率升高引起的[①]。随着运动强度逐渐增加，HR升高，全身的血液输出量增加以向肌肉输送足够的O_2。在恒定负荷运动期间，O_2与HR通常在运动强度范围内显示线性关系，不同部位肌肉组织O_2变化与HR的关系存在差异。这与本研究结果相同，A组第6级负荷时，肱二头肌△SMO_2与△HR相关性较低（$r=0.31$，$p < 0.05$），冲刺阶段竖脊肌△SMO_2与△HR相关性较低（$r=0.49$，$p < 0.05$）。A组综合△SMO_2与△HR全程显著相关（$r=0.66$—0.86，$p < 0.01$）。B组第3级负荷时，肱二头肌△SMO_2与△HR相关性较低（$r=0.49$，$p < 0.05$），第2级、第3级负荷时，竖脊肌△SMO_2与△HR相关性较低（$r=0.47$，0.41，$p < 0.05$）。B组综合△SMO_2与△HR全程显著相关（$r=0.70$—0.94，$p < 0.01$）。C组第1级负荷时，股内侧肌△SMO_2与△HR相关性最低（$r=0.18$，$p < 0.05$）；在此阶段的肱二头肌和竖脊肌△SMO_2与△HR相关性也较低（$r=0.45$，0.43，$p < 0.05$）。除第1级负荷综合△SMO_2与△HR相关性较低（$r=0.42$，$p < 0.05$）外，其他均全程显著相关（$r=0.67$–0.96，$p < 0.01$）。研究显示，SMO_2数据可以更详细地分析不同肌群肌肉运动情况，并比较身体不同部位的参与情况。

[①] ROWELL L B. Integration of cardiovascular control systems in dynamic exercise[M]. Oxford: Oxford University Press, 1996, 5(3): 770–838.

为更好描述赛艇递增负荷测试过程中每级负荷下SMO_2和HR变化情况，本研究采用综合△SMO_2变化率和△HR变化率。综合△SMO_2变化率=（本级负荷综合△SMO_2－前一级负荷综合△SMO_2）/综合△SMO_2基础值[例如：第2级负荷综合△SMO_2变化率=（第2级负荷综合△SMO_2－第1级负荷综合△SMO_2）/综合△SMO_2基础值]。△HR变化率=（本级负荷△HR－前一级负荷△HR）/△HR基础值。本研究数据显示，不同组别△SMO_2变化率和△HR变化率对应变化有不同特点：从递增负荷测试第2级开始，A组综合△SMO_2变化率（－1.99%～－7.06%）整体低于C组综合△SMO_2变化率（4.01%～－10.22%）。△HR变化率A组除冲刺阶段外，第2级负荷到第6级△HR变化率（－4.57%～－8.90%）整体低于同时段B组（－9.88%～－15.78%）和C组（－6.82%～－15.45%）。整体反映出A组在递增负荷测试第2级至第6级阶段与B组和C组相应级别阶段相比较，呈现相对较小综合△SMO_2变化率和较小△HR变化率，即较少的HbO_2解离释放O_2和摄氧量变化能满足4级递增负荷运动肌肉能量需求，这与A组运动员较强的有氧能力，特别是氧运输和氧利用的能力有关。这一现象在冲刺阶段尤为明显，运动员在达到力竭状态过程中A组综合△SMO_2变化率呈现全程最低（－1.99%），对应△HR变化率为全程最高（－17.68%）；B组综合△SMO_2变化率呈现较低（－2.39%），对应△HR变化率为－10.99%；C组综合△SMO_2变化率相较A组和B组数值偏高（－9.51%），对应△HR变化率为三组同期最低（－10.27%）。本研究显示，A组运动员到达力竭时P_{peak}（556.72±14.52W）远远高于B组（510.35±12.35W）和C组（470.54±13.2W）。A组运动员由于较强的有氧运动能力，在冲刺阶段高强度负荷下，HR发生快速变化，对应SMO_2变化率变小，即在冲刺阶段HbO_2解离释放O_2增幅减少的情况下依旧能满足肌肉高强度收缩的需求。运动中SMO_2变化被用于评估肌肉氧输送和肌肉氧利用之间的平衡[1]，在冲刺阶段需氧量大幅增加的情况下，血液运输氧气量变化较小，但骨骼肌的O_2提取能力较强，即单位时间在毛细血管和线粒体之间传输的O_2量较大，能满足运动能量需求。O_2扩散到线粒体中主要是由肌肉内和肌肉外毛细血管之间的O_2浓度梯度以及在ATP形成过程中产生的副产物积累驱动的。随着肌肉对O_2的需求增加，O_2扩散到肌肉中的驱动力更大，从而导致肌肉周围毛细血管中的O_2量减少了[2]。还有研究显示冲刺阶段较低的SMO_2变化是通过无氧途径提取O_2的以维持ATP和高功率的需求[3]。当运动能力增强时，优秀运动员表现出高强度运动期间O_2输送与O_2利用率匹配性更强[4]。内脏、肾脏和非活动骨骼肌区域的交感神经血管收缩增强，交感神经反应和去甲肾上腺素分泌显著增加[5]，HR呈现快速增加特征。

SMO_2含量变化主要反映局部肌肉氧利用[6]情况，HR的变化主要反映有机体整体氧运输情况。SMO_2与HR的变化关系可以理解为局部肌肉氧的需求与有机体整体氧供应之间的关系，它们之间相互影响、相互促

---

[1] GUSTAVO VIEIRA DE OLIVEIRA, LUIZ ALBERTO DINIZ DO NASCIMENTO. Beetroot-based gel supplementation improves handgrip strength and forearm muscle O_2 saturation but not exercise tolerance and blood volume in jiu-jitsu athletes[J].Applied physiology, nutrition, and metabolism, 2018, 43(9): 920-927.

[2] HONIG C R, CONNETT R J, GAYESKI T. O2 transport and its interaction with metabolism: a systems view of aerobic capacity[J]. Medicine & science in sports & exercise, 1992, 24(1): 47-53.

[3] XAVIER WOORONS, PATRICK MUCCI1, JULIEN AUCOUTURIE. Acute effects of repeated cycling sprints in hypoxia induced by voluntary hypoventilation[J].European journal of applied physiology, 2017, 9(12): 2433-2438.

[4] NICOLE D PATERSON, JOHN M KOWALCHUK, DONALD H PATERSON. Kinetics of VO2 and femoral artery blood flow during heavy-intensity, knee-extension exercise[J].Journal of applied physiology, 2005, 99(2): 683-690.

[5] SAITO M, TSUKANAKA A, YANAGIHARA D, et al. Muscle sympathetic nerve responses to graded leg cycling[J].Journal of applied physiology, 1993, 75(2): 663-667.

[6] ANDRI FELDMANN, DANIEL ERLACHER. Critical oxygenation: can muscle oxygenation inform us about critical power?[J].Medical hypotheses, 2021, 14(11): 1-8.

进。与整体性指标HR比较，SMO_2可以在微观层面研究不同肌群在运动中的表现。将多个SMO_2传感器放在不同肌群上进行多点检测，有助于掌握每个运动员在运动过程中弱点、优势和潜力，为制定个性化训练计划提供科学依据[1]。关于SMO_2与HR的关系不同研究结果显示，在复杂外部环境下，例如越野跑，HR也受到在陡峭和技术地形上下坡跑步时产生一定的心理和外在影响[2]，因而提出在寒冷温度或起伏地形的恶劣室外条件下NIRS可能提供一种可行的、非侵入性的、稳健的和展示肌肉特异性的方法来监测肌肉的快速变化。肌肉所需的氧气是由心血管系统输送的[3]，运动开始时，肌肉需氧量快速增加，致使HbO_2解离释放O_2。SMO_2反应比吸氧反应更快[4]，比HR能更精确反应代谢需求[5]。SMO_2对强度变化的反应比HR快30s，并且比HR能更准确地反映摄氧量的变化。这与本实验递增负荷测试过程中SMO_2和HR变化基本同步发生不同，原因可能与本研究为运动负荷渐进模式有关。递增负荷测试负荷由低到高，逐级递增，机体有一个较好的适应过程，因此相较于高强度特别是比赛模式下的SMO_2和HR有较好的适应性，不会产生由于运动强度过大，SMO_2和HR出现适应时间差现象。

---

[1] STGGL T, BORN D P. Near infrared spectroscopy for muscle specific analysis of intensity and fatigue during cross-country skiing competition: a case report[J]. Sensors, 2021, 21(7): 2535-2539.

[2] BORN DENNIS PETER, THOMAS, SWARÉN MIKAEL. Near-infrared spectroscopy: more accurate than heart rate for monitoring intensity in running in hilly terrain[J].International journal of sports physiology and performance, 2017, 12(4): 440-447.

[3] BASSETT, DAVID R, HOWLEY, et al. Limiting factors for maximum oxygen uptake and determinants of endurance performance[J].Medicine & science in sports & exercise, 2000, 3(21): 70-84.

[4] HESFORD C M, LAING S, CARDINALE M. Effect of race distance on muscle oxygenation in short-track speed skating[J].Medicine & science in sports & exercise, 2013, 45(1): 83-92.

[5] BENDIKSEN M, PETTERSEN S A, INGEBRIGTSEN J, et al. Application of the Copenhagen Soccer Test in high-level women players locomotor activities, physiological response and sprint performance[J].Human movement science, 2013, 32(6): 1430-1442.

4.2.4.3 不同水平运动员 SMO$_2$ 变化与 BLA 变化特征分析

BLA也是训练实践中常用的监控指标之一,通过BLA的变化可以了解机体乳酸生成和代谢变化特点,是评定训练强度和代谢机能的有效依据[1]。对BLA和SMO$_2$的相关研究发现,O$_2$供应是乳酸产生的关键因素[2]。乳酸的产生取决于运动时的O$_2$供应。在恒定负荷和递增负荷运动的情况下,BLA浓度与SMO$_2$呈相关关系[3][4]。本研究结果显示,递增负荷测试过程中三组不同水平的运动员股内侧肌△SMO$_2$、肱二头肌△SMO$_2$、竖脊肌△SMO$_2$和综合△SMO$_2$的全程变化与△BLA均有相关性(r=0.77—0.99)。这一现象可解释为,在低强度运动时,O$_2$含量的减少主要是由氧分压下降引起的,而随着强度的增加,运动肌肉对能量需求提高,对O$_2$需求增加,同时肌组织内CO$_2$增加,引起呼吸循环加快,HR增加,肌肉内H$^+$消除速度小于堆积速度,乳酸从肌肉细胞中扩散出来,进入血流[5],引起HbO$_2$解离曲线右移[6],SMO$_2$数值不断下降。

递增负荷运动中,随着运动负荷等级的递增和运动时间的延长,BLA浓度逐渐升高。当运动强度达到某一负荷时,BLA出现急剧增加的拐点

---

[1] 周兴生,林文弢,何晓龙,等.男子足球运动员YO-YO测试与运动后BLA、心率变化相关性的分析[J].广州体育学院学报,2017,37(4):85-89.

[2] AUSTIN K G, DAIGLE K A, PATTERSON P, et al. Reliability of near-infrared spectroscopy for determining muscle oxygen saturation during exercise[J]. Research quarterly for exercise & sport, 2005, 76(4): 440-449.

[3] BELARDINELI R, BARSTOW T J, PORSZASZ J, et al. Skeletal muscle oxygenation during constant work rate exercise[J]. Medicine & science in sports & exercise, 1995, 27(4): 512-517.

[4] 徐国栋,陈思,刘方,等.肌氧含量的近红外无损监测及其在赛艇训练中的应用[J].武汉体育学院学报,2003,11(2):40-42.

[5] WASSERMAN K. Theanaerobic threshold: definition, physiological significance and identification[J].Advances in cardiology, 1986, 25(4): 1-23.

[6] STRINGER W, WASSERMAN K, CASABURI R, et al. Lactic acidosis as a facilitator of oxyhemoglobin dissociation during exercise[J].Journal of applied physiology, 1994, 76(4): 1462-1467.

称为乳酸阈[1]。这一点所对应的运动强度即乳酸阈强度，它反映了机体内的代谢方式由有氧代谢为主过渡到无氧代谢为主的临界点或转折点[2]。本研究显示，SMO_2的"拐点"与"乳酸阈拐点"相一致。

与以往相关研究不同，本研究结果还呈现出A组和B组运动员在递增负荷测试时BLA变化幅度的拐点和SMO_2变化幅度的拐点出现在相同等级负荷运动中。而且，拐点后二者的变化趋势呈现相反方向，BLA是拐点后变化幅度增大，A、B两组SMO_2是拐点后变化幅度减小。而C组运动员SMO_2则在拐点后依旧逐级增加，这可能与C组运动员技术动作和有氧能力较弱等原因有关。

从变化率分析SMO_2和BLA的关系发现，A组运动员在递增负荷测试全程中△BLA变化率保持在-2.28%——-166.92%；B组运动员在递增负荷测试全程中△BLA变化率保持在-7.00%——-182.30%；C组运动员在递增负荷测试全程中△BLA变化率保持在-12.50%——-188.75%。相较三个组，A组△BLA变化率变化幅度最小，C组△BLA变化率变化幅度最大。SMO_2变化率呈现出与BLA变化率相比同步趋缓的特征，A组从第2级开始表现出每级综合△SMO_2变化率保持在-1.99%——-7.06%之间；B组从第2级开始表现出每级综合△SMO_2变化率保持在-0.39%——-9.07%之间；C组从第2级开始表现出每级综合△SMO_2变化率保持在4.01%——-10.22%之间。相较三个组，A组△BLA变化率变化幅度最小，△SMO_2变化率变化幅度最小；C组△BLA变化率变化幅度最大，△SMO_2变化率变化幅度最大。研究认为，运动后BLA浓度越高说明机体氧化代谢能力越差[3]。本研究将BLA变化率与SMO_2变化率综合分析可以确定整体氧代

---

[1] 王瑞元.运动生理学[M].北京体育大学出版社，2011：117-118.

[2] SVEDAHL K, MACINTOSH B R. Anaerobic threshold: the concept and methods of measurement[J]. Canadinal journal of applied physiology, 2003, 28(2): 299-323.

[3] WEINSTEIN Y, BEDIZ C, DOTAN R, et al. Reliability of peak-lactate, heart rate, and plasma volume following the Wingate test[J]. Medicine & science in sports & exercise, 1998, 30(9): 1456-1460.

谢变化和局部肌肉氧代谢变化情况，监控赛艇运动员局部三个关键环节肌肉的氧化代谢能力变化，从而针对性地评价运动员局部三个关键环节肌肉有氧训练效果。

为了更好地对比不同水平组别运动员有氧能力差异，本研究选取相同BLA下降幅度时，不同组别SMO_2变化情况。研究显示，相同△BLA变化幅度，不同组别运动员△SMO_2变化有显著性差异。如前所述，在递增负荷测试时，BLA累计变化幅度为-0.345mmol/L时，对应B组△SMO_2下降幅度为18.64%，C组△SMO_2下降幅度为9.31%；BLA累计变化幅度为-0.475mmol/L时，A组△SMO_2下降幅度为30.97%，C组△SMO_2下降幅度为6.4%；BLA累计变化幅度为-4.36mmol/L时，对应B组△SMO_2下降幅度为18.64%，C组△SMO_2下降幅度为9.31%。即不同水平组别运动员如果产生相同的乳酸积累效果，A组运动员SMO_2产生较大变化幅度，C组运动员SMO_2变化幅度最小。这与C组运动员有氧能力相对较弱，肌肉运输O_2特别是提取O_2的能力差，随着负荷的增加，SMO_2下降，O_2提取量不足，BLA堆积速度快于其他两组，造成BLA数值相对大幅度上升有关。有研究显示，乳酸在肌肉和血液中的积累是否归因于工作肌肉中O_2供应和O_2需求之间的不平衡即肌肉缺氧一直是一个有争议的问题[1][2][3]。训练中采集耳血BLA浓度不能被视为肌肉产生乳酸的直接指标，因为肌肉以及其他组织和器官为了满足运动能量需求会通过氧化代谢消耗

---

[1] BROOKS G A. Current concepts in lactate exchange[J].Medicine & science in sports & exercise, 1991, 23(8): 895-906.

[2] GLADDEN L. Lactate transport and exchange during exercise[M]. Oxford：Oxford University Press, 1996：614-648.

[3] KATZ A, SAHLIN K. Regulation of lactic acid production during exercise[J].Journal of applied physiology, 1988, 65(2)：509-518.

乳酸。此外，整个身体不同部位乳酸分布调节机制比较复杂[①]，尽管SMO$_2$变化和BLA变化在运动过程中特别是在拐点后呈现一致性，但是SMO$_2$只是局部肌肉氧代谢的反应指标，会由于选择的肌肉和运动水平而存在差异。BLA作为运动整体系统反应指标，与局部指标SMO$_2$有一定相关关系，两者数据的收集从整体到局部应相互补充，从而为训练监控更为精确提供可能。

4.2.4.4 不同水平运动员SMO$_2$变化与P变化特征分析

本研究显示，赛艇递增负荷测试常用指标中，P$_4$、P$_{peak}$与运动成绩显著相关，通过这两个指标变化可以很好预测运动员有氧能力和运动成绩情况。肌氧指标与HR和BLA均具有一定的相关性，通过肌氧数值的变化可直观显示局部肌肉氧代谢的情况。研究显示，自行车运动员耐力训练3周后发现，运动成绩提高与运动中股外侧肌HbO$_2$减少显著相关，优秀皮划艇运动员的表现与背阔肌中的SMO$_2$下降幅度有关，提出对于优秀运动员，SMO$_2$下降幅度可以作为预测运动表现的指标。SMO$_2$下降幅度与整个运动中总输出功率之间存在较强的相关性。本研究分析三组不同水平运动员完成相同功率时肌氧变化特点时发现，股内侧肌、肱二头肌和竖脊肌的肌氧变化具有不一致性，不同水平组别的运动员在完成相同功率时，相同肌群表现特征也不同。这与运动员的技术动作有关，不同运动员由于动作技术不同，用力节奏和身体各个部位协调性不同，致使三个关键环节不同部位肌肉变化各具特点。本研究显示，股内侧肌、肱二头肌和竖脊肌在递增负荷测试时，每级肌氧变化均与运动表现指标P$_4$、P$_{peak}$和2000m运动成绩不相关（$p > 0.05$），三个关键环节局部肌肉综合肌氧平均值也与运

[①] GRASSI B, QUARESIMA V, MARCONI C, et al. Blood lactate accumulation and muscle deoxygenation during incremental exercise[J].Journal of applied physiology, 1999, 87(1): 348–355.

动表现指标不相关（$p > 0.05$）。局部肌氧变化不能反映运动表现变化[1]。因此，肌氧指标作为一个局部指标，多个肌群多点采集，可以比较不同强度下不同肌群之间的代谢需求[2][3][4]，其数值变化只代表局部氧化代谢和运动能力，无法反映整体运动表现。

4.2.5 小结

不同水平运动员在赛艇递增负荷测试中均呈现出随着负荷增加 SMO_2 逐级下降的趋势。但是，不同水平运动员三个关键环节主要肌肉 SMO_2 变化特征呈现出一定程度的差异。

水平高的运动员腿部股内侧肌 SMO_2 变化幅度相对最大，臂部肱二头肌 SMO_2 变化幅度相对较大，且两个部位肌肉 SMO_2 随每级负荷的增加逐渐、均匀的增加，至负荷较大的后期变化幅度减小。躯干竖脊肌 SMO_2 变化幅度相对较大，SMO_2 先升后降再持续较均匀地增加。

水平较低的运动员腿部股内侧肌 SMO_2 变化幅度相对最小，而臂部肱二头肌和躯干竖脊肌 SMO_2 变化幅度却相对最大，且呈现出随着负荷增加 SMO_2 先升后降再增加不均匀的变化特征。

---

[1] SEO JONGBEOMA, KIM SUNG-WOOB, JUNG WONSANGB. Effects of various hypobaric hypoxia on metabolic response, skeletal muscle oxygenation, and exercise performance in healthy males[J].Journal of men's health, 2020, 16(4)：107-120.

[2] BORN DP, ZINNER C, HERLITZ B, et al. Muscle oxygenation asymmetry in ice speed skaters：not compensated by compression[J].Sports physiol perform, 2014, 9(1)：58-67.

[3] FLORENTINA J HETTINGA, MARCO J KONINGS. Differences in muscle oxygenation, perceived fatigue and recovery between long-track and short-track speed skating[J].Frontiers in physiology, 2016, 12(8)：619-623.

[4] GUILLERMO OLCINA, MIGUEL NGEL PEREZ-SOUSA, JUAN ANTONIO ESCOBAR-ALVAREZ, et al. Effects of cycling on subsequent running performance, stride length, and muscle oxygen saturation in triathletes[J].Sports, 2019, 7(5)：115-125.

相同负荷下，高水平运动员腿部SMO_2最低，手臂次之，躯干最高；较高水平运动员腿部SMO_2最低，手臂、躯干次之；较低水平运动员手臂SMO_2最低，腿部次之，躯干最高。

赛艇递增负荷测试时，水平高的运动员综合△SMO_2变化率、△HR变化率和△BLA变化率相对较小；运动员SMO_2"拐点"与"乳酸阈拐点"相一致，运动员水平越高"拐点"越向右移。"拐点"后，水平高的运动员BLA与SMO_2变化趋势不同步，BLA变化幅度增大，而SMO_2变化幅度减小。水平低的运动员SMO_2达到"拐点"后，BLA与SMO_2变化趋势相同，均依旧逐级增加；相同BLA下，水平高的运动员SMO_2变化幅度较大，水平低的运动员SMO_2变化幅度较小。运动员SMO_2变化与运动表现指标P_4、P_{peak}和赛艇测功仪2000m运动成绩不相关（$p > 0.05$）。

综上，赛艇递增负荷测试时，不同水平运动员的三个关键环节主要肌肉SMO_2呈现出不同的变化特点：高水平运动员呈现出腿部、手臂、躯干符合赛艇正确技术的正常用力大小比例而导致的SMO_2变化。水平低的运动员则呈现出手部、腿部、躯干不正确的赛艇技术非正常用力大小比例而导致的SMO_2变化。这一研究结果充分说明，运动员技术好坏对于整体和局部关键环节有氧能力评估的影响较大，训练实践中仅采用常用测试指标和肌氧饱和度指标难以准确评价运动员三个关键环节局部有氧能力变化与其技术优劣的关系，因而，在赛艇递增负荷实践应用中，引入能够反映运动员局部三个关键环节肌肉参与做功比例的积分肌电百分比（iEMG%）指标十分必要。

4.3 递增负荷测试时运动员关键环节肌肉积分肌电百分比（iEMG%）的变化特征

4.3.1 目的

赛艇运动优异成绩的取得离不开运动员的有氧能力、无氧能力、肌肉力量和耐力，良好的水上划船技术和队员之间的协调能力[1][2][3]。而良好的划船专项技术是高效发挥运动员各项能力的基础和核心。德国著名赛艇专家Hartmann曾说过："如果没有赛艇技术，超乎常人的身体能力和完美的身体形态也毫无用处。"运动技术是将身体素质、体能转化为专项能力的载体。在运动员身体机能未出现可预见性的大幅度提高的情况下，专项运动水平的提高主要取决于技术的不断改进和完善。

赛艇运动技术核心在于手脚配合协调发力，它的实现须建立在良好的躯干传动基础上，(手、脚) 左右两边的力量 – 时间曲线应同步或相似，以避免两侧力量不均造成船体摇晃[4]。近年来，表面肌电技术在赛艇技术训练监控中得到广泛应用，使得从运动员内部的肌肉用力角度来监测和评价运动员专项技术优劣成为可能。在众多的表面肌电监测指标中，积分肌电百分比通常被用于评价赛艇运动员下肢、上肢、躯干三个关键技术环节主要用力肌肉在整个运动技术中的用力分配情况即肌肉用力肌电贡献率。

---

[1] BAUDOUIN A, HAWKINS D. Investigation of biomechanical factors affecting rowing performance[J].Journal of biomechanics, 2004, 37(7): 969–976.

[2] GEE T, OLSEN D, GOLBY J. Strength and conditioning practices in rowing[J].Journal of strength and conditioning research, 2011, 2(53): 668–682.

[3] KELLMANN M. Preventing overtraining in athletes in high–intensity sports and stress/recovery monitoring[J].Scandinavian journal of medicine & science in sports, 2010, 20(2): 95–102.

[4] 刘扬，孙怡宁，马祖长，等.基于实船动力学测试信息的我国优秀女子赛艇运动员技术特征分析[J].体育科研，2013，34(5): 60–63.

上文在赛艇递增负荷测试中肌氧饱和度（SMO_2）指标的引入只能对运动员三个关键环节局部主要肌肉氧代谢机能变化情况进行评估，对于造成此种氧代谢变化情况的因变量——肌肉用力情况信息却无从获取，因而也就难以准确评价运动员三个关键环节局部主要肌肉有氧能力变化与其技术优劣的关系。因此，在赛艇递增负荷实践应用中，引入能够反映运动员局部三个关键环节肌肉参与用力比例的积分肌电百分比指标十分必要。本部分研究的主要目的是分析不同水平运动员积分肌电百分比在递增负荷测试中的变化特征，并与第二部分研究结果进行联合分析，找出积分肌电百分比与肌氧饱和度变化之间的关系，以此综合监测与评价运动员专项技术与有氧能力的关系。

4.3.2 实验方法

4.3.2.1 受试者

本次测试样本来源于某省赛艇队24名男子赛艇运动员，具体情况见表4-32。

表4-32 测试运动员基本情况表

组别	年龄	身高/cm	体重/kg	人数/人	训练年限/年	测功仪成绩/分·秒
A	24±4	194±2	93.3±5.4	8	8	6：15-6：17
B	22±2	195±3	95.5±6.2	8	6	6：34-6：45
C	20±2	194±3	94.7±5.7	8	3	6：50-7：00

4.3.2.2 实验设备、步骤和测试指标

4.3.2.2.1 实验设备

实验所需主要设备信息见表4-33。

表 4-33 实验设备信息

指标	仪器与试剂	生产厂家
功率	CONCEPT 2 风轮式赛艇测功仪	美国 CONCEPT 2 公司
BLA	EKF 台式 BLA 分析仪	德国 EKF 公司
表面肌电	DYSIS 肌电监测仪	美国 DYSIS 公司
心率	POLAR 800CX 心率表	芬兰 POLAR 公司

4.3.2.2.2 测试方法与步骤

（1）前期准备

测试安排在运动队训练计划的测试周，测试前1周运动员主要进行恢复性训练，确保运动员以较好的状态参加测试。测试人员测试前熟悉测试程序。运动员测试前24h避免高强度运动，餐后2h测试。

测试前打开心率表、表面肌电监测仪和CONCEPT 2测功仪等设备，进行设置等工作。测量受试者身高、体重、年龄和运动等级等基本信息。

（2）测试程序

第一天完成2000m测功仪测试。运动员根据参赛要求热身30min，佩戴心率表，心率恢复到100beats/min以下时，采耳血后运动员将测功仪阻力调至习惯档位，开始进行全力赛艇测功仪2000m测试，记录成绩。

第二天完成赛艇测功仪递增负荷测试肌电指标采集。运动员热身15min后，佩戴心率带、无线表面肌电测试仪。心率恢复到100beats/min以下时，采耳血后运动员将测功仪阻力调至习惯档位，开始进行4min起始变化功率递增负荷方案测试，每人起始功率、递增幅度根据前文4min起始变化功率递增负荷方案标准确定。每4min间歇1min采耳血，直至力竭，运动结束即刻采血，全程监控运动员心率和每桨功率和表面肌电。

（3）肌电测试

表面肌电测试仪器为美国产DELSYS无线便携式表面肌电测试仪，

传感器尺寸：37mm×26mm×15mm；重量：14 g；采样频率：16倍分辨率；采样率：2000Hz。在佩戴仪器前用酒精擦拭测试部位，防止皮肤杂质等对信号的干扰。仪器放置根据前人实验设计和测功仪专项运动生物力学特点[①]，选择左右侧肱二头肌、左右股内侧肌和腰部竖脊肌。

4.3.2.2.3 测试指标

心率（HR）、血乳酸（BLA）、功率（P）和积分肌电百分比（iEMG%）

4.3.2.3 数据处理

实验数据采用SPSS21.0软件处理。测试结果均用平均数±标准差（$\bar{x}±s$）表示，使用Shapiro–Wilk法检验数据的正态性，运动员iEMG%对比使用非参数检验分析，iEMG%与HR、BLA测试结果的对比使用双尾独立性检验，对测试与结果，用$p<0.05$表示差异具有显著性，$p<0.01$表示差异极具显著性，$p>0.05$表示差异无显著性或不显著。运动员不同部位肌肉iEMG%及不同部位肌肉iEMG%与其他指标之间相关关系采用Pearson相关分析，$p<0.05$表示具有相关性或相关，$p<0.01$表示具有显著相关性或显著相关关系，$p>0.05$表示无相关性或不相关（不存在相关关系）。

4.3.3 研究结果

4.3.3.1 不同水平运动员 iEMG% 变化分析

4.3.3.1.1 A 组运动员 iEMG% 变化分析

在递增负荷测试过程中，A组运动员在一个动作周期中，身体不同环节做功比例随着运动负荷的变化而变化。第1级负荷下，股内侧肌iEMG%高于肱二头肌iEMG%，肱二头肌iEMG%高于竖脊肌iEMG%，第2级至第冲刺

[①] JIM FLOOD, CHARLES SIMPSON.The complete guide to indoor rowing[M].London：Bloomsbury Publishing PLC, 2017：54–55.

阶段均呈现肱二头肌iEMG%高于股内侧肌iEMG%高于竖脊肌iEMG%（见图4-56）。其中，肱二头肌iEMG%与股内侧肌iEMG%差异性不显著（$p > 0.05$）。竖脊肌iEMG%与股内侧肌iEMG%差异具有显著性（$p < 0.05$），竖脊肌iEMG%与肱二头肌iEMG%差异具有显著性（$p < 0.05$）。

肱二头肌iEMG%与股内侧肌iEMG%、竖脊肌iEMG%变化具有显著负相关关系，（r=-0.95，r=-0.96；$p < 0.01$）。股内侧肌iEMG%与竖脊肌iEMG%变化具有正相关关系（r=0.84，$p < 0.05$）。

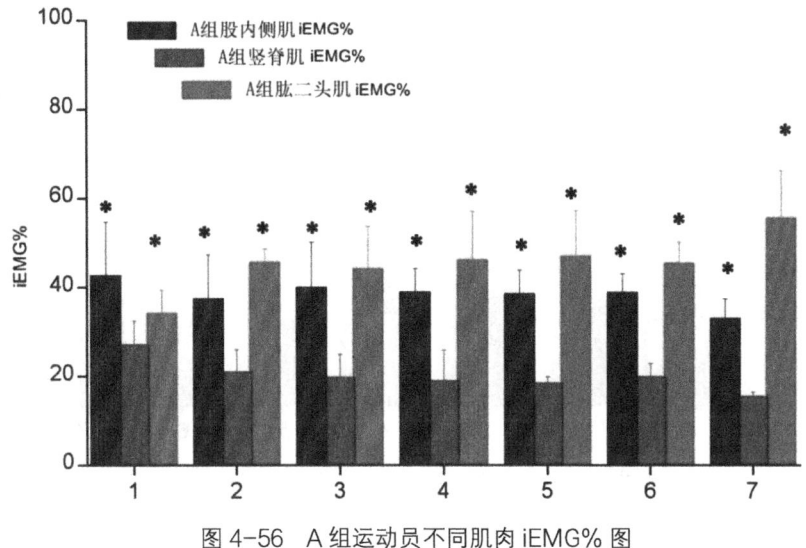

图4-56　A组运动员不同肌肉iEMG%图

注：*表示与竖脊肌iEMG%比较差异具有显著性（$p < 0.05$）；横轴表示测试级次

4.3.3.1.2 B组运动员iEMG%变化分析

在赛艇递增负荷测试中，B组运动员在一个动作周期中身体不同环节做功比例随着运动负荷的变化而变化。第1级负荷至冲刺全过程均呈现肱二头肌iEMG%高于股内侧肌iEMG%和竖脊肌iEMG%（见图4-57）。其中，肱二头肌iEMG%与股内侧肌iEMG%差异极具显著性（$p < 0.01$）。

肱二头肌 iEMG% 与竖脊肌 iEMG% 差异极具显著性（$p < 0.01$）。竖脊肌 iEMG% 与股内侧肌 iEMG% 差异不显著（$p > 0.05$）。

肱二头肌 iEMG% 与股内侧肌 iEMG% 变化具有负相关关系（$r=-0.80$，$p < 0.05$）。肱二头肌 iEMG% 与竖脊肌 iEMG% 变化具有显著负相关关系，（$r=-0.95$，$p < 0.01$）。股内侧肌 iEMG% 与竖脊肌 iEMG% 变化呈正相关关系（$r=0.84$，$p < 0.05$）。

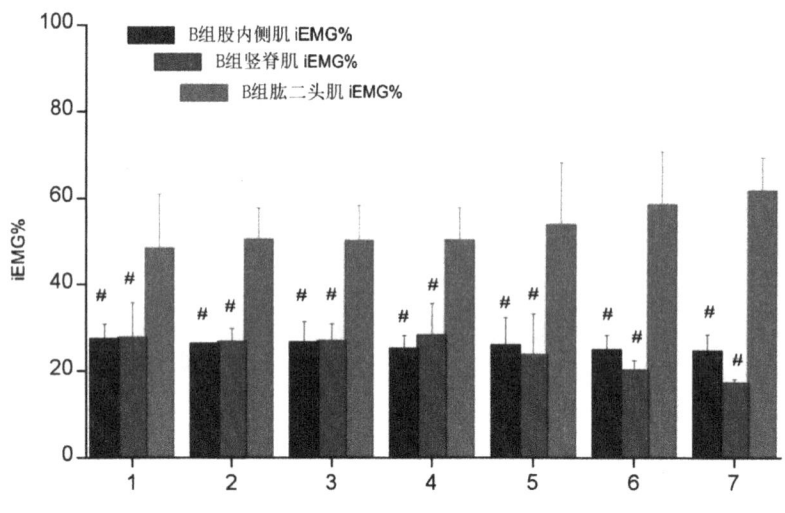

图 4-57　B 组运动员不同肌肉 iEMG% 图

注：#表示与肱二头肌 iEMG% 比较差异极具显著性（$p < 0.01$）

4.3.3.1.3 C 组运动员 iEMG% 变化分析

在赛艇递增负荷测试中，C 组运动员在一个动作周期中身体不同环节做功比例随着运动负荷的变化而变化。第 1 级负荷至冲刺全过程均呈现肱二头肌 iEMG% 高于股内侧肌 iEMG% 和竖脊肌 iEMG%（图 4-58）。其中，肱二头肌 iEMG% 与股内侧肌 iEMG%、竖脊肌 iEMG% 差异均极具显著性（$p < 0.01$）。竖脊肌 iEMG% 与股内侧肌 iEMG% 差异不显著（$p > 0.05$）。

肱二头肌 iEMG% 与股内侧肌 iEMG% 变化具有显著负相关关系,($r=-0.82$,$p < 0.01$)。肱二头肌 iEMG% 与竖脊肌 iEMG% 变化具有显著负相关关系,($r=-0.91$,$p < 0.01$)。

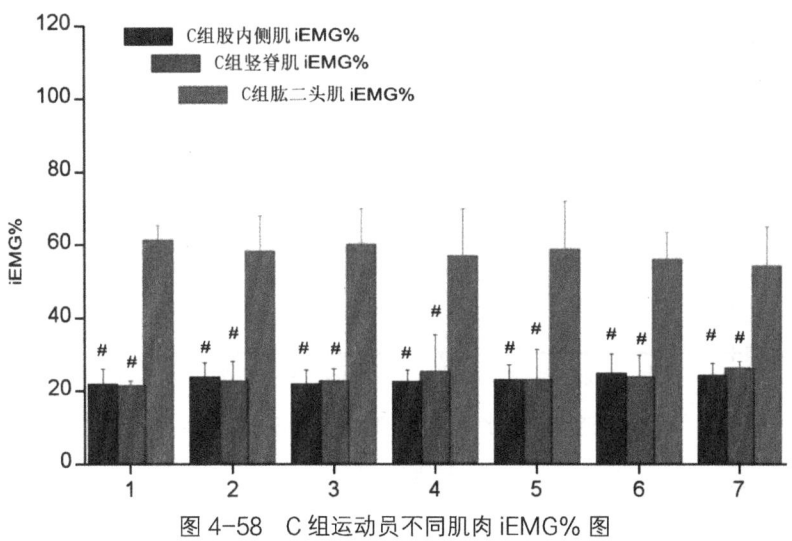

图 4-58　C 组运动员不同肌肉 iEMG% 图

注:#表示与肱二头肌 iEMG% 比较差异极具显著性($p < 0.01$);横轴表示测试级次

4.3.3.1.4 不同水平运动员 iEMG% 对比分析

4.3.3.1.4.1 不同水平运动员股内侧肌 iEMG% 对比分析

在赛艇递增负荷测试中,不同水平的三组运动员相同部位肌肉在完成动作时 iEMG% 不同。A 组运动员股内侧肌 iEMG% 与 B 组、C 组运动员股内侧肌 iEMG% 在第 1 级至冲刺阶段差异极具显著性($p < 0.01$),A 组运动员股内侧肌 iEMG% 均高于 B 组和 C 组运动员股内侧肌 iEMG%(见图 4-59)。B 组股内侧肌 iEMG% 与 C 组 iEMG% 在第 1 级至第 5 级阶段差异具有显著性($p < 0.05$),B 组股内侧肌 iEMG% 高于 C 组股内侧肌 iEMG%。第 6 级至冲刺阶段股内侧肌 iEMG% 两组差异性不显著($p >$

0.05）。

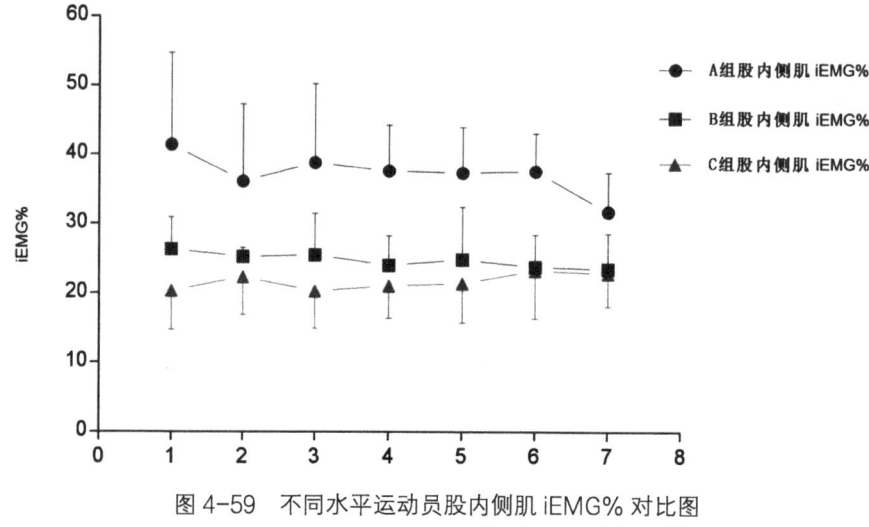

图 4-59 不同水平运动员股内侧肌 iEMG% 对比图

注：横轴表示测试级次

4.3.3.1.4.2 不同水平运动员竖脊肌 iEMG% 对比分析

A 组运动员竖脊肌 iEMG% 与 B 组运动员竖脊肌 iEMG% 在第 2 级、3 级、4 级、5 级和冲刺阶段差异具有显著性（$p < 0.05$），在此阶段 A 组竖脊肌 iEMG% 低于 B 组竖脊肌 iEMG%（见图 4-60）。A 组竖脊肌 iEMG% 与 C 组竖脊肌 iEMG% 在第 2 级至冲刺阶段差异具有显著性（$p < 0.05$），此阶段 A 组竖脊肌 iEMG% 低于 C 组竖脊肌 iEMG%。

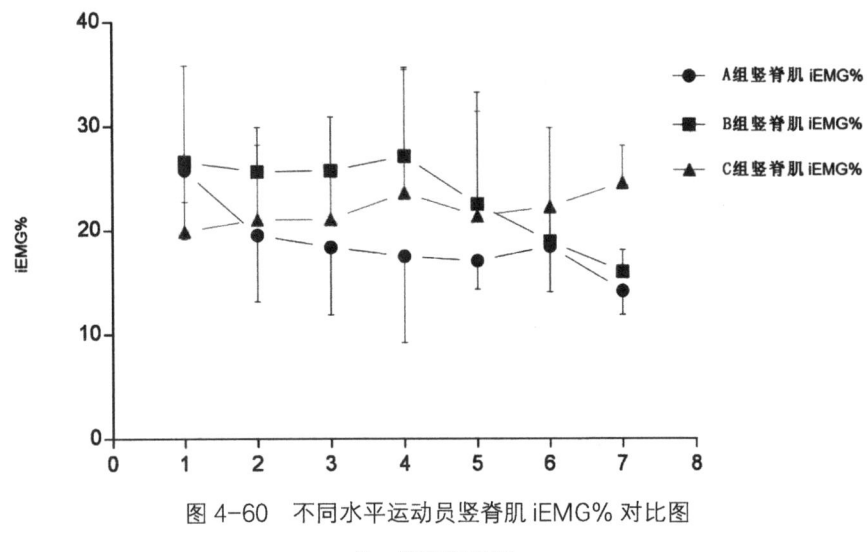

图 4-60　不同水平运动员竖脊肌 iEMG% 对比图

注：横轴表示级次

4.3.3.1.4.3 不同水平运动员肱二头肌 iEMG% 对比分析

A组运动员肱二头肌iEMG%与B组肱二头肌iEMG%从第1级至冲刺全程差异极具显著性（$p < 0.01$），A组肱二头肌iEMG%低于B组肱二头肌iEMG%（见图4-61）。A组肱二头肌iEMG%与C组肱二头肌iEMG%在第1级至第6级差异极具显著性（$p < 0.01$），此阶段A组肱二头肌iEMG%低于C组肱二头肌iEMG%。

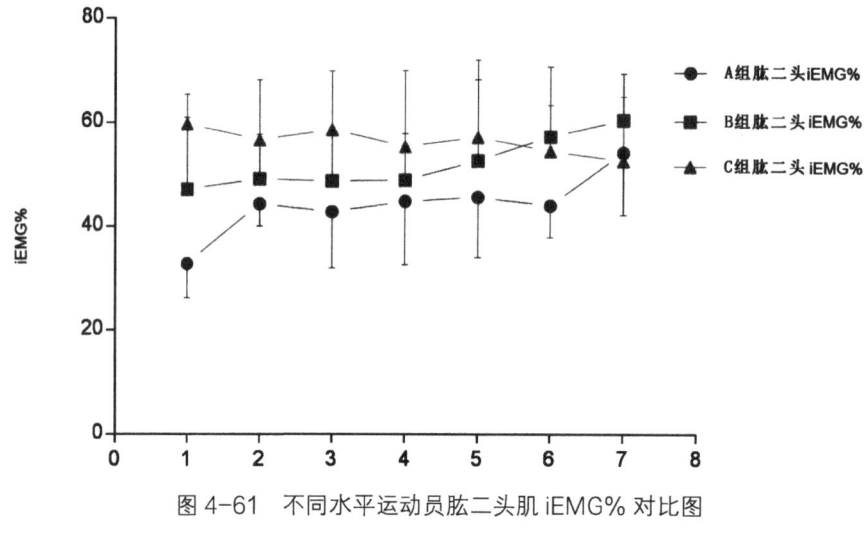

图 4-61　不同水平运动员肱二头肌 iEMG% 对比图

注：横轴表示测试级次

4.3.3.2 不同水平运动员不同部位肌肉 iEMG% 与 BLA 变化分析

在赛艇递增负荷测试中，不同水平的三组运动员 BLA 均呈现随着负荷增加逐级升高。A 组运动员每级 BLA 与 B 组、C 组每级 BLA 均有差异，全程呈现 A 组运动员每级 BLA 数据低于 B 组每级 BLA 数据，B 组每级 BLA 数据低于 C 组每级 BLA 数据（见图 4-62）。

本研究将股内侧肌 iEMG% 与肱二头肌 iEMG% 之差表示为 iEMG% 差值，表示递增负荷测试中运动员下肢与上肢用力分配情况。A 组运动员 iEMG% 差值与 B 组、C 组运动员 iEMG% 差值之间差异极具显著性（$p < 0.01$），A 组 iEMG% 差值低于 B 组和 C 组 iEMG% 差值。B 组 iEMG% 差值在第 1 级至第 5 级与 C 组 iEMG% 差值具有显著性差异（$p < 0.05$）。

A 组运动员 iEMG% 差值与 A 组每级 BLA 变化具有正相关关系（$r=0.78$，$p < 0.05$）；B 组 iEMG% 差值与 B 组每级 BLA 变化具有显著正相关关系（$r=0.92$，$p < 0.01$）；C 组 iEMG% 差值与 C 组每级 BLA 变化具

有负相关关系（$r=-0.85$, $p < 0.05$）。

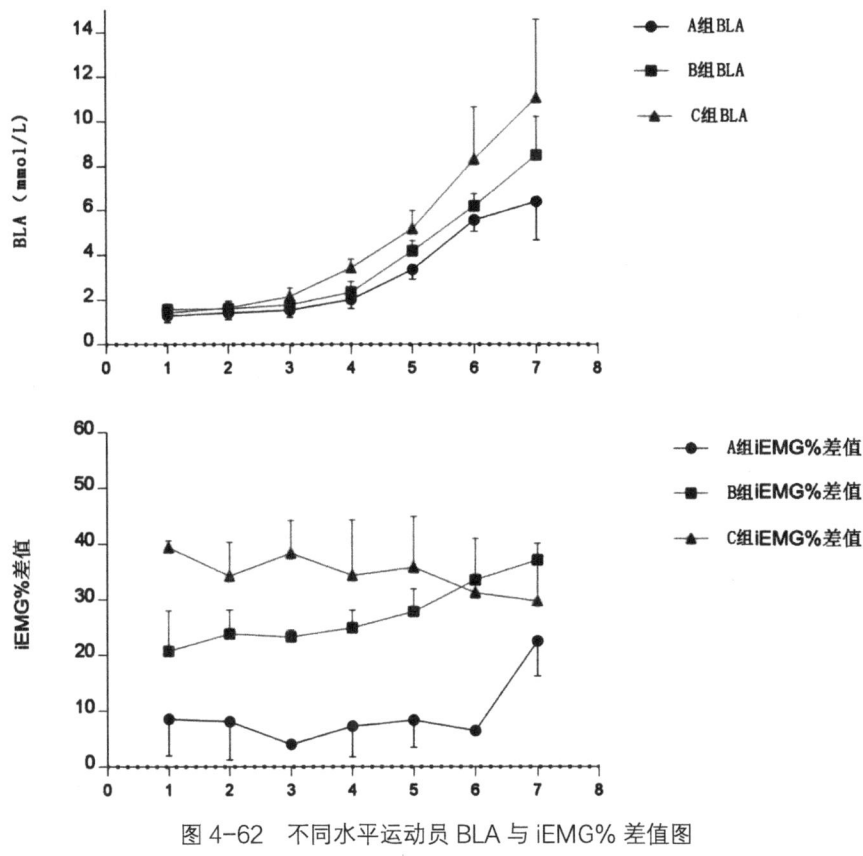

图 4-62　不同水平运动员 BLA 与 iEMG% 差值图

注：横轴表示测试级次

4.3.3.3 不同水平运动员不同肌肉 iEMG% 与 HR 变化分析

在赛艇递增负荷测试中，不同水平的三组运动员每级 HR 呈现出随着负荷增加逐级增加的趋势。A 组、B 组和 C 组每级 HR 之间差异均无显著性。A 组 iEMG% 差值与 A 组每级 HR 变化不存在相关关系（$p > 0.05$）；B 组 iEMG% 差值与 B 组每级 HR 变化不存在相关关系（$p > 0.05$）；C 组

iEMG%差值与C组每级HR变化不存在相关关系（$p > 0.05$），见表4-34。

表 4-34 不同水平运动员 iEMG% 差值与 HR 变化

	A组		B组		C组	
	iEMG%差值	HR（beats/min）	iEMG%差值	HR（beats/min）	iEMG%差值	HR（beats/min）
第1级	8.63 ± 6.61	124.75 ± 3.98	20.78 ± 7.27	115.44 ± 5.63	39.4 ± 3.0	125.3 ± 7.15
第2级	8.20 ± 6.63	129.78 ± 11.49	23.88 ± 4.32	127.47 ± 6.25	34.28 ± 6.06	136.8 ± 6.52
第3级	4.10 ± 0.54	137.89 ± 10.23	23.32 ± 1.25	144.36 ± 7.41	38.39 ± 5.89	151.48 ± 9.38
第4级	7.32 ± 5.53	146.37 ± 11.9	24.95 ± 3.20	159.76 ± 9.23	34.38 ± 9.93	161.7 ± 10.89
第5级	8.40 ± 4.95	156.17 ± 9.76	27.86 ± 4.11	171.71 ± 8.3	35.82 ± 9.10	172.18 ± 11.2
第6级	6.51 ± 0.60	164.41 ± 8.6	33.59 ± 7.41	182.28 ± 9.21	31.29 ± 1.91	186.98 ± 11.66
冲刺	22.57 ± 6.25	183.86 ± 5.49	37.11 ± 2.97	189.27 ± 4.81	29.79 ± 7.71	193.49 ± 8.25

4.3.3.4 不同水平运动员不同肌肉 iEMG% 与 P 变化分析

A组运动员股内侧肌每级iEMG%与P_4、P_{peak}和2000m成绩不相关（$p > 0.05$）；A组竖脊肌每级iEMG%与P_4、P_{peak}和2000m成绩不相关（$p > 0.05$）；A组肱二头肌每级iEMG%与P_4、P_{peak}和2000m成绩不相关（$p > 0.05$），见表4-35。

表 4-35 A组运动员不同肌肉 iEMG% 与运动表现汇总表

A组	股内侧肌iEMG%	竖脊肌iEMG%	肱二头肌iEMG%
第1级	41.42 ± 13.23	25.78 ± 6.61	32.79 ± 6.61
第2级	36.11 ± 11.20	19.58 ± 6.40	44.31 ± 4.27
第3级	38.75 ± 11.38	18.3 ± 6.50	42.85 ± 10.84
第4级	37.56 ± 6.64	17.54 ± 8.30	44.88 ± 12.17
第5级	37.25 ± 6.60	17.08 ± 2.75	45.65 ± 11.54
第6级	37.51 ± 5.49	18.48 ± 4.39	44.01 ± 6.10

续表

A组	股内侧肌 iEMG%	竖脊肌 iEMG%	肱二头肌 iEMG%
冲刺	31.63 ± 5.68	14.17 ± 2.27	54.19 ± 11.93
P_4	339.07 ± 9.54W		
P_{peak}	556.72 ± 14.52W		
2000m成绩	449.85 ± 6.5W		

B组运动员股内侧肌每级iEMG%与P_4、P_{peak}和2000m成绩不相关（$p > 0.05$）；B组竖脊肌每级iEMG%与P_4、P_{peak}和2000m成绩不相关（$p > 0.05$）；B组肱二头肌每级iEMG%与P_4、P_{peak}和2000m成绩不相关（$p > 0.05$），见表4-36。

表4-36　B组运动员不同肌肉 iEMG% 与运动表现汇总表

B组	股内侧肌 iEMG%	竖脊肌 iEMG%	肱二头肌 iEMG%
第1级	26.31 ± 4.63	26.58 ± 9.26	47.09 ± 13.88
第2级	25.23 ± 1.29	25.64 ± 4.29	49.11 ± 8.58
第3级	25.47 ± 5.99	25.73 ± 5.19	48.79 ± 9.58
第4级	23.96 ± 4.27	27.12 ± 8.55	48.91 ± 8.97
第5级	24.80 ± 7.60	22.53 ± 10.73	52.66 ± 15.65
第6级	23.72 ± 4.63	18.95 ± 3.47	57.31 ± 13.50
冲刺	23.43 ± 5.12	16.02 ± 2.13	60.54 ± 8.95
P_4	301.32 ± 10.5W		
P_{peak}	510.35 ± 12.35W		
2000m成绩	428.15 ± 9.54W		

C组运动员股内侧肌每级iEMG%与P_4、P_{peak}和2000m成绩不相关（$p > 0.05$）；C组竖脊肌每级iEMG%与P_4、P_{peak}和2000m成绩不相关（$p >$

0.05）；C组肱二头肌每级iEMG%与P_4、P_{peak}和2000m成绩不相关（$p > 0.05$），见表4-37。

表4-37 C组运动员不同肌肉 iEMG% 与运动表现汇总表

C组	股内侧肌 iEMG%	竖脊肌 iEMG%	肱二头肌 iEMG%
第1级	20.33 ± 5.69	19.92 ± 2.85	59.73 ± 5.69
第2级	22.32 ± 5.51	21.05 ± 7.16	56.61 ± 11.56
第3级	20.26 ± 5.44	21.08 ± 4.98	58.65 ± 11.32
第4级	21.00 ± 4.73	23.62 ± 11.82	55.37 ± 14.66
第5级	21.38 ± 5.75	21.40 ± 10.06	57.21 ± 14.58
第6级	23.22 ± 6.99	22.26 ± 7.63	54.51 ± 8.90
冲刺	22.80 ± 4.74	24.59 ± 3.56	52.60 ± 12.45
P_4		272.76 ± 11.6W	
P_{peak}		470.54 ± 13.2W	
2000m成绩		392.65 ± 8.24W	

4.3.4 讨论与分析

4.3.4.1 不同水平运动员 iEMG% 变化特征分析

赛艇是一项周期性运动项目，运动员必须具备良好的肌肉协调性才能更好地完成技术动作。拉桨是赛艇完整技术动作周期的动力阶段，是技术发挥的关键[①]。运动员拉桨时，其发力主要是以腿部力量为支点，整个身体的引力点应在腿部发力的瞬间将腿的蹬力迅速传到背部上方，在脚踏板

---

① 国家体育总局.中国体育教练员岗位培训教材[M].北京：人民体育出版社，1999：71-72.

最大受力的前提下，手借助腿和躯干用力的惯性加速屈臂，完成拉桨[1]。因此，赛艇运动技术的核心在于良好的躯干传动和手脚的配合协调[2][3]。本研究选用赛艇技术的三个关键环节——下肢环节股内侧肌、躯干环节竖脊肌和上肢环节肱二头肌，分析递增负荷测试过程中不同水平运动员不同负荷下三个环节肌肉表面肌电贡献率（iEMG%）变化情况，分析递增负荷测试运动员不同拉桨技术与其他常用监控指标的关系。

iEMG作为评价肌肉参与多少的重要指标[4]，可间接反映运动过程中肌肉的用力状况[5]。在相同时间内，某一肌肉的iEMG大小与其用力成高度正相关[6]。完成某动作时，通常依据各主要做功肌肉放电量的大小关系，来确定其贡献率[7]。本研究将不同水平的三组运动员在完成递增负荷测试时，在不同负荷下肱二头肌、竖脊肌和股内侧肌在一个完整拉桨动作内的放电量占三者放电量总和的比率定义为iEMG%，通过计算不同水平运动员不同肌肉在不同负荷下其iEMG%变化，进而分析不同水平的三组运动员在递增负荷测试过程中，上肢、躯干和下肢三个关键环节各自用力情况的特点。

---

[1] 王惠，王洪涛，范梦娇.优秀男子赛艇运动员赛前身体机能监控与训练效果评价[J].山东体育科技，2013，13(2)：79-83.

[2] LAMB D. A kinematic comparison of ergometer and on-water rowing[J]. American journal of sports medicine, 1989, 17(3): 367-373.

[3] NELSON, WILLIAM N, WIDULE CARO J. Kinematic analysis and efficiency estimate of intercollegiate female rowers[J].Medicine & science in sports & exercise, 1983, 15(6): 535-541.

[4] 王健.sEMG信号分析及其应用研究进展[J].体育科学，2000，8(4)：56-60.

[5] 张立.划艇运动员拉桨臂与推桨臂三头肌肌纤维组成及肌力、肌电特点[J].武汉体育学院学报，1989，12(3)：59-65.

[6] BILODEAU M, ARSENAULT A B, D GRAVEL, et al. EMG power spectra of elbow extensors during ramp and step isometric contractions[J].European journal of applied physiology & occupational physiology, 1991, 63(1): 24-28.

[7] 杨静宜，王瑞元，熊开宇，等.股四头肌等速向心收缩肌电图测定与分析(续完)[J].北京体育大学学报，1996，11(2)：31-38.

赛艇运动员在拉桨过程中的发力特征是由自身条件所决定的[1]，下肢和臀部肌肉出色的运动员倾向于拉桨前段发力；上体和臂部肌肉出色的运动员倾向于选择稍后发力[2]。Jaszczak[3]比较了8名赛艇运动员（4名世界级和4名国家级）在完成测功仪递增负荷测试时每个肌肉群的利用率。结果显示，世界级赛艇运动员上肢利用率很高。世界级赛艇运动员比国家级赛艇运动员能更有效地利用下肢肌群。优秀赛艇运动员在测功仪测试时，随着负荷的增加，股内侧肌积分肌电数据高于非专业运动员，同时股内侧肌积分肌电高于竖脊肌和肱二头肌积分肌电[4]。从世界范围看，大多数国外优秀赛艇运动员力量传递从下肢大肌群开始到上肢小肌群结束，符合人体运动规律；可以更好地调动蹬腿和躯干力量，挖掘这两大肌肉群的潜能。世界优秀赛艇运动员下肢、躯干和上肢对划桨力的贡献率分别为46.40%、30.90%、22.7%，而这三个主要部位肌肉功能的使用率分别为75%、55%、95%[5]，说明赛艇划桨力量的潜力挖掘应从躯干和下肢开始，上肢的使用率已经达到95%，增长空间很小[6][7]。上述研究结果与本研究相同，本研究中，高水平的A组运动员拉桨过程中

---

[1] MASON B R, SHAKESPEAR P, DOHERTY P. The use of biomechanical analysis in rowing to monitor the effect of training[J].Excel, 1988, 4(4)：7-11.

[2] 曹景伟，季林红，马祖长，等.我国优秀赛艇运动员桨力-时间曲线特征[J].天津体育学院学报，2007，22(4)：281-283.

[3] JASZCZAK M. Class of rower and strength potential utilisation during rowing on ergometer[J].Proceedings from the international society of biomechanics conference, 2001, 8(11)：13-16.

[4] TURPIN N A, GUÉVEL A, DURAND S. No evidence of expertise-related changes in muscle synergies during rowing[J].Journal of electromyography & kinesiology, 2011, 21(6)：1030-1035.

[5] REDGRAVE S. Completebook of rowing[M].London：Partridge Press，1995：298-300.

[6] 张清华，董德龙.我国优秀男子赛艇运动员划桨技术特征研究：基于3种桨频的分析[J].沈阳体育学院学报，2015，21(3)：95-100.

[7] 王广磊，宋旭，刘扬，等.赛艇运动中的技术链解析[J].安徽体育科技，2015，36(1)：24-26.

肱二头肌iEMG%和股内侧肌iEMG%显著高于竖脊肌iEMG%，其中肱二头肌iEMG%与股内侧肌iEMG%、竖脊肌iEMG%变化均具有显著负相关关系（r=-0.95，r=-0.96，$p < 0.01$）。在递增负荷测试过程中随着运动负荷的增加，股内侧肌iEMG%与竖脊肌iEMG%变化具有正相关关系（r=0.84，$p < 0.05$）。A组运动员上肢用力比例增加，伴随下肢和躯干用力比例下降。从iEMG%数值分析，肱二头肌iEMG%与股内侧肌iEMG%差异不显著（$p > 0.05$），显示A组运动员完成测功仪拉桨时上下肢贡献比例均匀，用力协调较好。与B组和C组比较，A组股内侧肌iEMG%均高于B组和C组，竖脊肌和肱二头肌iEMG%整体低于B组和C组。显示A组运动员在递增负荷测试拉桨动作时的特点是，相对其他两组股内侧肌iEMG%高，下肢环节发力相对较好。水平较高的B组运动员在递增负荷测试过程中显示，肱二头肌iEMG%与股内侧肌iEMG%差异极具显著性（$p < 0.01$）。肱二头肌iEMG%与竖脊肌iEMG%差异极具显著性（$p < 0.01$）。肱二头肌iEMG%与股内侧肌iEMG%变化具有负相关关系（r=-0.80，$p < 0.05$）。肱二头肌iEMG%与竖脊肌iEMG%变化具有负相关关系（r=-0.95，$p < 0.01$）。这一研究结果显示B组运动员完成拉桨动作主要贡献环节是肱二头肌，随着运动负荷的增加，肱二头肌iEMG%上升并伴随股内侧肌和竖脊肌iEMG%下降。与A组和C组比较显示，B组运动员在股内侧肌iEMG%整体高于C组，竖脊肌iEMG%从第1级至第5级高于A组和C组；B组肱二头肌iEMG%在从第1级至第5级低于C组，第6级至冲刺阶段B组肱二头肌iEMG%高于C组。三组运动员比较而言，B组运动员在递增负荷测试过程中拉桨特点为下肢环节用力优于C组，低于A组。躯干环节在递增负荷测试第1级至第5级iEMG%最高，技术表现为拉桨时躯干倒体用力较大，第6级至冲刺阶段躯干环节用力下降，伴随上肢环节用力大幅度增加。C组运动员在完成递增负荷测试时与B组基本相同。肱二头肌iEMG%与股内侧肌iEMG%、竖脊肌iEMG%差异均极

具显著性（$p < 0.01$）。肱二头肌iEMG%与股内侧肌iEMG%变化具有显著负相关关系（r=–0.82，$p < 0.01$）。肱二头肌iEMG%与竖脊肌iEMG%变化具有显著负相关关系（r=–0.91，$p < 0.01$）。与A组和B组比较，C组运动员股内侧肌iEMG%最低，递增负荷测试第1级至第5级阶段，C组肱二头肌iEMG%高于A组和B组iEMG%；第6级和冲刺阶段肱二头肌iEMG%下降，伴随竖脊肌iEMG%大幅度增加。C组运动员在递增负荷测试过程中拉桨技术表现为拉桨时以上肢环节用力为主，高负荷下躯干环节参与增加，躯干倒体幅度增加。在拉桨初始阶段下肢用力推蹬是拉桨动作完成的主要力量来源[1]。不同水平的三组运动员比较而言，水平最高的A组运动员下肢环节用力占比最高，下肢利用率最高，技术动作相对比较合理，水平较高的B组运动员次之，水平最低的C组运动员最差。

4.3.4.2 赛艇递增负荷测试 iEMG% 与 BLA 变化分析

递增负荷测试中，运动员在不同负荷下完成拉桨动作时涉及大量肌肉参与，并且需要熟练地协调上下肢[2][3][4]。在拉桨过程中躯干充当动力链中的一个环节，既产生力又将力从腿和手臂传递到桨[5]，研究显示，对于赛艇运动员来说，上下肢协调用力能力比单个肌肉力量更为重要[6]，运动中

---

[1] HAGERMAN, FREDRICK C. Applied physiology of rowing[J]. Sports medicine, 1984, 1(4)：303–326.

[2] SOPER C, HUME P A. Towards an ideal rowing technique for performance[J].Sports medicine, 2004, 34(12)：825–848.

[3] A GUÉVEL, BOYAS S, GUIHARD V, et al. Thigh muscle activities in elite rowers during on–water rowing[J]. International journal of sports medicine, 2011, 32(2)：109–116.

[4] BUCKERIDGE E, HISLOP S, BULL A, et al. Kinematic asymmetries of the lower limbs during ergometer rowing[J]. Medicine & science in sports & exercise, 2012, 3(7)：44–49.

[5] BAUDOUIN A, HAWKINS D. A biomechanical review of factors affecting rowing performance[J].Sports medicine, 2002, 36(7)：396–402.

[6] RODRIGUEZ R J, ROGRIGUEZ R P, COOK S D, et al. Electromyographic analysis of rowing stroke biomechanics [J].Journal of sports medicine and physical fitness, 1990, 30(1)：103–108.

上下肢建立的有效协调性会直接影响拉桨功率输出和整个动作有效性，进而影响拉桨的经济性[1]。为更好地体现上下肢的协调性，本研究将股内侧肌iEMG%与肱二头肌iEMG%之差表示为iEMG%差值，表示递增负荷测试中运动员下肢与上肢用力分配情况。

研究结果显示，水平高的A组运动员iEMG%差值与水平较高的B组、水平较低的C组运动员iEMG%差值之间差异极具显著性（$p < 0.01$），A组iEMG%差值低于B组和C组iEMG%差值，所对应每级BLA数值均低于B组和C组。A组运动员在输出功率值较高的情况下，BLA生成相对较低，整体运动能力优于B组和C组。这与A组运动员拉桨时上下肢协调用力，特别是下肢力量利用率较高有关[2][3][4]；B组iEMG%差值在第1级至第5级与C组iEMG%差值在第1级至第5级差异具有显著性（$p < 0.05$），B组iEMG%差值低于C组iEMG%差值。B组每级BLA小于C组每级BLA。B组iEMG%差值与B组每级BLA变化具有显著正相关关系（$r=0.92$, $p < 0.01$）。B组上下肢iEMG%差值越大，BLA累积越多。这与B组运动员拉桨技术有关，B组运动员在第1级至第5级上下肢iEMG%差值较小，协调用力完成额定功率；进入高功率的第6级和冲刺阶段，上肢iEMG%显著增加，伴随腿部iEMG%下降，基本以上肢发力用手拉桨完成动作。相对下肢股四头肌的大肌群，上肢肱二头肌肌群力量输出潜力较

---

[1] HUG F, TURPIN N, COUTURIER A. Consistency of muscle synergies during pedaling across different mechanical constraints[J].Journal of neurophysiology, 2011, 106(1): 91-103.

[2] MATHIEU PANCHOA DE SÈZE, JEAN-RENÉ CAZALETS. Anatomical optimization of skin electrode placement to record electromyographic activity of erector spinae muscles[J].Surg radiol anat, 2008, 30(2): 137-143.

[3] SCOTT GORDON. A mathematical model for power output in rowing on an ergometer[J]. Sports engineering, 2003, 6(4): 221-234.

[4] JANSHEN L, MATTES K, TIDOW G. Muscular coordination of the lower extremities of oarsmen during ergometer rowing[J].Journal of orthopaedic and sports physical therapy, 2009, 39(11): 836-839.

小，易出现疲劳，由于局部乳酸代谢物的积累，肌纤维的内部环境逐渐发生变化。因此，BLA浓度的增加可能导致快缩肌纤维的募集和运动单位激发频率增加；C组iEMG%差值相较A组和B组差值最大，可能与C组拉桨技术有关。

4.3.4.3 不同水平运动员iEMG%与SMO$_2$变化关系

人体骨骼肌的主要功能是将化学能和电能转化为机械能。随着机械能需求变化肌肉激活生理参数会发生不同水平调整[①]。肌肉激活的过程需要代谢能量[②]。EMG变化与肌肉收缩呈线性相关，iEMG是指在一定时间内肌肉中参与活动的运动单位放电的总量，是评价肌肉参与多少的重要指标。大量的研究均证实了积分肌电可间接反映运动过程中肌肉的用力状况。NIRS是一种非侵入性技术，已应用于量化肌肉局部氧化代谢。特别是SMO$_2$代表局部肌群氧气供应和消耗之间的动态平衡[③④]。力的输出与肌肉氧合和血流动力学参数相关[⑤⑥]。使用NIRS和EMG参数分析局部肌肉

---

① ZAHALAK G I, MA S P. Muscle activation and contraction: constitutive relations based directly on cross-bridge kinetics[J]. Journal biomechanical engineering, 1990, 112(1): 52-62.

② WESTERBLAD H, BRUTON J D, KATZ A. Skeletal muscle: Energy metabolism, fiber types, fatigue and adaptability[J]. Experimental cell research, 2010, 316(18): 3093-3099.

③ QUARESIMA V, FERRARI M. Muscle oxygenation by near-infrared-based tissue oximeters[J]. Journal of applied physiology, 2009, 107(1): 371-371.

④ YAMADA EIJI. Muscle oxygenation, muscle force and electromyographic activity during isometric contraction[J]. European journal of applied physiology, 2003, 11(3): 213-218.

⑤ PRAAGMAN M, CHADWICK E, HELM F, et al. The relationship between two different mechanical cost functions and muscle oxygen consumption[J]. Journal of biomechanics, 2006, 39(4): 758-765.

⑥ WIGMORE D M, PROPERT K, KENT-BRAUN J A. Blood flow does not limit skeletal muscle force production during incremental isometric contractions[J]. European journal of applied physiology, 2006, 96(4): 370-378.

收缩产生力的过程显示两者有相关关系[1]。

在本研究的第二部分采集了不同水平的三组运动员股内侧肌、肱二头肌和竖脊肌SMO_2变化数据,研究显示在递增负荷测试中不同水平运动员三个关键环节股内侧肌、肱二头肌和竖脊肌SMO_2呈现出不同的变化特点:高水平运动员呈现腿部、手臂、躯干符合赛艇正确技术的正常用力大小比例而导致SMO_2依次上升;低水平运动员则呈现出手部、腿部、躯干部不正确技术的非正常用力大小比例而导致SMO_2依次上升。与这一研究结果相对应的是在本研究第三部分发现,赛艇递增负荷测试时,运动员iEMG%和SMO_2的变化具有较高的一致性,通过对运动员局部关键环节主要肌肉iEMG%和SMO_2联合测试与分析能够较为准确地评估运动员三个关键环节局部主要肌肉用力情况和有氧能力的变化,从而提高递增负荷测试在赛艇运动训练监控应用中的针对性和有效性。

4.3.5 小结

赛艇递增负荷测试时,不同水平运动员iEMG%呈现出如下特征:高水平的A组运动员腿部主要用力肌肉股内侧肌积分肌电贡献率即iEMG%最高,手臂主要用力肌肉肱二头肌iEMG%次之,躯干主要用力肌肉竖脊肌iEMG%最低,且上下肢iEMG%差值最低;水平较高的B组运动员股内侧肌iEMG%较高,肱二头肌iEMG%次之,上下肢iEMG%差值较低;而水平较低的C组运动员肱二头肌iEMG%最高,股内侧肌iEMG%最低,且上下肢iEMG%差值最高。高水平A组运动员下肢环节用力占比最高,上下肢用力分配较为均衡,技术动作比较合理,水平较高的B组运动员次之,水平最低的C组运动员最差。

---

[1] SKOVERENG K, ETTEMA G, BEEKVELT M V. Local muscle oxygen consumption related to external and joint specific power[J]. Human movement science, 2016, 45(3): 161–171.

综合本文第二、第三部分的研究结果可以说明：赛艇递增负荷测试时，运动员 iEMG% 和 SMO$_2$ 的变化具有较高的一致性，通过对运动员局部关键环节主要肌肉 iEMG% 和 SMO$_2$ 联合测试与分析能够较为准确地评估运动员三个关键环节局部主要肌肉用力情况和有氧能力的变化，从而提高递增负荷测试在赛艇运动训练监控应用中的针对性和有效性。

5 研究结论与建议

5.1 研究结论

递增负荷测试三种方案在赛艇训练实际应用中体现出各自不同的特点。两种4min递增负荷测试方案既能评估运动员有氧能力变化情况,又能评估运动员最大冲刺能力。8min递增负荷测试方案只能评估运动员有氧能力变化情况。

递增负荷测试的常用指标在赛艇训练实际应用中敏感性和有效性存在一定程度的差异。P_4指标能较好地反映运动员有氧能力变化情况,训练实践中应用P_4指标作为赛艇递增负荷测试评价运动员有氧能力变化的首选监控指标是合适的。P_{peak}指标整体敏感程度低于P_4,且其对运动员刺激强度较大,赛前调整阶段应慎重采用。血乳酸在4mmol/L附近每级负荷的BLA和HR的变化可以作为评价运动员有氧能力变化的一个参考指标。赛艇训练监控实践中,应综合考虑测试的经济性、敏感性、有效性及不同训练阶段(准备期、竞赛期)和条件合理选择递增负荷测试方案及测试指标。

赛艇递增负荷测试中不同水平运动员均呈现出随着负荷增加SMO_2逐级下降的趋势。不同水平运动员三个关键环节主要肌肉SMO_2变化呈现一定程度的差异：相同负荷下，水平越高的运动员腿部股内侧肌 SMO_2 越低、手臂肱二头肌次之，躯干竖脊肌最高；水平越高的运动员腿部股内侧肌 SMO_2 变化幅度越大；SMO_2 变化率、HR 变化率和 BLA 变化率相对越小；运动员 SMO_2 "拐点"与"乳酸阈拐点"相一致，运动员水平越高"拐点"越向右移。"拐点"后，水平高的运动员 BLA 与 SMO_2 变化趋势相反即 BLA 变化幅度增大而 SMO_2 变化幅度减小。水平低的运动员"拐点"后，BLA 与 SMO_2 变化趋势相同，均依旧逐级增加；相同 BLA 下，水平高的运动员 SMO_2 变化幅度较大，水平低的运动员 SMO_2 变化幅度较小。

赛艇递增负荷测试时，运动员水平越高腿部股内侧肌 iEMG% 越高，手臂肱二头肌次之，躯干竖脊肌最低，且上下肢 iEMG% 差值越低；运动员水平越高下肢环节用力占比越高，上下肢用力分配较为均衡，技术动作较为合理。

赛艇递增负荷测试时，运动员 iEMG% 和 SMO_2 变化具有较高一致性，通过对运动员局部关键环节主要肌肉 iEMG% 和 SMO_2 联合测试与分析，能较为准确地评估运动员三个关键环节局部肌群用力分配和有氧能力的变化。在赛艇递增负荷测试中加入 iEMG% 和 SMO_2 指标，既能评估运动员整体有氧能力变化情况，又能评估运动员局部关键环节肌群用力分配及有氧能力变化情况，从而可以提高递增负荷测试在赛艇运动训练监控应用中的针对性和有效性。

5.2 研究建议

本研究在赛艇递增负荷测试中引入积分肌电百分比和肌氧饱和度两个指标，用于对运动员局部关键环节肌群的用力分配及有氧能力情况进行联合测试与评价，但是，限于目前设备条件只能分开测试两种指标，因而进一步的研究应在着力解决肌电肌氧同步测试设备研发的基础上，进行更为广泛和深入的研究。

本研究所有测试均在多个省市赛艇队正常训练计划之内进行，虽然测试与评价更具实践意义，但是，能够参与测试的运动员人数还是有限的，而且对测试相关条件的控制还需进一步完善，所有这些都是后续研究需要解决的问题。

主要参考文献

[1] 郑晓鸿.运动训练监控释义及其目的意义与内容的理论探析[J].吉林体育学院学报,2008,24(5):39-41.

[2] 黎涌明.世界赛艇科学的德国流[J].体育科学,2013,33(6):77-84.

[3] 沈友清,王建珍,徐国栋.肌氧含量的相对有效下降值与最大摄氧量的对比研究[J].武汉体育学院学报,2007,41(1):58-60.

[4] 徐国栋,高辛琳,刘明,等.用近红外光谱学技术无损监测气体交换率的新途径探讨[J].武汉体育学院学报,2004,38(4):46-49.

[5] 张立,宋高晴.划船运动员静力及动力性肌肉运动疲劳时肌氧含量的变化特征及对EMG参数的影响[J].体育科学,2006,26(3):53-57.

[6] 毕学翠,詹建国.高强间歇运动恢复期肌氧饱和度与心率、血乳酸变化关系的研究[J].成都体育学院学报,2019,45(4):105-112.

[7] 徐开胜,徐开娟.赛艇技术研究进展[J].上海体育学院学报,2017,41(2):83-90.

[8] 李爽.陕西省优秀女子赛艇运动员冬训期有氧、无氧训练效果的实验研究[D].西安:西安体育学院,2017.

[9] 叶国雄.划船运动概论[M].北京:人民体育出版社,2000:301-304.

[10] 卢冬华.赛艇测功仪的应用研究[J].学园,2014,7(23):199-200.

[11] 资薇.女子赛艇2000m模拟比赛划过程中能量代谢和能效特点[J].北京体育大学学报,2015,38(9):130-135.

[12] 黎涌明,资薇,陈小平.赛艇测功仪不同持续时间全力运动的能量供应特征研究[J].体育科学,2017,37(3):51-57.

[13] 李勤.无累进递增负荷与有累进递增负荷测定无氧阈结果的对比研究[J].体育学刊,2001,5(1):56-57.

[14] 宋淑华,刘坚,高春刚,等.递增负荷运动对中长跑运动员心率变异性的影响[J].山东体育学院学报,2010,26(10):62-65.

[15] 李鹏飞,冯葆欣,尚文元,等.自行车运动员进行功率自行车3种递增负荷运动实验比较有氧耐力研究[J].中国体育科技,2010,46(2):123-125.

[16] 毕学翠,郑晓鸿.二种递增负荷运动对赛艇优秀运动员耐力训练效果的对比实验研究:以陕西省赛艇优秀运动员为例[J].中国学校体育(高等教育),2016,3(5):77-81.

[17] 王振,冯魏,冯刚,等.不同数据处理及递增负荷模式对峰值摄氧量的影响[J].北京体育大学学报,2016,39(7):59-65.

[18] 乔德才.运动人体科学研究进展与应用[M].北京:人民体育出版社,2008:296-297.

[19] 黄红梅,林家仕.公开级赛艇优秀男子运动员500m耗时递增负荷测试的实证性研究[J].北京体育大学学报,2010,33(12):60-63,133.

[20] 浦钧宗.通气阈、乳酸阈和血气变化的关系[J].中国运动医学杂志,1987,8(4):203-208,254.

[21] 郐卫峰,莫少强,陈征,等.利用最大乳酸稳态测试判定赛艇运动员4mmol/L乳酸阈与个体乳酸阈有效性的研究[J].体育科学,2010,30

（8）：85-91.

[22] 黎涌明，季健民，陈小平，等.4mmol乳酸阈算法比较：以赛艇三级测试为例[J].体育科学，2012，32（10）：73-76.

[23] 周东坡，刘爱杰，黄杰明，等.对中国优秀女子赛艇运动员动态心率无氧阈的探讨[J].体育科学，1990，8（6）：56-58.

[24] 李红燕，张立，徐国栋，等.男子青少年赛艇运动员递增负荷运动时肌氧含量变化特点：肌氧评定个体有氧代谢能力的可行性探讨[J].中国运动医学杂志，2006，11（3）：351-354.

[25] 丁攀.近红外光谱技术监测赛艇运动员有氧代谢能力的研究[D].武汉：武汉体育学院，2008.

[26] 沈友青，徐国栋.递增负荷运动后肌氧含量和血乳酸的恢复研究[J].中国体育科技，2011，47（5）：73-77，85.

[27] 刘建红，王奎，周志宏，等.赛艇运动员递增负荷运动中股直肌、肱二头肌和背阔肌积分肌电定量分析[J].中国运动医学杂志，2007，7（4）：472-474.

[28] 麻文慧.赛艇运动员不同负荷强度下主要肌群的表面肌电特征[D].北京：北京体育大学，2015.

[29] 唐桥，郑晓鸿，毕学翠，等.优秀男子赛艇运动员水上和测功仪拉桨中肌肉活动特征的比较研究[J].中国体育科技，2017，53（4）：76-82.

[30] 图德·O.邦帕，卡洛·A.布齐凯利.周期训练理论与方法[M].北京：人民邮电出版社，2019：264-265.

[31] 杨锡让，傅浩坚.人体运动科学经典研究方法的发展与应用[M].北京：人民体育出版社，2007：15-17.

[32] 周永生，胡竹青.中长跑项目高原训练中以心率为控制手段调控运动员训练负荷的研究[J].南京体育学院学报（自然科学版），2008，7

（2）：39–41.

[33] 郭龙臣，刘伟.自行车项目中心率监控的实际应用研究[J].广州体育学院学报，2009，29（3）：87–92.

[34] 葛新发.利用逐级递增负荷运动中的心率拐点确定无氧阈的研究[J].武汉体育学院学报，1991（4）：67–71.

[35] 曾凡星，丁轶建，彭希记.优秀男子赛艇运动员的训练效果分析[J].北京体育大学学报，2005（3）：60–63.

[36] 杜忠林，顾军，曾振球，等.赛艇项目三级负荷测试方法的研究[J].湖北体育科技，1997（3）：35–41.

[37] 高炳宏，孟志军.赛艇项目专项训练监控方法的研究进展[J].体育科研，2013（5）：56–63.

[38] 徐国栋，陈刚，周超彦，等.血氧含量的近红外测定及其在运动实践中的应用[J].武汉体育学院学报，2004，23（1）：34–38.

[39] 毕学翠，詹建国.高强间歇运动恢复期SMO_2饱和度与心率、BLA变化关系的研究[J].成都体育学院学报，2019，45（4）：105–112.

[40] 苏畅，王培勇，马俊英，等.肌氧含量的光电无损检测及其在运动训练中的应用[J].清华大学学报（自然科学版），1997（4）：81–84.

[41] 周兴生，林文弢，何晓龙，等.男子足球运动员YO-YO测试与运动后BLA、心率变化相关性的分析[J].广州体育学院学报，2017，37（4）：85–89.

[42] 徐国栋，陈思，刘方，等.肌氧含量的近红外无损监测及其在赛艇训练中的应用[J].武汉体育学院学报，2003，11（2）：40–42.

[43] 王瑞元.运动生理学[M].北京：北京体育大学出版社，2011：117–118.

[44] 徐国栋，李南，骆清铭，等.肌氧含量的无损检测及其与BLA浓度的关系[J].武汉体育学院学报，2002，36（6）：41–43.

[45] 刘扬，孙怡宁，马祖长，等.基于实船动力学测试信息的我国优秀女子赛艇运动员技术特征分析[J].体育科研，2013，34（5）：60-63.

[46] 国家体育总局.中国体育教练员岗位培训教材[M].北京：人民体育出版社，1999：71-72.

[47] 陈庆杰，吴瑛，伍勰.赛艇运动员拉桨技术运动学特征及其相关肌肉sEMG分析[J].上海体育学院学报，2012，36（5）：81-85.

[48] 王惠，王洪涛，范梦娇.优秀男子赛艇运动员赛前身体机能监控与训练效果评价[J].山东体育科技，2013（2）：79-83.

[49] 王健.sEMG信号分析及其应用研究进展[J].体育科学，2000（4）：56-60.

[50] 张立.划艇运动员拉桨臂与推桨臂三头肌肌纤维组成及肌力、肌电特点[J].武汉体育学院学报，1989（3）：59—65.

[51] 杨静宜，王瑞元，熊开宇，等.股四头肌等速向心收缩肌电图测定与分析（续完）[J].北京体育大学学报，1996（2）：31-38.

[52 杨静宜，王瑞元，熊开宇，等.股四头肌等速向心收缩肌电图测定与分析[J].北京体育大学学报，1995（4）：28-34.

[53]] 曹景伟，季林红，马祖长，等.我国优秀赛艇运动员桨力-时间曲线特征[J].天津体育学院学报，2007，22（4）：281-283.

[54] 张清华，董德龙.我国优秀男子赛艇运动员划桨技术特征研究：基于3种桨频的分析[J].沈阳体育学院学报，2015（3）：95-100.

[55] 王广磊，宋旭，刘扬，等.赛艇运动中的技术链解析[J].安徽体育科技，2015，36（1）：24-26.

[56] 罗炯，金季春.表面肌电的处理方法及在体育科研中的应用前景[J].山东体育学院学报，2005，6（2）：56-59.

[57] HARGREAVES M, HAWLEY J A, JEUKENDRUP A, et al. Pre-exercise carbohydrate and fat ingestion: effects on metabolism and

performance[J]. Journal of sports sciences, 2004, 22(1): 31-39.

[58] DEREK KAY, FRANK E MARINO. Fluid ingestion and exercise hyperthermia: implications for performance, thermoregulation, metabolism and the development of fatigue[J]. Journal of sports sciences, 2000, 18(2): 71-82.

[59] SMITH, TIAKI BRETT, HOPKINS, et al.Variability and predictability of finals times of elite rowers[J].Medicine & science in sports & exercise, 2011, 43(11): 2155-2162.

[60] SMITH D, HOPKINS W G. Measures of rowing performance[J]. sports medicine, 2012, 42(4): 343-358.

[61] IZQUIERDO-GABARREN M, RGDT EXPÓSITO, VILLARREAL E, et al. Physiological factors to predict on traditional rowing performance[J]. European journal of applied physiology, 2010, 108(1): 83-92.

[62] JRIME, MESTU, JAREK, et al.Prediction of rowing performance on single sculls from metabolic and anthropometric variables[J].Journal of human movement studies, 2000, 38(3): 123-136.

[63] PAVLE MIKULIC, TOMISLAV, IVAN BOJANIC. Does 2000m rowing ergometer performance time correlate with final rankings at the World Junior Rowing Championship: a case study of 398 elite junior rowers[J]. Journal of sports sciences, 2009, 27(4): 361-366.

[64] VOGLER A J, RICE A J, GORE C J.Physiological responses to ergometer and on-water incremental rowing tests[J]. International journal of sports physiology & performance, 2010, 5(3): 342-351.

[65] BALDWIN J, SNOW R J, FEBBRAIO M A. Effect of training status and relative exercise intensity on physiological responses in men[J]. Medicine & science in sports & exercise, 2000, 32(9): 1648-1655.

[66] BENTLEY D, MCNAUGHTON L, BATTERHAM A. Prolonged

stage duration during incremental cycle exercise: effects on the lactate threshold and onset of blood lactate accumulation[J]. European journal of applied physiology, 2001, 85(3-4): 351-357.

[67] FOXDAL P, SJÖDIN B, SJÖDIN A, et al. The validity and accuracy of blood lactate measurements for prediction of maximal endurance running capacity[J]. International journal of sports medicine, 1994, 15(2): 89-95.

[68] JOBSIS F F. Noninvasive, infrared monitoring of cerebral and myocardial oxygen sufficiency and circulatory parameters[J]. Science, 1977, 198(4323): 1264-1269.

[69] MCCULLY K K, HAMAOKA T. Near-infrared spectroscopy: what can it tell us about oxygen saturation in skeletal muscle[J]. Exercise and sport sciences reviews, 2000, 28(3): 123-127.

[70] TRAN J, RICE A J, MAIN L C, et al. Development and implementation of a novel measure for quantifying training loads in rowing [J]. Journal of strength & conditioning research, 2014, 28(4): 1172-1180.

[71] SECHER N H. Physiological and biomechanical aspects of rowing[J]. Sports medicine, 1993, 15(1): 24-42.

[72] E M GILLIES, G J BELL. The relationship of physical and physiological parameters to 2000m simulated rowing performance[J]. Sports medicine training & rehabilitation, 2000, 9(4): 277-288.

[73] KANE D A, JENSEN R L, WILLIAMS S E, et al. Effects of drag factor on physiological aspects of rowing[J]. International journal of sports medicine, 2008, 29(5): 390-396.

[74] MCNAUGHTON L R, ROBERTS S, BENTLEY D J. The relationship among peak power output, lactate threshold, and short-distance cycling performance: effects of incremental exercise test design[J]. Journal of strength

& conditioning research, 2006, 20(1): 157-161.

[75] STAMFORD B A. Step increment versus constant load tests for determination of maximal oxygen uptake[J]. European journal of applied physiology & occupational physiology, 1976, 35(2): 89-93.

[76] MATSUO M. Inspiratory muscle endurance test : continuous versus discontinuous incremental threshold loading tests[J]. Journal of animal science, 1999, 30(6): 65-69.

[77] BRUCE R A, JONES J W, et al. Exercising testing in adult normal subjects and cardiac patients[J]. Pediatrics, 1963, 32(3): 742-755.

[78] BALKE B, WARE R W. An experimental study of physical fitness of air force personnel[J]. United States Armed Forces medical journal, 1959, 10(6): 675-688.

[79] TAYLOR H L, BUSKIRK E, HENSCHEL A. Maximal oxygen intake as an objective measure of cardio-respiratory performance[J]. Journal of applied physiology, 1955, 8(1): 73-80.

[80] ZHANG Y Y, ND J M, CHOW N, et al. Effect of exercise testing protocol on parameters of aerobic function[J]. Medicine & science in sports & exercise, 1991, 23(5): 625-630.

[81] MACHADO F A. Incremental test design, peak "aerobic" running speed and endurance performance in runners[J]. Journal of science & medicine in sport, 2013, 16(6): 577-582.

[82] FARRELL P A, WILMORE J H, COYLE E F, et al. Plasma lactate accumulation and distance running performance[J]. Medicine & science in sports & exercise, 1993, 25(10): 1091-1100.

[83] FÖHRENBACH R, MADER A, HOLLMANN W. Determination of endurance capacity and prediction of exercise intensities for training and

competition in marathon runners[J].International journal of sports medicine, 1987, 8(1): 11–18.

[84] LEHMANN M, BERG A, KAPP R, et al. Correlations between laboratory testing and distance running performance in marathoners of similar performance ability[J]. International journal of sports medicine, 1983, 4(4): 226–230.

[85] SJÖDIN B, JACOBS I. Onset of blood lactate accumulation and marathon running performance[J]. International journal of sports medicine,1981, 2(1): 23–26.

[86] TANAKA K, MATSUURA Y. Marathon performance, anaerobic threshold, and onset of blood lactate accumulation[J]. Journal of applied physiology respiratory environmental & exercise physiology, 1984, 57(3): 640–643.

[87] YOSHIDA T, CHIDA M, ICHIOKA M, et al. Blood lactate parameters related to aerobic capacity and endurance performance[J]. European journal of applied physiology & occupational physiology, 1987, 56(1): 7–11.

[88] BENEKE R, LEITHÄUSER R M. Maximal lactate steady state depends on cycling cadence[J]. International journal of sports physiology & performance, 2016,12(9): 1–15.

[89] BENEKE R, ALKHATIB A. High cycling cadence reduces carbohydrate oxidation at given low intensity metabolic rate[J]. Biology of sport, 2015, 32(1): 27–33.

[90] BALMER J, DAVISON R C, BIRD S R. Peak power predicts performance power during an outdoor[J]. Medicine & science in sports & exercise, 2000, 32(8): 1485–1490.

[91] HAWLEY J A, NOAKES T D. Peak power output predicts maximal

oxygen uptake and performance time in trained cyclists[J]. European journal of applied physiology & occupational physiology, 1992, 65(1): 79-83.

[92] DEKERLE J, BARON B, DUPONT L, et al. Effect of incremental and submaximal constant load tests: protocol on perceived exertion values[J]. Perceptual & motor skills, 2003, 96(3): 896-901.

[93] STOCKHAUSEN W, GRATHWOHL D, BÜRKLIN C, et al. Stage duration and increase of work load in incremental testing on a cycle ergometer[J]. European journal of applied physiology & occupational physiology, 1997, 76(4): 295-301.

[94] INGHAM S A, PRINGLE J S, HARDMAN S L, et al. Comparison of step-wise and ramp-wise incremental rowing exercise tests and 2000m rowing ergometer performance[J]. International journal of sports physiology & performance, 2013, 8(2): 123-129.

[95] STEINACKER J M, MARX T R, MARX U, et al. Oxygen consumption and metabolic strain in rowing ergometer exercise[J]. European journal of applied physiology & occupational physiology, 1986, 55(3): 240-247.

[96] MIKULIC P, VUCETIC V, SENTIJA D. Strong relationship between heart rate deflection point and ventilatory threshold in trained rowers[J]. Journal of strength & conditioning research, 2011, 25(2): 360-366.

[97] SMITH T B, HOPKINS W G. Measures of rowing performance[J]. Sports medicine, 2012, 42(4): 343-359.

[98] MESSONNIER L, BOURDIN M, LACOUR J. Influence of age on different determining factors of performance on rowing ergometer[J]. Science & sports, 1998, 13(6): 293-294.

[99] BAE S Y, HAMAOKA T, KATSUMURA T, et al. Comparison of

muscle oxygen consumption measured by near infrared continuous wave spectroscopy during supramaximal and intermittent pedalling exercise[J]. International journal of sports medicine, 2000, 21(3): 168-174.

[100] HAMAOKA T, ALBANI C, CHANCE B, et al. A new method for the evaluation of muscle aerobic capacity in relation to physical activity measured by near-infrared spectroscopy[J]. Medicine & sports, 2015, 24(5): 25-29.

[101] MANCINI D M, BOLINGER L, LI H, et al. Validation of near-infrared spectroscopy in humans[J]. Journal of applied physiology, 1994, 77(6): 2740-2747.

[102] BUCKERIDGE E M, BULL A M, MCGREGOR A H. Incremental training intensities increases loads on the lower back of elite female rowers[J]. Journal of sports sciences, 2016, 34(4): 369-378.

[103] NUSAIR S. Interpreting the incremental cardiopulmonary exercise test[J]. American journal of cardiology, 2017, 119(3): 497-500.

[104] MELLO F, GRANGEIRO P, FRANCHINI E. Energy systems contributions in 2000m race simulation: acomparison among rowing ergometers and water[J]. European journal of applied physiology, 2009, 107(5): 615-623.

[105] SOUSA M, ANICETO R, NETO G, et al. Development and validation of an automated step ergometer[J]. Journal of human kinetics, 2014, 43(1): 113-124.

[106] COSGROVE M J, WILLSON J, WATT D, et al. The relationship between selected physiological variables of rowers and rowing performance as determined by a 2000m ergometer test[J]. Journal of sports sciences, 1999, 17(11): 845-856.

[107] INGHAM S, WHYTE GP, JONES K, et al. Determinants of 2000 m rowing ergometer performance in elite rowers[J]. European journal of applied physiology, 2002, 88(3): 243-246.

[108] NEVILL A, ALLEN S, INGHAM S. Modelling the determinants of 2000m rowing ergometer performance: a proportional, curvilinear allometric approach[J]. Scandinavian journal of medicine & science in sports, 2011, 21(1): 73-78.

[109] KENDALL K L, SMITH A E, FUKUDA D H, et al. Critical velocity: a predictor of 2000m rowing ergometer performance in NCAA D1 female collegiate rowers[J]. Journal of sports sciences, 2011, 29(9): 945-955.

[110] RUSSELL A, LE R, SPARROW W. Prediction of elite schoolboy 2000m rowing ergometer performance from metabolic, anthropometric and strength variables[J]. Journal of sports sciences, 1998, 16(8): 749-762.

[111] BENTLEY D, NEWELL J, BISHOP D. Incremental exercise test design and analysis: implications for performance diagnostics in endurance athletes[J]. Sports medicine, 2007, 37(7): 575-586.

[112] KUIPERS H, RIETJENS G F, SCHOENMAKERS H, et al. Effects of stage duration in incremental running tests on physiological variables[J]. International journal of sports medicine, 2003, 24(7): 486-491.

[113] SIDNEY C, WALACE D, MONTEIRO, et al. Determination of best criteria to determine final and initial speeds within ramp exercise testing protocols[J].Pulmonary medicine, 2012, 13(5): 542-548.

[114] ZHOU S, ROBSON S, KING M, et al. Correlations between short-course triathlon performance and physiological variables determined in laboratory cycle and treadmill tests[J]. Journal of sports medicine & physical fitness, 1997, 37(2): 122-129.

[115] BISHOP D, JENKINS D G, MCENIERY M, et al.Relationship between plasma lactate parameters and muscle characteristics in female cyclists[J]. Medicine & science in sports & exercise, 2000, 32(6): 1088-1093.

[116] BENTLEY D J, MCNAUGHTON L R, THOMPSON D, et al. Peak power output, the lactate threshold and 90min time trial performance well trained cyclisits[J]. Medicine & science in sports & exercise, 2001, 33(5): 265-271.

[117] CHICHARRO J L. Effects of endurance training on the isocapnic buffering and hypocapnic hyperventilation phases in professional cyclists[J]. British journal of sports medicine, 2000, 34(6): 450-455.

[118] MICHA MAEDER, THOMAS WOLBER, RAMIN ATEFY, et al. A nomogram to select the optimal treadmill ramp protocol in subjects with high exercise capacity: validation and comparison with the Bruce protocol[J].Journal of cardiopulmonary rehabilitation, 2006, 26(1): 16-23.

[119] HUTCHINSON M J, TAW P, ESTON R, et al. Assessment of peak oxygen uptake during handcycling: test-retest reliability and comparison of a ramp-incremented and perceptually-regulated exercise test[J]. Plos one, 2017, 12(7): 180-188.

[120] LATASA I, CORDOVA A, VILLA G, et al. Estimation of the neuromuscular fatigue threshold from an incremental cycling test using 1min exercise periods[J]. Journal of sports medicine & physical fitness, 2015, 57(1): 33-42.

[121] FROELICHER M V . Comparison of the ramp versus standard exercise protocols[J]. Sichuan electric power technology, 2009, 24(1): 22-29.

[122] TAMESIS B, STELKEN A, BYERS S, et al. Comparison of the asymptomatic cardiac ischemia pilot and modified asymptomatic cardiac

ischemia pilot versus Bruce and Cornell exercise protocols[J]. American journal of cardiology, 1993, 72(9): 715-720.

[123] PANZA J A, QUYYUMI A A, DIODATI J G, et al. Prediction of the frequency and duration of ambulatory myocardial ischemia in patients with stable coronary artery disease by determination of the ischemic threshold from exercise testing: importance of the exercise protocol[J]. Journal of the American college of cardiology, 1991, 17(3): 657-663.

[124] MYERS J, BUCHANAN N, SMITH D, et al. Individualized ramp treadmill: observations on a new protocol[J]. Chest, 1992, 101(5): 236-241.

[125] KAMINSKY L A, WHALEY M H. Evaluation of a new standardized ramp protocol[J]. Journal of cardiopulmonary rehabilitation & prevention, 1998, 18(6): 438-444.

[126] OKIN P M, KLIGFIELD P. Effect of exercise protocol and lead selection on the accuracy of heart rate-adjusted indices of ST-segment depression for detection of three-vessel coronary artery disease[J]. Journal of electrocardiology, 1989, 22(3): 187-194.

[127] MACDOUGALL J D, WENGER H A, GREEN H J. Physiological testing of the high performance athlete[J]. Medicine & science in sports & exercise, 1993, 25(2): 305-312.

[128] BENTLEY D, MCNAUGHTON L, BATTERHAM A. Prolonged stage duration during incremental cycle exercise: effects on the lactate threshold and onset of blood lactate accumulation[J]. European journal of applied physiology, 2001, 85(3): 351-359.

[129] DOHERTY M, BALMER J, DAVISON R, et al. Reliability of a combined 3min constant load and performance cycling test[J].International journal of sports medicine, 2003, 24(5): 366-371.

[130] SCOTT B, HOUMARD J. Peak running velocity is highly related to distance running performance[J].International journal of sports medicine, 1994, 15(8): 504-507.

[131] FUCHS H. Relationship between upper body anaerobic power and freestyle swimming performance[J]. International journal of sports medicine, 1991, 12(1): 1-5.

[132] NOAKES, D TIMOTHY. Implications of exercise testing for prediction of athletic performance: a contemporary perspective[J]. Medicine & science in sports & exercise, 1988, 20(4): 319-330.

[133] SCRIMGEOUR A G, NOAKES T D, ADAMS B, et al. The influence of weekly training distance on fractional utilization of maximum aerobic capacity in marathon and ultramarathon runners[J]. European journal of applied physiology & occupational physiology, 1986, 55(2): 202-209.

[134] BENTLEY D J, MCNAUGHTON L R, THOMPSON D, et al. Peak power output, the lactate threshold, and time trial performance in cyclists[J]. Medicine & science in sports & exercise, 2001, 33(12): 2077-2081.

[135] BENTLEY D J, WILSON G J, DAVIE A J, et al. Correlations between peak power output, muscular strength and cycle time trial performance in triathletes[J]. Journal of sports medicine & physical fitness, 1998, 38(3): 201-208.

[136] BALMER J, DAVISON R C, BIRD S R. Peak power predicts performance power during an outdoor[J]. Medicine and science in sports and exercise, 2000, 32(8): 1485-1490.

[137] SCOTT B K, HOUMARD J A. Peak running velocity is highly related to distance running performance[J]. International journal of sports medicine, 1994, 15(8): 504-507.

[138] HAWLEY J A, MYBURGH K H, NOAKES T D, et al. Training techniques to improve fatigue resistance and enhance endurance performance[J]. Journal of sports sciences, 1997, 15(3): 325-333.

[139] BOURDIN M, MESSONNIER L, HAGER J P, et al. Peak power output predicts rowing ergometer performance in elite male rowers[J]. International journal of sports medicine, 2004, 25(5): 368-373.

[140] SKOVGAARD C, ALMQUIST N W, BANGSBO J. Effect of increased and maintained frequency of speed endurance training on performance and muscle adaptations in runners[J]. Journal of applied physiology, 2017, 122(1): 48-59.

[141] VIEIRA M F, LEHNEN G C, et al. Effects of general fatigue induced by incremental maximal exercise test on gait stability and variability of healthy young subjects[J]. Journal of electromyography & kinesiology, 2016, 30(6): 161-167.

[142] ABERNETHY P J, THAYER R, TAYLOR A W. Acute and chronic responses of skeletal muscle to endurance and sprint exercise[J].Sports medicine,1990,10(6): 365-389.

[143] KINDERMANN W, SIMON G, KEUL J. The significance of the aerobic-anaerobic transition for the determination of work load intensities during endurance training[J].European journal of applied physiology and occupational physiology, 1979, 42(1): 25-34.

[144] HECK, MADER H, HESS A, et al. Justificationof the 4mmol/l lactate threshold[J].Inernational journal of sports medcine, 1985, 6(3): 117-130.

[145] DUMKE C L, BROCK D W, HELMS B H, et al. Heart rate at lactate threshold and cycling time trials[J]. Journal of strength & conditioning research,

2006, 20(3): 601-607.

[146] JONES A M, CARTER H. The effect of endurance training on parameters of aerobic fitness[J]. Sports medicine, 2000, 29(6): 373-386.

[147] PAPOTI M, R VITÓRIO, SA CUNHA, et al. Determination of force corresponding to maximal lactate steady state in tethered swimming[J]. International journal of exercise science, 2009, 2(4): 269-279.

[148] KLUSIEWICZ A. Changes in physical fitness of elite rowers throughout the annual training cycle before world championships[J].Biology of sport, 1993, 10(4): 231-237.

[149] MICKELSON,TIMOTHY C, HAGERMAN, et al. Anaerobic threshold measurements of elite oarsmen[J].Medicine & science in sports & exercise, 1982, 14(6): 440-444.

[150] ALLEN W K, SEALS D, HURLEY B, et al. Lactate threshold and distance-running performance in young and older endurance athletes[J].Journal of applied physiology, 1985, 58(4): 1281-1284.

[151] DENIS C, FOUQUET R, POTY P, et al. Effect of 40 weeks of endurance training on the anaerobic threshold[J].International journal of sports medicine, 1982, 3(4): 208-214.

[152] MIKULIC P, BRALIC N. Elite status maintained: a 12-year physiological and performance follow-up of two Olympic champion rowers[J]. Journal of sports sciences, 2018, 1(36): 660-665.

[153] YOSHIDA T. Effect of exercise duration during incremental exercise on the determination of anaerobic threshold and the onset of blood lactate accumulation[J]. European journal of applied physiology & occupational physiology,1984, 53(3): 196-199.

[154] CRUME M, CONNOR J, LOO L V, et al. Validity and reliability of

the Moxy oxygen monitor during incremental cycling exercise[J]. European journal of sport science, 2017, 17(8): 1-7.

[155] JIM FLOOD, CHARLES SIMPSON. The complete guide to indoor rowing[M].London: Bloomsbury Publishing PLC, 2017.

[156] BALABAN R S, MOOTHA V K, ARAI A. Spectroscopic determination of cytochrome c oxidase content in tissues containing myoglobin or hemoglobin[J]. Analytical biochemistry, 1996, 237(2): 274-278.

[157] CHANCE B, COHEN P,J OBSIS F, et al. Intracellular oxidation-reduction states in vivo: the microfluorometry of pyridine nucleotide gives a continuous measurement of the oxidation state[J]. Science, 1962, 137(3529): 499-508.

[158] FERRARI M, QUARESIMA V. A brief review on the history of human functional near-infrared spectroscopy development and fields of application[J].Neuroimage, 2012, 63(2): 921-935.

[159] SHENG X, DING X, GUO W, et al. Toward an integrated multi-modal sEMG/MMG/NIRS sensing system for human-machine interface robust to muscular fatigue[J]. IEEE sensors journal, 2020, 4(99): 1-11.

[160] PRAAGMAN M, VEEGER HE, CHADWICK EK, et al. Muscle oxygen consumption, determined by NIRS, in relation to external force and EMG[J].Journal of biomechanics, 2003, 36(7): 905-912.

[161] BINZON T, COLIER W, HILTBRAND E, et al. Muscle O_2 consumption by NIRS: a theoretical model[J].Journal of applied physiology, 1999, 8 7(2): 683-688.

[162] BELARDINELLI R, BARSTOW T J, PORSZASZ J, et al. Changes in skeletal muscle oxygenation during incremental exercise measured with near infrared spectroscopy[J]. European journal of applied physiology and

occupational physiology, 1995, 70(6): 487–492.

[163] BHAMBHANI, YAGESH, BUCKLEY, et al. Muscle oxygenation trends during constant work rate cycle exercise in men and women[J]. Medicine & science in sports & exercise, 1999, 31(1): 90–98.

[164] FOSTER C, RUNDELL K W, SNYDER A C, et al. Evidence for restricted muscle blood flow during speed skating[J]. Medicine & science in sports & exercise, 1999, 31(10): 1433–1440.

[165] GRASSI B, QUARESIMA V, MARCONI C. Blood lactate accumulation and muscle deoxygenation during incremental exercise[J]. Journal of applied physiology, 1999, 87(1): 348–355.

[166] HAMAOKA T, KATSUMURA T, MURASE N, et al. Quantification of ischemic muscle deoxygenation by near infrared time-resolved spectroscopy[J]. Journal of biomedical optics, 2000, 5(1): 102–105.

[167] NEARY J P, HALL K, BHAMBHANI Y N. Vastus medialis muscle oxygenation trends during a simulated 20km cycle time trial[J]. European journal of applied physiology, 2001, 85(5): 427–433.

[168] NIOKA S, MOSER D, LECH G, et al. Muscle deoxygenation in aerobic and anaerobic exercise[J]. Advances in experimental medicine and biology, 1998, 6(5): 66–73.

[169] BALE G, ELWELL C E, TACHTSIDIS I. From Jbsis to the present day: a review of clinical near-infrared spectroscopy measurements of cerebral cytochrome-c-oxidase[J]. Journal of biomedical optics, 2016, 21(9): 913–917.

[170] GRASSI, BRUNO QUARESIMA, VALENTINA. Near-infrared spectroscopy and skeletal muscle oxidative function in vivo in health and disease: a review from an exercise physiology perspective[J]. Journal of biomedical optics, 2016, 21(9): 1–20.

[171] SCHOLKMANN F, KLEISER S, METZ A J, et al. A review on continuous wave functional near-infrared spectroscopy and imaging instrumentation and methodolog[J]. Neuroimage, 2014, 85(1)：6-27.

[172] PAQUETTE M, BIEUZEN F, BILLAUT F. Effect of a 3-weeks training camp on muscle oxygenation, VO_2 and performance in elite sprint kayakers[J]. Frontiers in sports and active living, 2020, 2(5)：1-13.

[173] ABBOUD G J, GREER B K, CAMPBELL S C, et al. Effects of load-volume on EPOC after acute bouts of resistance training in resistance-trained men[J]. Journal of strength & conditioning research, 2013, 27(7)：1936-1937.

[174] YUR K, KERHERVE H A, ASKEW C D, et al. The effect of active versus passive recovery periods during high intensity intermittent exercise on local tissue oxygenation in 18 – 30 year old sedentary men[J]. Plos one, 2016, 11(9)：163-183.

[175] FELDMANN A, SCHMITZ R, ERLACHER D. Near-infrared spectroscopy-derived muscle oxygen saturation on a 0% to 100% scale：reliability and validity of the Moxy Monitor[J]. Journal of biomedical optics, 2019, 24(11)：34-37.

[176] YVIND SKATTEBO, JOSE A L CALBET, BJARNE RUD. Contribution of oxygen extraction fraction to maximal oxygen uptake in healthy young men[J].Acta physiologica, 2020, 4(2)：230-239.

[177] ICHIMURA S, MURASE N, OSADA T, et al. Age and activity status affect muscle reoxygenation time after maximal cycling exercise[J]. Medicine & Science in Sports & Exercise, 2006, 38(7)：1277-1281.

[178] COYLE E, FELTNER M, KAUTZ S. Physiological and biomechanical factors associated with elite endurance cycling performance[J].

Medicine and science in sports and exercise, 1991, 23(1): 93-107.

[179] BAKER W, LI Z, SCHENKEL S, et al. Effects of exercise training on calf muscle oxygen extraction and blood flow in patients with peripheral artery disease[J].Journal of applied physiology, 2017, 123(6): 1599-1609.

[180] EILEEN G, COLLINS CONOR, MCBURNEY, et al. The effects of walking or walking-with-poles training on tissue oxygenation in patients with peripheral arterial disease[J].International journal of vascular medicine, 2012, 9(7): 50-55.

[181] MURROW J, BRIZENDINE J, DJIRE B. Near infrared spectroscopy-guided exercise training for claudication in peripheral arterial disease[J].European journal of preventive cardiology, 2019, 26(5): 471-480.

[182] HENRIKSSON J. Effects of physical training on the metabolism of skeletal muscle[J]. Diabetes care, 1992, 15(11): 1701-1711.

[183] MEIR NITZAN, ITAMAR NITZAN, YOEL ARIELI. The various oximetric techniques used for the evaluation of blood oxygenation[J].Sensors, 2020, 20(48): 4844-4849.

[184] CHANCE B, DAIT M T, ZHANG C, et al. Recovery from exercise-induced desaturation in the quadriceps muscles of elite competitive rowers[J]. The American journal of physiology, 1992, 262(3): 766-775.

[185] GRANATA, CESARE JAMNICK, NICHOLAS A. Training-induced changes in mitochondrial content and respiratory function in human skeletal muscle[J].Sports medicine, 2018, 48(8): 1809-1815.

[186] JACOBS R A, FLUCK D, BONNE T C, et al. Improvements in exercise performance with high-intensity interval training coincide with an increase in skeletal muscle mitochondrial content and function[J].Journal of applied physiology, 2013, 115(6): 785-793.

[187] LAURSEN PAUL B, JENKINS DAVID G. The scientific basis for high-intensity interval training: optimising training programmes and maximising performance in highly trained endurance athletes[J].Sports medicine, 2002, 32(1): 53-73.

[188] HOMMA S, EDA H, OGASAWARA S, et al. Near-infrared estimation of O_2 supply and consumption in forearm muscles working at varying intensity[J].Journal of applied physiology, 1996, 80(4): 1279-1284.

[189] GIOVANELLI, NICOLA, LEASALVADEGO. Changes in skeletal muscle oxidative capacity after a trail-running Race[J].International journal of sports physiology & performance, 2020, 15(2): 278-284.

[190] BEN JONES, DAVID K HAMILTON, CHRIS E COOPER. Muscle oxygen changes following sprint interval cycling training in elite field hockey players[J].Plos one, 2015, 9(3): 1-13.

[191] PATRICK NEARY, MCKENZIE DONALD C. Effects of short-term endurance training on muscle deoxygenation trends using NIRS[J].Medicine and science in sports and exercise, 2002, 34(11): 1725-1732.

[192] J PATRICK NEARY, DONALD C MCKENZIE, YAGESH N BHAMBHANI. Muscle oxygenation trends after tapering in trained cyclists[J]. Dynamic medicine, 2005, 4(1): 1-9.

[193] JONES B, COOPER C E. Use of NIRS to assess effect of training on peripheral muscle oxygenation changes in elite rugby players performing repeated supramaximal cycling tests[J].Oxygen transport to tissue I, 2014, 13(6): 333-339.

[194] CHAD C, WIGGINS, SARAH E, et al. Body position does not influence muscle oxygenation during submaximal cycling[J].Translational sports medicine, 2021, 4(2): 193-203.

[195] OLIVEIRA BORGES, THIAGO1, BULLOCK, et al. Physiological characteristics of well-trained junior sprint kayak athletes[J].International journal of sports physiology & performance, 2015, 1(5): 593-562.

[196] ALVARES, THIAGO SILVEIRA1, OLIVEIRAL. Near-infrared spectroscopy-derived total haemoglobin as an indicator of changes in muscle blood flow during exercise-induced hyperaemia[J].Journal of sports sciences, 2020, 38(7): 751-758.

[197] GENDRON, PHILPPE, DUFRESINE, et al. Performance and cycling efficiency after supra-maximal interval training in trained cross-country mountain bikers[J].International journal of applied sports sciences, 2016, 28(1): 19-23.

[198] BARSTOW T, CORP J. Understanding near infrared spectroscopy (NIRS) and its application to skeletal muscle research[J]. Journal of applied physiology, 2019, 126(11): 1360-1376.

[199] BARNES W S. The relationship of motor-unit activation to isokinetic muscular contraction at different contractile velocities[J].Physical therapy, 1980, 60(9): 1152-1158.

[200] MURIAS J M, KEIR D A, SPENCER M D, et al. Sex-related differences in muscle deoxygenation during ramp incremental exercise[J]. Respiratory physiology & neurobiology, 2013, 189(3): 530-536.

[201] XAVIER WOORONS, PATRICK MUCCI, JULIEN AUCOUTURIE. Acute effects of repeated cycling sprints in hypoxia induced by voluntary hypoventilation[J].European journal of applied physiology, 2017, 9(12): 2433-2438.

[202] NICOLE D PATERSON, JOHN M KOWALCHUK, DONALD H PATERSON. Kinetics of VO_2 and femoral artery blood flow during heavy-

intensity, knee-extension exercise[J].Journal of applied physiology, 2005, 99(2): 683-690.

[203] SAITO M, TSUKANAKA A, YANAGIHARA D, et al. Muscle sympathetic nerve responses to graded leg cycling[J].Journal of applied physiology, 1993, 75(2): 663-667.

[204] ANDRI FELDMANN, DANIEL ERLACHER.Critical oxygenation: can muscle oxygenation inform us about critical power?[J].Medical hypotheses, 2021, 14(11): 1-8.

[205] STGGL T, BORN D P. Near infrared spectroscopy for muscle specific analysis of intensity and fatigue during cross-country skiing competition: a case report[J]. Sensors, 2021, 21(7): 2535-2539.

[206] BORN DENNIS-PETER, THOMAS, SWARÉN MIKAEL. Near-infrared spectroscopy: more accurate than heart rate for monitoring intensity in running in hilly terrain[J].International journal of sports physiology and performance, 2017, 12(4): 440-447.

[207] BASSETT, DAVID R, HOWLEY, et al. Limiting factors for maximum oxygen uptake and determinants of endurance performance[J]. Medicine & science in sports & exercise, 2000, 3(21): 70-84.

[208] HESFORD C M, LAING S, CARDINALE M. Effect of race distance on muscle oxygenation in short-track speed skating[J].Medicine & science in sports & exercise, 2013, 45(1): 83-92.

[209] BENDIKSEN M, PETTERSEN S A, INGEBRIGTSEN J, et al. Application of the Copenhagen Soccer Test in high-level women players locomotor activities, physiological response and sprint performance[J].Human movement science, 2013, 32(6): 1430-1442.

[210] AUSTIN K G, DAIGLE K A, PATTERSON P, et al. Reliability of

near-infrared spectroscopy for determining muscle oxygen saturation during exercise[J]. Research quarterly for exercise & sport, 2005, 76(4): 440-449.

[211] WASSERMAN K. The anaerobic threshold measurement to evaluate exercise performance[J]. American review of respiratory disease, 1984, 129(2): 2607-270.

[212] BELARDINELI R, BARSTOW T J, PORSZASZ J, et al. Skeletal muscle oxygenation during constant work rate exercise[J]. Medicine & science in sports & exercise, 1995, 27(4): 512-517.

[213] KWASSERMAN. Theanaerobic threshold: definition, physiological significance and identification[J].Advances in cardiology, 1986, 25(4): 1-23.

[214] SVEDAHL K, MACINTOSH B R. Anaerobic threshold: the concept and methods of measurement[J]. Canadian journal of applied physiology, 2003, 28(2): 299-323.

[215] VCTOR RODRIGOA, FERNANDO GONZLEZ-MOH, ANTHONY P TURNER. Using a portable near-infrared spectroscopy device to estimate the second ventilatory threshold[J].International journal of sports medicine, 2021, 9(18): 167-189.

[216] SNYDER A, PARMENTER. Use of muscle oxygen saturation in determining maximal steady state exercise intensity[J]. Medicine & science in sports & exercise, 2002, 34(5): 1347-1352.

[217] JEROME A DEMPSEY, LEE ROMER, JORDAN MILLER. Consequences of exercise-induced respiratory muscle work[J].Respiratory physiology & neurobiology, 2006, 15(4): 242-250.

[218] WEINSTEIN Y, BEDIZ C, DOTAN R, et al. Reliability of peak-lactate, heart rate, and plasma volume following the Wingate test[J].Medicine & science in sports & exercise, 1998, 30(9): 1456-1460.

[219] BROOKS G A. Current concepts in lactate exchange[J].Medicine & science in sports & exercise, 1991, 23(8): 895-906.

[220] GLADDEN L. Lactate transport and exchange during exercise[M]. Oxford: Oxford University Press, 1996, 9(6): 614-648.

[221] KATZ A, SAHLIN K. Regulation of lactic acid production during exercise[J].Journal of applied physiology, 1988, 65(2): 509-518.

[222] GRASSI B, QUARESIMA V, MARCONI C, et al. Blood lactate accumulation and muscle deoxygenation during incremental exercise[J]. Journal of applied physiology, 1999, 87(1): 348-355.

[223] SEO JONGBEOMA, KIM SUNG-WOOB, JUNG WONSANGB. Effects of various hypobaric hypoxia on metabolic response, skeletal muscle oxygenation, and exercise performance in healthy males[J].Journal of men's health, 2020, 16(4): 107-120.

[224] BORN D P, ZINNER C, HERLITZ B, et al. Muscle oxygenation asymmetry in ice speed skaters: not compensated by compression[J]. Sports physiol perform, 2014, 9(1): 58-67.

[225] FLORENTINA J HETTINGA, MARCO J KONINGS. Differences in muscle oxygenation, perceived fatigue and recovery between long-track and short-track speed skating[J]. Frontiers in physiology, 2016, 12(8): 619-623.

[226] BAUDOUIN A, HAWKINS D. Investigation of biomechanical factors affecting rowing performance[J].Journal of biomechanics, 2004, 37(7): 969-976.

[227] GEE T, OLSEN D, GOLBY J. Strength and conditioning practices in rowing(Article)[J].Journal of strength and conditioning research, 2011, 2(53): 668-682.

[228] KELLMANN M. Preventing overtraining in athletes in high-

intensity sports and stress/recovery monitoring[J]. Scandinavian journal of medicine & science in sports, 2010, 20(2): 95-102.

[229] JIM FLOOD, CHARLES SIMPSON. The complete guide to indoor rowing[M]. London: Bloomsbury Publishing PLC, 2017: 54-55.

[230] LAMB D. A kinematic comparison of ergometer and on-water rowing[J]. American journal of sports medicine, 1989, 17(3): 367-373.

[231] NELSON, WILLIAM N, WIDULE CARO J. Kinematic analysis and efficiency estimate of intercollegiate female rowers[J]. Medicine & science in sports & exercise, 1983, 15(6): 535-541.

[232] BILODEAU M, ARSENAULT A B, GRAVEL D, et al. EMG power spectra of elbow extensors during ramp and step isometric contractions[J]. European journal of applied physiology & occupational physiology, 1991, 63(1): 24-28.

[233] MASON B R, SHAKESPEAR P, DOHERTY P. The use of biomechanical analysis in rowing to monitor the effect of training[J].Excel, 1988, 4(4): 7-11.

[234] JASZCZAK M. Class of rower and strength potential utilisation during rowing on ergometer[J].Proceedings from the international society of biomechanics conference, 2001, 8(11): 13-16.

[235] TURPIN N A, GUÉVEL A, DURAND S. No evidence of expertise-related changes in muscle synergies during rowing[J]. Journal of electromyography & kinesiology, 2011, 21(6): 1030-1035.

[236] REDGRAVE S. Complete book of rowing[M]. London: Partridge Press, 1995: 298-300.

[237] HAGERMAN, FREDRICK C. Applied physiology of rowing[J]. Sports medicine, 1984, 1(4): 303-326.

[238] SOPER C, HUME P A. Towards an ideal rowing technique for performance[J]. Sports medicine, 2004, 34(12): 825-848.

[239] A GUÉVEL, BOYAS S, GUIHARD V, et al. Thigh muscle activities in elite rowers during on-water rowing[J]. International journal of sports medicine, 2011, 32(2): 109-116.

[240] BUCKERIDGE E, HISLOP S, BULL A, et al. Kinematic asymmetries of the lower limbs during ergometer rowing[J]. Medicine & science in sports & exercise, 2012, 3(7): 44-49.

[241] BAUDOUIN A, HAWKINS D. A biomechanical review of factors affecting rowing performance[J]. Sports Medicine, 2002, 36(7): 396-402.

[242] RODRIGUEZ R J, ROGRIGUEZ R P, COOK S D, et al. Electromyographic analysis of rowing stroke biomechanics [J]. Journal of sports medicine and physical fitness, 1990, 30(1): 103-108.

[243] HUG F, TURPIN N, COUTURIER A. Consistency of muscle synergies during pedaling across different mechanical constraints[J]. Journal of neurophysiology, 2011, 106(1): 91-103.

[244] MATHIEU PANCHOA DE SÈZE, JEAN-RENÉ CAZALETS. Anatomical optimization of skin electrode placement to record electromyographic activity of erector spinae muscles[J]. Surg radiol anat, 2008, 30(2): 137-143.

[245] SCOTT GORDON. A mathematical model for power output in rowing on an ergometer[J]. Sports engineering, 2003, 6(4): 221-234.

[246] JANSHEN L, MATTES K, TIDOW G. Muscular coordination of the lower extremities of oarsmen during ergometer rowing[J]. Journal of orthopaedic and sports physical therapy, 2009, 39(11): 836-839.

[247] NAGATA A, MURO M, MORITANI T, et al. Anaerobic threshold

determination by blood lactate and myoelectric signals[J]. Japanese journal of physiology, 1981, 31(4): 585-595.

[248] VIITASALO J T, LUHTANEN P, RAHKILA P, et al. Electromyographic activity related to aerobic and anaerobic threshold in ergometer bicycling[J]. Acta physiologica scandinavica, 2010, 124(2): 287-293.

[249] MORITANI T, NAGATA A, MURO M. Electromyographic manifestations of muscular fatigue[J]. Medicine & science in sports & exercise, 1982, 14(3): 198-202.

[250] HANNERZ J. Discharge properties of motor units in relation to recruitment order in voluntary contraction[J]. Acta physiologica, 2010, 91(3): 374-384.

[251] SKINNER J S, MCLELLAN T H. The transition from aerobic to anaerobic metabolism[J]. Research quarterly for exercise & sport, 1980, 51(1): 234-48.

[252] WESTERBLAD H, BRUTON J D, KATZ A. Skeletal muscle: energy metabolism, fiber types, fatigue and adaptability[J]. Experimental cell research, 2010, 316(18): 3093-3099.

[253] QUARESIMA V, FERRARI M. Muscle oxygenation by near-infrared-based tissue oximeters[J]. Journal of applied physiology, 2009, 107(1): 371-371.

[254] PRAAGMAN M, CHADWICK E, HELM F, et al. The relationship between two different mechanical cost functions and muscle oxygen consumption[J]. Journal of biomechanics, 2006, 39(4): 758-765.

[255] WIGMORE D M, PROPERT K, KENT-BRAUN J A. Blood flow does not limit skeletal muscle force production during incremental isometric

contractions[J]. European journal of applied physiology, 2006, 96(4): 370–378.

[256] SKOVERENG K, ETTEMA G, BEEKVELT M V. Local muscle oxygen consumption related to external and joint specific power[J]. Human movement science, 2016, 45(4): 161–171.

[257]MESSONNIER L, ARANDA-BERTHOUZE S E, BOURDIN M, et al. Rowing performance and estimated training load[J].International journal of sports medicine, 2005, 26(5): 376–382.

[258] TIBOR H, F ADRIA, STANISLAW S, et al. Association between muscle activation and metabolic cost of walking in young and old adults[J]. Journals of gerontology, 2013, 34(5): 541–547.

[259] WAKELING J M, HORN T. Neuromechanics of muscle synergies during cycling[J]. Journal of neurophysiology, 2009, 101(2): 843–854.

[260] WAKELING J M, BLAKE O M, CHAN H K. Muscle coordination is key to the power output and mechanical efficiency of limb movements[J]. Journal of experimental biology, 2010, 213(3): 487–492.

[261] TING L H, MCKAY J L. Neuromechanics of muscle synergies for posture and movement[J]. Current opinion in neurobiology, 2007, 17(6): 622–628.

[262] TURPIN NICOLAS, GUÉVEL ARNAUD, DURAND SYLVAIN. Effect of power output on muscle coordination during rowing[J]. European journal of applied physiology, 2011, 111(12): 3017–3021.

[263] TURPIN, GUÉVEL, DURAND. Fatigue-related adaptations in muscle coordination during a cyclic exercise in humans[J]. Journal of experimental biology, 2011,214(19): 3305–3313.

[264] KOGA S, BARSTOW T J, OKUSHIMA D, et al. Validation

of a high-power, time-resolved, near-infrared spectroscopy system for measurement of superficial and deep muscle deoxygenation during exercise[J]. Journal of applied physiology, 2015, 118(11): 1435-1442.

[265] MIURA H, M ULLY K. Regional difference of muscle oxygen saturation and blood volume during exercise determined by near infrared imaging device[J]. Japanese journal of physiology, 2001, 6(23): 51.-65

[266] POWER GEOFFREY A, DALTON BRIAN H, RICE CHARLES L.Human neuromuscular structure and function in old age: a brief review[J]. Journal of sport and health science, 2013, 2(4): 215-226.

[267] RAFAEL DE ALMEIDA AZEVEDO, FABIO MILIONI, JUAN M MURIAS. Dynamic changes of performance fatigability and muscular O_2 saturation in a 4km cycling time trial[J]. Medicine & science in sports & exercise, 2020, 53(3): 613-623.

[268] OLIVEIRA, GUSTAVO VIEIRA, MORGADO, et al. Acute effect of dietary nitrate on forearm muscle oxygenation, blood volume and strength in older adults: a randomized clinical trial[J]. Plos one, 2017, 12(11): 1-15.

[269] ROWELL L B . Integration of cardiovascular control systems in dynamic exercise[M]. Oxford: Oxford University Press, 1996, 5(3): 770-838.

[270] LAW L, AVIN K. Can muscle coordination be precisely studied by surface electromyography[J]. Journal of electromyography & kinesiology, 2011, 21(2): 1-12.

[271] SONG J, KIM K, LEE S, et al. History-dependence of muscle excitation and oxygenation during isometric knee extension force production[J]. Exercise science, 2020, 29(4): 385-393.

附录

附录A：4min起始变化功率递增负荷测试方案记录表

Step Test/7x4Set-Up Record 多级测试7*4min

姓名	日期	地点	温度	体重(kg)	安静 BLA	安静 HR	First第1级 成绩	First第1级 功率	First第1级 桨频	First第1级 BLA	First第1级 HR	Second第2级 成绩	Second第2级 功率	Second第2级 桨频	Second第2级 BLA	Second第2级 HR	Third第3级 成绩	Third第3级 功率	Third第3级 桨频	Third第3级 BLA	Third第3级 HR	Fourth第4级 成绩	Fourth第4级 功率	Fourth第4级 桨频	Fourth第4级 BLA	Fourth第4级 HR	Fifth第5级 成绩	Fifth第5级 功率	Fifth第5级 桨频	Fifth第5级 BLA	Fifth第5级 HR	Sixth第6级 成绩	Sixth第6级 功率	Sixth第6级 桨频	Sixth第6级 BLA	Sixth第6级 HR	Sevth第7级(Max) 成绩	Sevth第7级(Max) 功率	Sevth第7级(Max) 桨频	Sevth第7级(Max) BLA	Sevth第7级(Max) HR	备注

附录B：8min递增负荷测试方案记录表

姓名	日期	地点	温度	体重	8min三级递增负荷测试									
					第1级			第2级				第3级		
					桨频	功率	心率	血乳酸	桨频	功率	心率	血乳酸	桨频	功率	心率	血乳酸

附录C：4min起始固定功率递增负荷测试方案记录表

姓名	日期	地点	温度	体重	安静心率	安静乳酸	2:00 速度 V	功率 P	桨频 SR	心率 HR	乳酸 LA	1:55 速度 V	功率 P	桨频 SR	心率 HR	乳酸 LA	1:50 速度 V	功率 P	桨频 SR	心率 HR	乳酸 LA	1:45 速度 V	功率 P	桨频 SR	心率 HR	乳酸 LA	1:40 速度 V	功率 P	桨频 SR	心率 HR	乳酸 LA	1:35 速度 V	功率 P	桨频 SR	心率 HR	乳酸 LA	1:30 速度 V	功率 P	桨频 SR	心率 HR	乳酸 LA